上海市社区矫正管理标准

上海市社区矫正管理局◎编

上海人民出版社

编　委　会

主　　编：陈耀鑫
责任编辑：张国华　田航军　杨　挺　乔明强

前　言

2018年8月,由上海市社区矫正管理局(以下简称我局)承担的国家级标准化建设试点项目——"上海社区矫正管理标准化试点项目"以95分的优秀等次通过国家标准化委员会专家组的评估验收。本次评估验收,国家标准化委员会专家组通过听取汇报、实地检查、查阅资料及现场询问等形式,对照考核评估细则逐项评估打分,最终一致认为试点项目建设组织机构健全、措施保障有力、体系结构合理、标准基本适用,创新服务管理试点成效明显,同意通过终期验收。

作为全国首个由社区矫正司法行政部门承担的社会管理和公共服务综合标准化试点项目,我局在创建中严格按照要求,收集梳理制定了包括服务通用基础标准18项,服务保障标准41项,服务提供标准37项,形成了共计96项标准;此次汇编共70个组织标准,将国家标准和行业标准作了删减;包含了标准化管理制度、规范性用语、标志标识、数据统计和满意度调查,环卫、安全、科技、财政、队伍保障、执法流程规范、教育帮扶规范、信息公开和执法公开、考核评估评价等内容,对社区矫正管理各个环节、细节实现了全覆盖,打造了结构合理、科学实用、重点突出、特色鲜明的社区矫正标准体系,构建了"事事有依据、处处有标准"的工作格局,做到了工作有标准,标准有程序,程序有监督,监督有公开,实现了标准体系与业务流程的有机结合,实现了标准化矫正中心建设、规范化集中执法模式、信息化电子监管实时监控、社会化治理格局、常态化社区矫正执法公开的规范统一。

回顾上海市社区矫正标准化三年来的创建历程,成绩的取得来之不易。2015年5月,上海社区矫正工作标准化建设被国家标委列入全国第二批社会管理和公共服务综合标准化试点项目,并取得一定的经费支持。2016年10月,与上海市质监局、市标院研究制定标准化建设的具体设计方案,并出台标准化建设操作指南——社区矫正管理服务标准手册1.0版,同时确定浦东新区司法局、徐汇区司法局、杨浦区司法局、宝山区司法局、松江区司法局、崇明区司法局为标准化建设试点单位。2016年11月,召开全市社区矫正标准化建设试点工作动员会,正式启动上海社区矫正标准化建设,明确了标准化建设的时间表、路线图、任务书。2017年2月,标准化建设在全市各区司法局全面推开。2017年4月,根据试点意见,修改形成社区矫正管理服务标准手册2.0版。2017年6月,成立局标准化自评小组,按照国标委《社会管理和公共服务综合标准化试点评估计分表》对社区矫正标准化工作进行验收前自评。2017年7月,社区矫正管理综合标准化试点通过国家标准化委员会专家组的中期评估。2018年5月,根据标准化试点项目中期评审意见,修改形成社区矫正管理服务标准手册3.0版。2018年8月,试点项目高分通过国家标准化委员会专家组的终期验收。一路走来,成绩的背后,凝聚的是全市社区矫正工作者携手参与、同心谋划的汗水与智慧。

回顾上海市社区矫正标准化三年来的创建历程,积累的经验弥足珍贵。从争取立项、制定标准到组建专班、试点推进,我局一步一个脚印,稳扎稳打,标准化建设的成果不断在助推工作快速发展中得到显现。经过持续的探索实践,我们总结提炼了标准化建设的四点经验:**一是统一思想认识是前提。**打造"上海标准",主要是为了解决发展不平衡、工作不规范的问题,形成标准体系、助推工作发展。2012年社区矫正工作执法主体转为司法行政机关以后,因为缺少立法保障,加之尚处探索实践阶段,全国各地社区矫正工作模式差异很大,即便是上海各个区之间也不尽相同,工作标准的不统一、不规范,已经影响了上海社区矫正工作整体水平的进一步提升。"办"转"局",全面承担指导、服务、管理上海市社区矫正工作的职能以后,我局认识到要想推进上海社区矫正工作取得全新突破、全面发展、全面领先,必须抓住"标准化"这个引擎,在全国率先建立起一套明确、规范、统一的标准体系。推进标准化建设期间,我局通过召开动员会、举办培训班、邀请上海市质量和标准化研究院专家定期进行专业交流、指导等形式,帮助各层级社区矫正管理及工作人员了解标准化基础知识、领会创建标准化试点的重要意义,将全员思想统一凝聚到标准化试点建设当中,三年来累计组织大规模培训 5 次,专业化培训 26 次,培训累计人数达 3 000 余人次,让标准化思想逐步深入人心。**二是明确工作理念是基础。**我局的标准化建设理念是实施"标准化＋"战略,"标准化＋"是国家标准化体系建设发展规划提出的重要理念,它将标准化作为国家治理体系和治理能力现代化的基础制度和重要方法,我们将该理念引入社区矫正管理标准化建设当中,运用标准化简化、统一、协调、优化的方法原理,发挥标准引领和支撑作用,最大程度释放"标准化＋"对集中执法、"三分"矫正、信息化、执法公开等工作的催化效应,通过科学严谨的流程再造,全面实现社区矫正工作保障的标准化、执法流程的标准化、考核奖惩的标准化以及内部管理的标准化,让标准化理念与实际工作深度融合。**三是坚持总结实践是核心。**在标准化建设过程中,紧密结合工作,注重通过实践检验标准化价值、完善标准化体系是我局始终坚持的工作原则。在创建过程中,我局引入和推广 PDCA 循环管理理论,将标准管理分为计划(plan)、执行(do)、检查(check)、处理(act)四个阶段,让构建标准体系、指导工作实践、助推工作发展、总结完善标准成为工作闭环,每一个创建阶段,将经过实践检验的成功经验予以标准化,全部纳入标准化体系,将暂时尚不成熟的内容转入下一个 PCDA 循环中去解决,让标准化体系伴随新的工作发展不断充实完善。在标准制定过程中,坚持与司法改革任务、安全稳定工作、信息化建设等内容相结合,通过对日常工作中做法不一致、操作不规范的事项进行统一、建立标准,最终实现全市社区矫正工作的完整性、系统性,让标准化体系与工作实践紧密结合、相互促进。**四是充分做好保障是关键。**为保证社区矫正管理标准化试点工作的顺利开展,**组织保障方面,**我局成立了社区矫正管理标准化试点工作领导小组,主要负责社区矫正管理标准化重大问题的决策和审批,在职责上确保标准化各类事项得到落实,并设立标准化办公室,配备标准化专职管理人员,16 个区司法局、2 个社会组织也确定了标准化兼职管理人员,形成自上而下的工作保障机制,实现标准化工作的常态化管理;**制度保障方面,**持续加强制度供给,制定出台了 56 项工作制度,涵盖了社区矫正工作的主要内容,并形成专门的制度汇编,为不断做好试点项目奠定了比较扎实的制度基础;**机制保障方面,**将贯标情况纳入日常督导检查和目标任务考核范围,2016年 11 月起,我局标准化领导小组分为四个督导检查组,建立常态化督查机制,采取逐个检查与突击抽查相结合,全面检查与针对性"回头看"相结合,单独检查与联合检查相结合等方式,对各区社区矫正中心、司法所社区矫正工作管理标准执行情况进行检查。截至 2018 年 7 月底,检查标准 105 项次,发现问题 76条,下发标准化工作提示单、整改通知单 25 张,通过全方位保障让标准化建设始终得到有力推进。

回顾发展历史,总结提炼经验,是为了更好把握未来,实现更高质量的发展。我局充分认识到在全国社区矫正标准化建设尚处空白期的背景下,持续深化社区矫正标准化创建成果的重要意义,下一步我局将以本次通过评估验收为契机,再接再厉、坚持不懈地深化创建成果:**一是构建更高层次的标准体系。**按照国家标准化委员会专家组的建议,结合当前社区矫正工作形势任务的发展趋势,继续深入开展标准化建设,持续改进、不断巩固创建成果,积极向国家级示范项目迈进。全面系统地对试点经验进行总结,为下一步司法部社区矫正管理局在"上海标准"的基础上提炼形成"全国标准",进而在全国社区矫正司法行政部门进行深入推广,做好基础工作,积极发挥好"上海标准"的示范引领作用,为全国社区矫正工作的发展作出积极贡献。**二是形成更加全面的上海标准。**在向国家级社区矫正管理标准化示范项目迈进的过程中,积极参与研制地方标准,努力打造更加全面系统、层次分明的社区矫正和安置帮教工作"上海标准"。**安置帮教工作标准化方面,**在 2018 年 6 月 28 日组织召开全市安置帮教工作标准化试点现场推进会,总结虹口区司法局试点经验,并与黄浦、奉贤、崇明三个区司法局分别签订安置帮教工作标准化试点责任书,为下一步全面推开积累更加丰富的实践经验;**社区矫正社会工作服务标准方面,**有序推进上海市质监局地方标准制定项目——《社区矫正社会工作服务规范》的制定工作,不断规范本市社区矫正社会工作从业者的服务行为,提升社会工作介入社区矫正工作效果,优化帮教服务效果,充实上海社区矫正管理标准体系。**三是打造更具实效的标准支撑。**我局将紧密结合形势任务、改革发展和中心工作,持续深化完善标准化体系,加强宣传发动和督促指导,不断提升标准化的可操作性和执行效果,全面释放社区矫正管理标准化的引领功能和牵引作用,使其成为规范执法行为、提高执法公信力、提升社区矫正工作质量的持久有力支撑。

　　标准化的生命力在于实施,标准化的价值在于指导实践、服务实践,助推工作发展。为更好地服务和指导社区矫正工作实践,便于全国其他省市(自治区)社区矫正司法行政部门参考借鉴,现将《上海市社区矫正管理标准》3.0 版汇编成册,予以出版。谨以此册为社区矫正"全国标准"的建立贡献绵薄之力!

上海市社区矫正管理局

2018 年 10 月

目　录

Q/SQJZ

上 海 市 社 区 矫 正 管 理 标 准

Q/SQJZ JC1.1—2016

标准化管理办法

2016-09-14 发布 2016-10-01 实施

上海市社区矫正管理局　发布

目　　次

前　言

本标准按照 GB/T 1.1-2009 给出的规则起草。

本标准由上海市社区矫正管理局提出并归口。

本标准起草单位：上海市社区矫正管理局标准化办公室。

本标准主要起草人：陈耀鑫、田航军、乔明强。

本标准为首次发布。

标准化管理办法

1 范围

本标准规定了上海市社区矫正管理局（以下简称矫正局）标准化方针、目标、基本要求，标准化管理网络，标准化信息管理、服务标准体系表的编制、机构标准的制定、标准的实施及监督检查、机构标准复审、标准化持续改进的要求。

本标准适用于上海市社区矫正系统各级各类司法行政机关及其直属机构标准化工作的管理。

2 规范性引用文件

下列文件对于本文件的应用是必不可少的。凡是注日期的引用文件，仅注日期的版本适用于本文件。凡是不注日期的引用文件，其最新版本（包括所有的修改单）适用于本文件。

GB/T 1.1 标准化工作导则 第 1 部分：标准的结构和编写。

GB/T 13016 标准体系表编制原则和要求。

GB/T 20000.2 标准化工作指南 第 2 部分：采用国际标准。

GB/T 20000.3 标准化工作指南 第 3 部分：引用文件。

GB/T 24421.2 服务业组织标准化工作指南 第 2 部分：标准体系。

3 标准化方针、目标和基本要求

3.1 标准化方针

标准化方针为：坚持"监管为基、执法为魂、教育为本、帮扶为辅"，着眼法治、立足规范，实现社区矫正工作内涵式发展。

3.2 标准化目标

标准化目标为：

a）建立健全社区矫正管理服务标准体系；

b）实现社区矫正管理服务标准化；

c）获得并保持"服务标准化单位"证书。

3.3 标准化基本要求

3.3.1 贯彻执行有关的标准化法律、法规和政策。

3.3.2 建立和完善社区矫正管理服务标准体系。

3.3.3 实施社区矫正管理相关的国家标准、行业标准和上海市地方标准，制定和实施本组织标准。

3.3.4 对标准的实施进行监督检查，对标准化工作进行持续改进。

3.3.5 采用国际标准和国外先进标准。

4 标准化组织机构

4.1 标准化工作领导小组

成立以局长为组长的标准化工作领导小组,统一管理标准化工作的规划、计划、机构设置和重大标准的审查。具体职责、权限如下:

a) 贯彻国家标准化法律、法规、规章等的相关规定;

b) 确定与本机构方针、目标相适应的服务标准化工作任务和目标;

c) 建立标准化机构、人员及其职责;

d) 审批服务标准化工作规划、计划和标准化活动经费;

e) 组织建立服务标准体系,对标准体系及机构标准进行审批;

f) 鼓励、表彰为标准化工作作出贡献的部门和个人;对不认真贯彻、执行标准,造成损失的责任者进行追责。

4.2 标准化工作办公室

标准化工作办公室为标准化工作管理机构,由局执法标准化体系建设推进办公室领导以及若干名兼职标准化人员组成。标准化工作办公室在标准化工作领导小组的领导下负责标准化日常管理工作,具体职责、权限如下:

a) 贯彻并落实国家标准化法律、法规、规章等中与本单位相关的要求;

b) 组织编制服务标准化工作规划、计划;

c) 组织编制服务标准化管理制度;

d) 组织编制服务标准体系;

e) 组织制定、修订本机构标准,负责机构标准解释或委托有关部门解释;

f) 收集标准信息、建立标准档案并提供给使用部门;

g) 组织相关国家标准、行业标准、上海市地方标准和本机构标准的宣传和培训,并组织标准实施情况的监督检查;

h) 参加国际、国内相关标准化活动,参加相关国家标准、行业标准、上海市地方标准的制定、修订;

i) 完成上级交办的其他标准化工作任务。

4.3 标准化工作网络

各部门设兼职标准化人员,负责本部门标准化工作,具体任务包括:

a) 组织实施标准化工作办公室下达的标准化工作任务;

b) 组织实施与本部门有关的标准;

c) 在标准化工作办公室的统一安排下,对本部门相关标准的实施情况进行监督和检查;

d) 对本组织标准提出修订建议。

4.4 标准化组织机构图

本组织标准化组织机构图见附录图 A。

5 标准化信息管理

5.1 标准化信息的范围主要包括:

a) 国家和地方有关标准化法律、法规、规章和规范性文件;

b) 相关的国家标准、行业标准、上海市地方标准、国际标准、国外先进标准和技术法规;

c) 机构标准文本；

d) 其他有关的标准化信息。

5.2 标准化工作办公室负责组织搜集、整理、保管标准化信息。标准化信息管理的基本要求包括：

a) 建立广泛而稳定的标准化信息搜集渠道；

b) 及时更新标准信息，保持良好的时效性；

c) 及时了解并搜集本机构相关国家标准、行业标准、上海市地方标准的发布、修订和废止的信息；

d) 对收集到的标准信息进行整理分类，及时传递到使用部门。

5.3 组织召开相关会议的记录格式见附录表 C.1。

6 服务标准体系表的编制

6.1 标准体系表的组成

6.1.1 标准体系由服务通用基础标准体系、服务保障标准体系和服务提供标准体系三大子体系组成（结构图见附录 B）。

6.1.2 标准体系中的标准包括：国家标准、行业标准、上海市地方标准和本组织标准。

6.1.3 标准体系表包括：标准体系结构图、标准明细表（格式见附录表 C.2）、标准统计表（格式见附录表 C.3 和附录表 C.4）。

6.2 标准体系表的编制程序

6.2.1 标准体系表的编制应遵循 GB/T 13016 和 GB/T 24421.2 中的规定和要求。

6.2.2 标准化工作办公室负责标准体系表的组织编制工作，编制程序包括：

a) 标准化工作办公室根据业务和管理情况，编制标准体系结构图；

b) 标准化工作办公室搜集机构需要执行的已有的国家标准、行业标准和上海市地方标准，并组织各相关部门和人员调查研究业务、管理现状和潜在需求情况，提出标准体系中待制定组织标准的名称，在此基础上编制标准明细表草案；

c) 标准化工作办公室将标准体系结构图和标准明细表草案分发各部门征求意见，并按照反馈意见对标准明细表进行修改；

d) 标准化工作办公室召集各相关部门对标准体系表进行审定；

e) 标准化工作办公室根据审定意见对标准体系表进行修改完善后报标准化工作领导小组审批；

f) 标准体系表经标准化工作领导小组批准、发布后，由标准化工作办公室组织实施。

6.3 标准明细表中相关编号方法

6.3.1 层次号用"标准类别号—顺序号"表示（标准类别号见附录图 B.2、图 B.3、图 B.4）。

6.3.2 机构标准编号方法见图 1。

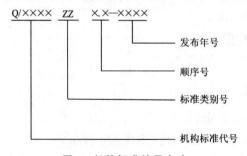

图 1 机构标准编号方法

7 机构标准的制定

7.1 提出项目

由各部门于每年11月底前,根据本部门实际工作需要,提出下一年度本部门相关机构标准制定项目,由标准化工作办公室汇总并提请标准化工作领导小组审议确定后,于12月底前下达下一年度标准项目计划,由标准化工作办公室负责实施。

7.2 组织起草

由标准化工作办公室组织相关部门标准起草人员,并经起草人员在调查研究、收集资料、分析综合后,编制机构标准征求意见稿。机构标准的编写应符合 GB/T 1.1 的规定,标准中引用文件应符合 GB/T 20000.3 的规定,涉及采用国际标准的应符合 GB/T 20000.2 的规定。

7.3 征求意见

起草人员将机构标准征求意见稿送相关部门征求意见。被征求意见者应在 5 个工作日内提出修改意见。起草人员根据反馈意见对标准进行修改。

7.4 组织审定

标准化工作办公室会同相关部门,组织有关专家和有关部门的代表对修改完毕的标准进行审定。

7.5 报批发布

起草人员根据审定意见,对标准继续修改后报标准化工作办公室。标准化工作办公室对机构标准进行标准编号后,起草机构标准发布通知书(格式见附录表 C.5),由标准化工作领导小组发布后实施。

8 标准的实施及监督检查

8.1 标准的实施

8.1.1 应严格执行相关的强制性国家标准、行业标准、上海市地方标准和经采用的推荐性国家标准、行业标准和上海市地方标准。

8.1.2 本组织标准经批准发布后应严格执行。

8.1.3 标准实施前应做好贯彻标准的组织准备、技术准备和条件保障。

8.1.4 贯彻标准所需技术手段和物质条件,应列入本单位的技术措施和工作计划。

8.1.5 标准实施过程中,由标准化工作办公室负责解释或委托有关部门解释。

8.1.6 实施标准确有困难者,应详细说明理由,提出暂缓执行的申请报告,报标准化工作领导小组批准后可暂缓执行。

8.1.7 对本机构标准中存在的问题,应向标准化工作办公室反映。标准未经批准修改,仍按原标准执行。

8.2 标准实施的监督检查

8.2.1 应每半年对实施的国家标准、行业标准、上海市地方标准和组织标准的执行情况组织监督检查。

8.2.2 标准实施的监督检查采用统一领导、分工负责相结合的管理方式。

8.2.3 标准化工作办公室制定标准实施监督检查制度,编制标准实施监督检查计划,负责标准监督检查的组织和协调。

8.2.4 各部门对涉及本部门的标准的实施情况进行监督检查,做好标准实施监督检查记录和问题处理记录(格式见附录表 C.6),并将标准实施监督检查情况分析材料报标准化工作办公室。

9 机构标准复审

9.1 提出项目

标准化工作办公室对已满三年的组织标准列入复审计划项目；或者当机构标准虽未满三年但不适应当前工作需要时，由相关部门提出标准复审建议，经标准化工作办公室确认后列入复审计划项目。

9.2 组织复审

标准化工作办公室组织有关部门和专家对组织标准进行复审。机构标准复审结果包括：确认有效、修改、修订、废止四种。复审后，标准化工作办公室填写标准复审报告（格式见附录表 C.7），交标准化工作办公室负责人审核后，报送标准化工作领导小组批准。

9.3 结果处理

9.3.1 确认有效

标准内容不需要修改仍能满足使用要求时，应予以确认继续有效，签发标准确认有效通知单（格式见附录表 C.8）。确认继续有效的标准，不改变标准的顺序号和发布年号，仅在标准文本封面的标准编号下面盖上"××××年××月第×次确认有效"章。

9.3.2 修改

对标准的条款或图表仅作少量的删除、补充和修正的，应予以修改。由标准起草人员起草修改内容后交标准化工作办公室核实，之后标准化工作办公室填写标准修改通知单（格式见附录表 C.9）并报标准化工作领导小组批准后实施。

对于"修改"的机构标准，其标准顺序号、发布年号不变，将机构标准修改通知单贴在被修改标准的正文首页前，并按标准修改通知单实施。当标准再版时，应按修改后的内容印刷，并在前言中写明"已按第×号标准修改通知单修改"。

9.3.3 修订

对标准的内容需要做较大修改才能满足使用要求时，应予以修订。

需要修订的组织标准应列入修订计划，修订程序参照标准制定程序的规定。修订后的标准顺序号不变，仅把发布年号改为新修订的发布年号。在封面标准编号的下一行写上"代替"及原标准编号，并在前言中写明"本标准于××××年××月第×次修订"。

标准修订完毕后，由标准化工作领导小组签发标准发布通知书。

9.3.4 废止

对不再适用的标准应予以废止，签发标准废止通知单（格式见附录表 C.10）。由标准化工作办公室将废止的机构标准收回，收回后的机构标准文本应在封面和首页盖上"××××年××月确认废止"章。

10 标准化持续改进

10.1 标准化工作办公室制定标准化工作持续改进程序。

10.2 标准化工作办公室应组织各部门做好标准化工作相关的培训（培训记录表格式见附录表 C.11）。

10.3 各部门根据标准实施中发现的问题，按照持续改进程序共同修改和完善社区矫正服务标准体系，改进标准化工作。

10.4 对标准制定、修订、标准实施和其他标准化工作取得显著成绩的部门和人员给予表彰和奖励。

10.5 对遵守标准带来一定经济效益和社会效益的部门和个人给予奖励，对不遵守标准而造成重大损失的部门和个人采取相应的责任追究措施。

附录 A(规范性附录)

标准化组织机构图

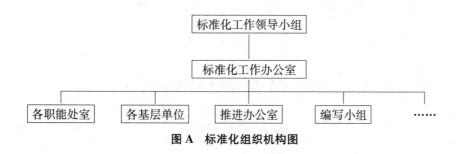

图 A　标准化组织机构图

附录 B(规范性附录)

服务标准体系结构图

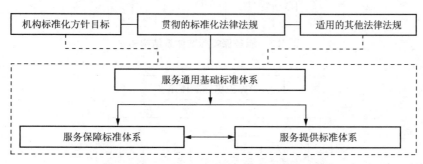

图 B.1　服务标准体系基本结构图

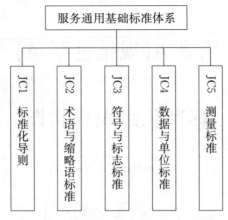

图 B.2　服务通用基础标准体系结构图

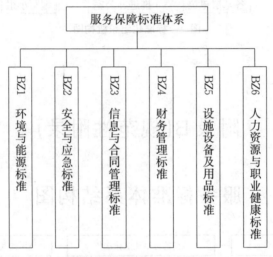

图 B.3　服务保障标准体系结构图

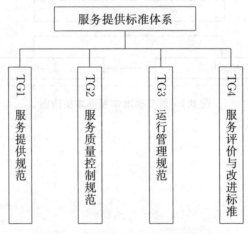

图 B.4　服务提供标准体系结构图

附录 C(规范性附录)

业务用表格式

表 C.1 会议记录表

会议名称				
会议时间			会议地点	
出席人员	姓名	部门	姓名	部门
会议记录				
记录人				

表 C.2 社区矫正管理标准体系标准明细表

层次号	标准编号	标准名称	原体系文件编号	标准级别				发布日期	实施日期	起草部门	实施部门		
				国家标准	行业标准	地方标准	企业标准				主要实施部门	主要参与实施部门	参与实施部门

表 C.3 标准统计表(按标准类别)

子体系名称	标准类别名称	标准数目(个)	子体系标准数目合计(个)
服务通用基础标准体系	JC1 标准化导则	7	18
	JC2 术语与缩略语标准	3	
	JC3 符号与标志标准	4	
	JC4 数值与单位标准	1	
	JC5 测量标准	3	
服务保障标准体系	BZ1 环境和能源标准	2	41
	BZ2 安全与应急标准	9	
	BZ3 信息与合同管理标准	13	
	BZ4 财务管理标准	4	
	BZ5 设施设备及用品标准	4	
	BZ6 人力资源与职业健康标准	9	
服务提供标准体系	TG1 服务提供规范	26	37
	TG2 服务质量控制规范	4	
	TG3 运行管理规范	5	
	TG4 服务评价与改进标准	2	
标准数目总计			96

表 C.4 标准统计表(按标准级别)

标准级别	标准数目
国家标准	
行业标准	
上海市地方标准	
机构标准	
标准数目总计	

表 C.5 标准发布通知书

（   ）第____号

下列____项标准已由标准化工作领导小组批准，现予发布。

序号	标准编号	标准名称	代替标准编号	实施日期

签字、盖章：

发布日期：   年   月   日

主送：

抄送：

表 C.6 标准实施监督检查记录表

检查时间	
检查内容	
检查人员	
检查情况和结果	检查负责人：
整改要求和时限	
整改情况	部门负责人：
被检查人签名	检查人签名	

表 C.7 标准复审报告

标准编号	标准名称	复审结论（√）			
		确认有效	修改	修订	废止
复审简况和意见：					
标准化工作办公室负责人意见： 年 月 日					
标准化工作领导小组批准意见： 年 月 日					

表 C.8　标准确认有效通知单

（　　　）第＿＿号

下列＿＿项标准经标准化工作领导小组批准确认继续有效，其标准编号和标准名称如下：

标准编号	标准名称

标准化工作领导小组（签字、盖章）：

日期：　　年　月　日

主送：

抄送：

表 C.9　标准修改通知单

＿＿＿＿＿《　　　　　　　　　　　　》标准第＿＿号修改单

本修改单经标准化工作领导小组于＿＿年＿＿月＿＿日批准，自＿＿年＿＿月＿＿日起实施。

发布部门（盖章）：标准化工作领导小组

修改内容：

主送：

抄送：

表 C.10 标准废止通知单

（　　　）第＿＿＿号

下列＿＿项标准经标准化工作领导小组批准废止,其标准编号和标准名称如下:

标准编号	标准名称

标准化工作领导小组(签字、盖章):

日期:　　年　　月　　日

主送:

抄送:

表 C.11 培训记录表

培训名称					
培训时间			培训教员		
培训内容					
出席人员	姓名	部门		姓名	部门
承办部门			承办人员		
备注					

Q/SQJZ

上海市社区矫正管理标准

Q/SQJZ JC2.1—2016

社区矫正术语与缩略语

2016-09-14 发布   2016-10-01 实施

上海市社区矫正管理局　发布

目　次

前　言

本标准按照 GB/T 1.1-2009 给出的规则起草。

本标准由上海市矫正管理局标准化工作办公室提出并归口。

本标准起草单位：上海市矫正管理局标准化工作办公室。

本标准主要起草人：田航军、乔明强、陆芸。

本标准为首次发布。

社区矫正术语与缩略语

1 范围

本标准规定了社区矫正领域中常用的基本术语和定义、缩略语。

本标准适用于上海市社区矫正管理标准化建设。

2 术语和定义

下列定义适用于本市社区矫正标准化管理。

2.1 社区矫正

将符合法定条件的服刑人员置于社区内,由专门的国家机关在有关部门、社会组织和志愿者的协助下,在判决、裁定或决定确定的期限内,矫正其犯罪心理和行为恶习的非监禁刑罚执行活动。

2.2 社区服刑人员

被法院判处管制、宣告缓刑、裁定假释;被法院或监狱管理机关决定暂予监外执行的罪犯。

2.3 社区矫正机构

负责执行社区矫正,对社区服刑人员进行监督管理、教育矫正和社会适应性帮扶的行政组织。

2.4 社区矫正中心

区司法行政机关组织实施社区矫正工作的执法平台,承担执法衔接、监督管理、教育矫正、应急处置、社会力量整合等功能。

2.5 基层司法所

区司法局的派出机构,负责指导管理和组织实施行政区域内的司法行政工作。

注1:基层司法行政机构是我国基层政法部门的重要组成部分,是司法行政工作的基础。基层司法行政机构通常实行由区司法局和街道办事处、乡镇人民政府双重领导,以区司法局管理为主的管理体制。

2.6 社区矫正民警

具体从事社区矫正日常监管、教育矫正等刑罚执行活动的工作人员。

2.7 社会工作者

遵循助人自助的价值理念,运用个案、小组、社区、行政等专业方法,以帮助机构和他人发挥自身潜能,协调社会关系,解决和预防社会问题,促进社会公正为职业的专业工作者。本标准中特指社区矫正领域的专职社会工作者。

2.8 帮教志愿者

为社区服刑人员在工作、生活以及思想、行为等方面提供帮助的社会人员。

2.9 宣告

司法行政机关社区矫正机构工作人员向社区服刑人员宣读法院判决书、裁定书、决定书或监狱管理机关的决定书、社区矫正期限等。

2.10 入矫宣告

司法行政机关社区矫正机构工作人员向社区服刑人员宣读法院判决书、裁定书、决定书或监狱管理机关的决定书,宣布社区矫正执行开始。

2.11 解矫宣告

司法行政机关社区矫正机构工作人员向社区服刑人员宣告解除管制、缓刑、假释、暂予监外执行。

2.12 矫正方案

根据社区服刑人员被判处的刑罚种类、犯罪情况、悔罪表现、个性特征和生活环境等情况,制定的针对性监管、教育和帮助措施的方案。

2.13 矫正小组

为社区服刑人员建立的专群结合的工作小组,是社区矫正工作的最基层组织形式,体现社区矫正刑罚执行活动的本质属性。

2.14 需求评估

对社区服刑人员在工作、生活或其他社会生活方面的需求状况的评估。

2.15 报告

社区服刑人员向司法所告知其个人在一定时间内的基本行踪等事项的活动。

2.16 口头报告

社区服刑人员通过口头陈述其个人在一定时间内的基本行踪等事项的活动。

2.17 书面报告

社区服刑人员通过书写文字提交给司法所有关其个人在一定时间内的基本行踪等事项的活动。

2.18 管制

人民法院依法对罪犯判处的刑法种类之一。管制是指对犯罪分子不实行关押,依法实行社区矫正,限制其一定自由的刑罚方法。

2.19 缓刑

人民法院依法对罪犯宣告缓刑的刑罚执行方式。

2.20 禁止令

人民法院对判处管制、宣告缓刑的罪犯禁止在管制执行期间、缓刑考验期限内从事的活动。

2.21 外出

社区服刑人员离开所居住地的市。

2.22 居住地

社区服刑人员实际居住的住所或场所。

2.23 集中教育

社区矫正机构组织社区服刑人员开展的集中性教育矫正活动,是社区矫正执法工作的重要组成部分,是改造社区服刑人员的基本手段,是社区服刑人员参加教育学习的重要形式。

2.24 入矫集中教育

对初期矫正阶段的社区服刑人员和短期社区服刑人员开展的集中性教育矫正活动。

2.25 解矫集中教育

对矫正期满前1个月的社区服刑人员开展的集中性教育矫正活动。

2.26 社区服务

由社区矫正机构组织或认可,由有劳动能力的社区服刑人员向社会、社区及特定机构和个人提供公益性或补偿性的劳动或服务。

2.27 心理矫正

将心理学知识运用到社区矫正工作中,用心理学的知识、方法和技术剖析社区服刑人员犯罪心理形成的过程、原因和规律,分析他们在服刑过程中所出现的各种心理问题,然后有针对性的采取心理技术对其不良心理和不良行为进行矫治,帮助他们消除心理障碍,解决心理矛盾,使其心理健康,并最终成为一个适应正常社会生活的人的一项活动。

2.28 调查评估

受人民法院、人民检察院、监狱或看守所委托,区司法行政机关社区矫正机构对拟适用社区矫正的犯罪嫌疑人、被告人、罪犯的个人、家庭、社区、犯罪等情况进行调查,对其再犯罪风险、适用社区矫正可能对居住社区产生的影响和监管教育条件等进行综合评估,供决定机关裁决时参加的活动。

2.29 短期社区服刑人员

被人民法院、监狱、公安机关依法判决、裁定或决定的社区矫正期限在 3 个月以下(含 3 个月)的社区服刑人员。

2.30 行为考核管理

对社区服刑人员日常行为、矫正表现、社区活动等进行量化考核,评估社区服刑人员矫正状况,并依据考评结果对其实施差别管理的活动。

2.31 撤销缓刑

缓刑社区服刑人员因违反社区矫正规定等被人民法院作出撤销原缓刑的判决。

2.32 撤销假释

假释社区服刑人员因违反社区矫正规定等被人民法院作出撤销原假释裁定的判决。

2.33 撤销暂予监外执行

暂予监外执行的社区服刑人员因暂予监外执行情形消失、违反社区矫正规定等被原决定机关作出撤销暂予监外执行的决定。

2.34 收监执行

被撤销缓刑、假释或者暂予监外执行的社区服刑人员,依法押送至监狱或看守所关押的活动。

2.35 特殊情况

社区服刑人员在社区矫正期内遇到的死亡等非常规情况。

2.36 未成年社区服刑人员

犯罪时未满 18 周岁,被法院判处管制、宣告缓刑、裁定假释或被法院或监狱管理机关决定暂予监外执行的社区服刑人员。

2.37 适应性帮扶

各级社区矫正机构协调有关部门、组织社会力量,帮助有困难和需求的社区服刑人员实现就业就学,获得社会救助,落实基本社会保障,促进社区服刑人员顺利适应社会的各种帮扶活动。

2.38 社会帮教

政府部门以外的社会组织、企事业单位、个人等社会力量对社区服刑人员开展的帮扶活动。

2.39 过渡性安置

对于无合法住所、无生活来源的社区服刑人员提供临时食宿、劳动、教育和救助的措施。

2.40 社区矫正重点对象

有重新违法犯罪现实危害的社区服刑人员;因矛盾纠纷激化,可能影响社会稳定的社区服刑人员;不服从社区矫正管理,经教育不改的社区服刑人员;其他应当列入重点对象的社区服刑人员。

2.41 社区矫正重要对象

因危害国家安全被判处刑罚的社区服刑人员;因涉邪、涉黑被判处刑罚的社区服刑人员;曾担任县处级以上领导干部职务的社区服刑人员;在全国和本市有一定社会影响力的知名人士的社区服刑人员;所涉案件是引起社会广泛关注的重特大案件的社区服刑人员;港澳台、外国籍的社区服刑人员;其他应当列入重要对象的社区服刑人员。

2.42 个别教育

社区矫正工作人员遵循教育矫正个别化原则,根据社区服刑人员的个体特点,采取针对性措施,矫正其不良心理及行为,提高其适应社会能力的教育矫正活动。

2.43 电子实时监督管理

借助电子设备,对社区服刑人员的行动轨迹进行实时监督,保障非监禁刑罚有效执行的管理手段。

2.44 风险评估

对社区服刑人员根据其基本情况等主客观因素,对其再犯罪的危险性进行的评估。

2.45 再犯责任倒查评估

分析社区服刑人员在社区矫正期间再犯罪的主客观原因,查找工作机制和责任落实方面存在的问题和不足,以总结经验教训,促进改进监督管理和教育矫正措施的方法措施。

2.46 社区矫正信息系统

社区矫正中有关社区服刑人员的信息以及监管、教育矫正等工作数据的管理系统。

2.47 社区矫正执行档案

记录社区服刑人员适用社区矫正法律文书以及接收、监管审批、处罚、收监执行、解除矫正等有关社区矫正执行活动的文书等原始记录。

2.48 社区矫正突发案(事)件

社区服刑人员发生重大刑事案件、参与群体性事件,非正常死亡、脱管、漏管等,造成社会危害和负面社会影响,需要采取应急处置措施予以应对的案(事)件。

2.49 社区矫正人员定位系统

运用计算机技术、地理信息技术、移动定位技术、通信技术、网络技术,通过为社区矫正人员配发定位终端,实现对定位人员的位置监控及管理,为社区矫正工作提供决策依据的系统。

3 缩略语

3.1 上海市社区矫正管理局

简称矫正局。

3.2 社区矫正中心

简称矫正中心。

3.3 未成年社区服刑人员

简称未成年人。

3.4 社会工作者

简称社工。

3.5 帮教志愿者

简称志愿者。

Q/SQJZ

上 海 市 社 区 矫 正 管 理 标 准

Q/SQJZ JC3.1—2016

社区矫正视觉识别规范

2016-09-14 发布   2016-10-01 实施

上海市社区矫正管理局   发布

目　次

前　言

本标准按照 GB/T 1.1-2009 给出的规则起草。

本标准由上海市社区矫正管理局提出并归口。

本标准起草单位：上海市社区矫正管理局标准化办公室。

本标准主要起草人：田航军、乔明强、李振宇。

本标准为首次发布。

社区矫正视觉识别规范

1 范围

本标准规定了社区矫正视觉识别系统设计的基本原则、基础元素和应用元素,并提出了社区矫正视觉识别系统的设置和应用要求。

本标准适用于上海市社区矫正系统各级各类司法行政机关及其直属机构的标识设置和管理。

2 规范性引用文件

下列文件对于本文件的应用是必不可少的。凡是注日期的引用文件,仅注日期的版本适用于本文件。凡是不注日期的引用文件,其最新版本(包括所有的修改单)适用于本文件。

GB/T 2893.1 图形符号 安全色和安全标志 第1部分:安全标志和安全标记的设计原则。

GB 2894 安全标志及其使用导则。

GB/T 10001.1 标志用公共信息图形符号 第1部分:通用符号。

GB/T 10001.9 标志用公共信息图形符号 第9部分:无障碍设施符号。

GB 13495.1 消防安全标志 第1部分:标志。

GB/T 15565.1 图形符号 术语 第1部分:通用。

GB/T 15565.2 图形符号 术语 第2部分:标志及导向系统。

GB/T 15566.1 公共信息导向系统 设置原则与要求 第1部分:总则。

GB/T 20501.1 公共信息导向系统 要素的设计原则与要求 第1部分:图形标志及相关要素。

GB/T 20501.2 公共信息导向系统 要素的设计原则与要求 第2部分:文字标志及相关要素。

GB/T 20501.3 公共信息导向系统 要素的设计原则与要求 第3部分:平面示意图和信息版。

3 术语和定义

GB/T 15565 界定的以及下列术语和定义适用于本文件。为了便于使用,以下重复列出了 GB/T 15565 中的一些术语和定义。

3.1 视觉识别系统

通过视觉传播的手段,将管理理念和文化精神等信息转化为统一的识别形象的视觉传达体系。

3.2 标志

由符号、文字、颜色和几何形状(或边框)等组合形成的传递特定信息的视觉形象。

3.3 图形标志

由标志用图形符号、颜色、几何形状(或边框)等组合形成的标志。

3.4 文字标志

由文字、颜色或边框等组合形成的矩形标志。

3.5 标准色

为塑造独特的组织形象而确定的某一特定的颜色或一组颜色。

3.6 标准字体

用以表现组织名称或品牌的某一特定的字体或一组字体。

3.7 基本网格

用于设计视觉识别系统的坐标网格。

注:基本网格的格线间距为某一模数 A,使用时可等比例放大或缩小。其样式见图1。

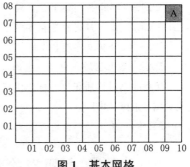

图 1　基本网格

4　基本原则

4.1 规范性

各级各类社区矫正行政机关及其直属机构视觉识别系统中所采用的符号、颜色、文字等要素及要素的表示方法应符合 GB/T 10001、GB/T 20501、GB/T 15565、GB/T 15566、GB 13495、GB/T 2893、GB 2894 等标准的规定。

4.2 系统性

4.2.1　视觉识别系统设计和应用的符号、颜色、文字应保持一致。

4.2.2　系统涉及应用元素的设计应体现司法局统一的视觉风格和形象。

4.2.3　在设计和设置某个具体产品时,应考虑其中的视觉元素对整体系统的作用和贡献。

4.2.4　导向系统中导向信息的设计应具有连续性,导向要素设置位置应具有规律性和一致性。

4.3 清晰性

4.3.1　视觉识别系统中的符号和文字与其背景有足够的对比度。

4.3.2　符号和文字的细节之间应容易区分,标志与标志及标志与文字之间相互关系应清晰可辨。

4.3.3　上海市社区矫正管理局标志的横向排列组合方式分为横排文字横向排列、横排文字纵向排列及竖排文字纵向排列组合样式。当作为招牌、形象墙等独立的导向要素应用时,应首选横向排列组合样式。作为印刷品应用时,当图形标志高度不小于 10 mm 时,可与中英文全称组合使用,否则不适用。

5　社区矫正系统视觉识别规范

5.1 基础元素

社区矫正系统标志所使用的图形标志、标准色和标准字体应符合本节社区矫正系统视觉识别规范的要求。

5.2 标志的设计要求

5.2.1　上海市社区矫正管理局标志的设计要求

上海市社区矫正管理局标志由司法行政徽、中文文字"上海市社区矫正管理局"及英文大写字母"SHANGHAI COMMUNITY CORRECTION OFFICE"组成。其排列方式见图2、图3和图4。

图 2　横向排列组合方式示例

图 3　纵向排列组合方式示例

图 4　竖排文字纵向排列组合方式示例

— 29 —

5.2.1.1　横向排列的组合方式

5.2.1.2　纵向排列的组合方式

5.2.1.3　竖排文字组合方式

5.2.2　各社区矫正中心标志的设计要求

　　上海市各社区矫正中心标志由司法行政徽、专用中文名称文字及英文名称大写字母组成。其排列方式见图5、图6和图7。

5.2.2.1　横向排列的组合方式

图5　单排文字横向排列组合方式示例

5.2.2.2　纵向排列的组合方式

图6　单排文字纵向排列组合方式示例

图7　竖排文字纵向排列组合方式示例

5.2.2.3　竖排文字组合方式

5.3　标志的设置要求

5.3.1　一般要求

　　上海市社区矫正管理局和社区矫正中心的设计和设置应满足本文件的要求,并应根据建筑环境特征进行设置。

5.3.2　色彩设置

　　当背景色为标准色或黑色时,文字的颜色应为白色,亦可根据实际需要采用镂空方式。其样式见图8。

图8　反白样式示例

5.3.3 设置位置

上海市社区矫正管理局或上海市各社区矫正中心应在办公建筑或区域外部设立相应标志。

5.4 应用元素

工作证内容应根据实际需求包括上海市社区矫正管理局或上海市各社区矫正中心标志、工作人员编号、姓名、职务、部门等基本信息,并贴有工作人员照片。司法行政徽高度不应小于 10 mm,宜采用挂绳式佩戴方式。上海市社区矫正管理局工作证的样式见图9,上海市各社区矫正中心工作证的样式设计可参照执行。

图 9　工作证样式示例

附录 A(规范性附录)

上海市司法行政系统部分单位中英名称对照表

序号	中文名	英文名
1	中国司法	Justice of China
2	上海市司法局	Shanghai Municipal Bureau of Justice
3	上海市奉贤区司法局西渡司法所	Xidu Office of Shanghai Fengxian District Bureau of Justice
4	上海市社区矫正管理局	Shanghai Community Correction Office
5	上海市徐汇区社区矫正中心	Shanghai Xuhui District Community Correction Center
6	上海市社会帮教志愿者协会	Shanghai Volunteers Association of Social Assistance
7	上海市新航社区服务总站	Shanghai Xinhang Community Service Centre

Q/SQJZ

上 海 市 社 区 矫 正 管 理 标 准

Q/SQJZ JC4.1—2016

社区矫正执法工作数据统计规范

2016-09-14 发布　　　　　　　　　　　　　　　2016-10-01 实施

上海市社区矫正管理局　发布

目　　次

前　言

本标准按照 GB/T 1.1-2009 给出的规则起草。

本标准由上海市社区矫正管理局标准化领导小组提出并归口。

本标准起草单位：上海市社区矫正管理局标准化办公室。

本标准主要起草人：张国华、沈雨潮、吴斌。

本标准为首次发布。

社区矫正执法工作数据统计规范

1 范围

本标准规定了社区矫正执法工作数据统计的部门职责及人员要求、数据范围、统计要求等要求。

本标准适用于上海市社区矫正系统各级各类司法行政机关及其直属机构的执法工作数据统计的规范化管理。

2 规范性引用文件

下列文件对于本文件的应用是必不可少的。凡是注日期的引用文件,仅注日期的版本适用于本文件。凡是不注日期的引用文件,其最新版本(包括所有的修改单)适用于本文件。

GB/T8170 数值修约规则与极限数值的表示与判定。

GB 3100 国际单位制及其应用。

GB 3101 有关量、单位和符号的一般原则。

GB 3102.1 空间和时间的量和单位。

GA 428 违法犯罪人员信息系统数据规范。

Q/SQJZ BZ3.4 社区矫正信息系统操作规范。

Q/SQJZ BZ3.6 社区矫正执行档案管理规范。

Q/SQJZ BZ3.7 社区矫正工作档案管理规范。

3 部门职责及人员要求

3.1 部门职责

各级社区矫正机构指定专人负责数据统计工作。

3.2 人员要求

工作人员应能熟练掌握计算机的各项基本操作和基本的统计方法,定期组织专职统计人员进行岗位培训。

4 数据范围

4.1 电子信息

4.1.1 在社区矫正工作管理平台上登录有关社区服刑人员的基本信息(参见 Q/SQJZ BZ3.4 社区矫正信息系统操作规范及 GA 428 违法犯罪人员信息系统数据规范)。

4.1.2 社区服刑人员监督管理、教育矫正以及社会适应性帮扶的各种数据。

4.2 纸质信息

有关社区矫正机构、人员以及社区矫正各项监督管理、教育矫正以及社会适应性帮扶的统计数据(参见 Q/SQJZ BZ3.6 社区矫正执行档案管理规范、Q/SQJZ BZ3.7 社区矫正工作档案管理规范见)。

5 统计要求

5.1 数据准确

各级社区矫正机构应按照 GB/T8170 数值修约规则与极限数值的表示与判定、GB 3100 国际单位制及其应用、GB 3101 有关量、单位和符号的一般原则、GB 3102.1 空间和时间的量和单位等文件的要求统计各项数据应准确。不得漏报、瞒报或错报各项统计数据。

5.2 时效要求

各级社区矫正机构需按照规定的时间节点统计生成各项统计报表并按时逐级上报。

附录 A(资料性附录)

各项统计表式名称

a. 社区服刑人员情况信息统计表,司法部,月报。

b. 社区矫正工作情况信息统计表,司法部,季报。

c. 社区矫正工作数据快报,本市,月报。

d. 社区服刑人员违纪违法犯罪情况,本市,月报。

e. 年度社区矫正工作数据,本市,半年/全年。

Q/SQJZ

上海市社区矫正管理标准

Q/SQJZ JC5.1—2018
代替 Q/SQJZ JC5.1—2016

满意度调查规范

2018-03-27 发布　　　　　　　　　　　　　　　　2018-03-30 实施

上海市社区矫正管理局　发布

目　　次

前　　言

本标准按照 GB/T 1.1-2009 给出的规则起草。

本标准由上海市社区矫正管理局标准化工作办公室提出并归口。

本标准起草单位:上海市社区矫正管理局标准化工作办公室。

本标准主要起草人:田航军、乔明强、宋军民。

本标准比照 Q/SQJZ JC5.1-2016 修改了"数据统计方法"及附录表单。

满意度调查规范

1 范围

本标准适用于上海市社区矫正管理局、区矫正中心开展社区矫正工作满意度调查所涉及的调查对象、采用的调查方法、调查部门、分析汇总、统计方法、结果应用。社区矫正工作满意度调查包括社区服刑人员满意度调查和社区服刑人员所在社区社会公众满意度调查。

本标准适用于上海市社区矫正工作满意度调查。

2 调查对象

调查对象为社区服刑人员及所在社区社会公众人员,年龄应当在 18 周岁以上。

3 部门职责及权限

3.1 问卷制作

社区矫正满意度调查问卷由市社区矫正管理局综合处统一制作,由区司法局矫正科统一发放、统计结果。

3.2 调查及分析

3.2.1 有关社区服刑人员的满意度调查应当在社区服刑人员矫正期满宣告完成后,及时由矫正科负责矫正宣告工作的同志负责。

3.2.2 社会公众满意度调查应由矫正科负责社区矫正人员社区服务工作的同志负责。

3.2.3 必要时,委托社会第三方机构进行满意度调查。

4 调查方法

4.1 问卷调查

4.1.1 问卷数量

各区司法局社区服刑人员满意度调查问卷的数量每年不少于 200 件;各区司法局社区服刑人员所在社区社会公众满意度调查问卷每年不少于 30 件。

4.1.2 问卷内容

4.1.2.1 社区服刑人员满意度调查

社区服刑人员满意度调查包括调查对象基本情况、满意度指数体系和其他相关内容(见附录 A),社区服刑人员满意度指数,用于测量调查对象在接受社区矫正前后的直观感受,指数体系分三级指标:

a) 一级指标即调查对象满意度指数标准;

b) 二级指标包括 6 个,包括对社区矫正满意度综合评价、刑罚执行、教育矫正、适应性帮扶、执法公开、执法纪律方面的内容;

c) 三级指标分为 13 个(见附录 A)。

4.1.2.2 社区社会公众满意度调查

社会公众满意度调查包括调查对象基本情况、社会公众满意度指数体系和其他相关内容(见附录

B),社会公众满意度指数,用于测量社会公众在社区服刑人员所在社区对社区矫正工作的直观感受,指数体系分三级指标:

    a) 一级指标即满意度指数标准;

    b) 二级指标包括 6 个,包括对社区矫正满意度综合评价、工作环境、工作效率、执法态度、执法质量、执法纪律方面的内容;

    c) 三级指标分为 19 个(见附录 B)。

4.1.3 内容调整

社区矫正满意度调查的内容设定应根据社区矫正工作的执法重点内容进行及时调整,如社区矫正法出台、上级有关社区矫正的制度政策出现调整等情况,更好地提高社区矫正执法工作水平。

4.2 电话调查

电话调查是问卷调查的补充手段。在社区服刑人员因正当理由离沪外出或出现紧急情况而无法开展问卷调查时,采用电话调查的方式进行满意度调查。调查内容同 4.1.2.1。

4.3 网络调查

在移动执法仪与市、区、司法所社区矫正信息网络上下联通的情况下,可以适用。

5 调查结果的分析汇总

5.1 区司法局矫正科应当每年对社区矫正满意度调查结果进行分析汇总,形成年度社区矫正满意度调查报告。

5.2 满意度调查结果的分析汇总内容主要包括:

    a) 参与满意度调查对象的基本情况;

    b) 社区服刑人员和社会公众综合满意度评价指数;

    c) 相关单项工作满意度评价指数;

    d) 调查对象对改进社区矫正工作的意见建议;

    e) 调查对象的投诉等内容。

6 数据统计方法

6.1 调查对象满意度级采用 3 级测量法,由高到低表示满意、一般、不满意。

6.2 社区服刑人员综合满意度评价指数为:(满意度调查问卷中有关满意度综合评价选项中表示满意调查对象数量/参与调查对象的总数量)×100%。

6.3 社会公众综合满意度评价指数为:(满意度调查问卷中有关满意度综合评价选项中表示满意的调查对象数量/参与调查对象的总数量)×100%。

6.4 有关单项工作满意度评价指数:(各三级指标选项中有关表示满意的调查对象/参与调查对象的总数量)×100%。

7 社区矫正满意度调查结果应用

7.1 社区矫正满意度调查报告应当通过网络、微信公众号、矫正中心公示栏等进行公示公开。

7.2 对于在满意度调查过程中发现社区矫正工作人员存在违纪违规行为的,应当进行批评教育;如情节严重,需要追究其法律责任的,移送相关职能部门处理。对于有关单项工作满意度评价指数较低的,应当结合社区矫正工作实际进行及时整改。

7.3 对于调查对象提出的合理的意见和建议,应当予以采纳,进一步提高社区矫正执法的工作水平。

附录 A(规范性附录)

社区服刑人员满意度调查问卷

一、被调查者基本情况

1. 性　别:(1)男　(2)女

2. 年　龄:(1)30 岁及以下　(2)31—60 岁　(3)61 岁以上

3. 文化程度:(1)初中及以下　(2)高中　(3)大专及以上

二、请您按照个人对社区矫正工作的感受进行评价(请在每项相应的内容上打钩)

一级指标	二级指标	三级指标	满意	一般	不满意
满意度综合评价					
社区服刑人员满意度指数	刑罚执行	宣告与衔接			
		矫正小组建设			
		分级管理与处遇			
		计分考核与奖惩			
	教育矫正	集中教育与个别教育			
		社区服务			
	适应性帮扶	就业援助			
		社会保障			
	执法公开	公开相关法律、法规			
		公开渠道			
	执法纪律	严格执行不索要当事人财物的规定			
		严格执行社区矫正执法人员职业规范			
		准时到岗			

三、其他

1. 您是否会向您的亲友介绍社区矫正工作?

(1) 是

(2) 否　具体原因_____

2. 请问您对改进本区社区矫正工作有何意见和建议?

谢谢您的合作!

调查员:　　　　　　　　　　　　　　　　　　　调查时间:

附录B(规范性附录)

社区矫正社会公众满意度调查问卷

一、被调查者基本情况

1. 性 别:(1)男 (2)女

2. 年 龄:(1)30岁及以下 (2)31—60岁 (3)61岁以上

3. 文化程度:(1)初中及以下 (2)高中 (3)大专及以上

二、请您按照个人对社区矫正工作的感受进行评价(请在每项相应的内容上打钩)

一级指标	二级指标	三级指标	满意	一般	不满意
社会公众满意度指数	满意度综合评价				
	工作环境	环境干净			
		执法公开			
		工作秩序			
		工作设施			
	工作效率	不推诿、扯皮			
		执行效率			
		人员纳管效率			
		文书送达效率			
	执法态度	耐心倾听			
		用语文明			
		沟通及时			
	执法质量	分析研判			
		调查评估			
		矫正小组			
		法律文书			
		适用法律			
	执法纪律	严格执行不收取当事人财物的规定			
		严格执行社区矫正执法人员职业规范			
		不泄露当事人隐私			

三、其他

1. 您认为社区矫正工作是否有成效？

（1）是

（2）否　具体原因_____

2. 是否会向您的亲友介绍社区矫正工作？

（1）是

（2）否　具体原因_____

3. 请问您对改进本市社区矫正工作有何意见和建议？

谢谢您的合作！

　调查员：　　　　　　　　　　　　　　　　　　调查时间：

Q/SQJZ

上 海 市 社 区 矫 正 管 理 标 准

Q/SQJZ TG1.1—2017
代替 Q/SQJZ TG1.1—2016

报到接收规范

2017-04-12 发布 　　　　　　　　　　　　　　　2017-04-19 实施

上海市社区矫正管理局　发布

目　　次

前　　言

本标准按照 GB/T 1.1-2009 给出的规则起草。

本标准由上海市社区矫正管理局提出并归口。

本标准起草单位:上海市社区矫正管理局标准化研究院。

本标准主要起草人:张国华、李月锋、盛清、朱斐。

本标准比照 Q/SQJZ TG1.1-2016 增加了工作流程图。

报到接收规范

1 范围

本标准规定了社区矫正报到接收的部门职责及权限、报到接收程序、其他情形等基本要求。

本标准适用于司法行政机关社区矫正机构接收社区服刑人员的规范性要求。

2 规范性引用文件

下列文件对于本文件的应用是必不可少的。凡是注日期的引用文件，仅注日期的版本适用于本文件。凡是不注日期的引用文件，其最新版本（包括所有的修改单）适用于本文件。

Q/SQJZ TG1.14 考核与管理规范。

Q/SQJZ TG1.3 矫正宣告规范。

Q/SQJZ TG1.11 心理矫正规范。

Q/SQJZ BZ3.6 社区矫正执行档案管理规范。

Q/SQJZ TG1.15 收监管理规范。

3 术语和定义

报到指社区服刑人员到司法行政机关办理接受社区矫正的相关手续。

4 报到接收程序

4.1 文书衔接

4.1.1 接收法院的法律文书

社区矫正机构接收法院的法律文书主要包括刑事判决书、刑事裁定书。

4.1.2 接收监狱管理机关及监狱的法律文书

社区矫正机构接收监狱管理机关及监狱的法律文书主要包括假释证明书、暂予监外执行决定书。

4.1.3 接收公安部门的法律文书

社区矫正机构接收公安部门送达的法律文书主要包括暂予监外执行决定书。

4.2 服刑人员报道

4.2.1 报到时间和地点

判处管制、宣告缓刑、裁定假释的罪犯在判决或裁定生效之日起 10 日内至居住地司法行政机关指定的社区矫正中心报到。

4.2.2 提交材料

社区服刑人员本人携以下材料，在规定的期限内到社区矫正机构指定的社区矫正中心报到：

——各类法律文书；

——身份证（或户口簿）原件和复印件、护照原件和复印件等身份证明材料。

4.3　身份核实

社区矫正民警对前来报到的社区服刑人员核对个人身份、判决结果、矫正类别等信息。

4.4　信息载录

社区矫正民警指导社区服刑人员填写《社区服刑人员基本信息表》(见附录 A)。

4.5　事项告知

社区矫正民警会告知以下事项:

a) 按照 Q/SQJZ TG1.3　矫正宣告规范的要求告知社区服刑人员宣告事项;

b) 指定司法所具体接受日常监管的事项;

c) 按照 Q/SQJZ TG1.11　矫正人员心理辅导规范的要求告知有关进行心理测评的事项。

4.6　归档

社区矫正民警要求社区服刑人员在相关材料上签字后,按照 Q/SQJZ BZ3.6　社区矫正执行档案管理规范的要求将材料归档。

5　其他情形

5.1　暂予监外执行罪犯的接收

5.1.1　暂予监外执行罪犯,由原羁押的监狱或看守所将其押送至区社区矫正机构指定的社区矫正中心,当场办理人员交接。

5.1.2　因身体疾病等原因导致行动不便的暂予监外执行罪犯,区社区矫正机构经与监狱或看守所事先商定后,可以在约定的罪犯住所、医疗场所或其他场所,办理人员交接。

5.1.3　未被羁押的被法院决定暂予监外执行罪犯,区社区矫正机构根据法院的通知,派员在法庭办理交接。

5.2　逾期报到的处置

5.2.1　通报

判处管制、宣告缓刑、裁定假释的罪犯未在判决或裁定生效之日起 10 日内至居住地司法行政机关指定的社区矫正机构报到的,社区矫正机构作出《社区服刑人员未在规定期限内报到的通报》(见附录 B),送达各相关部门及司法所、社区服刑人员家属等相关人员。

5.2.2　责任承担

社区矫正机构对于逾期报到的社区服刑人员,依据 Q/SQJZ TG1.15　社区矫正人员考核与管理规范的要求给予相应的处罚。

5.3　未报到处置

5.3.1　追查

社区矫正机构作出《提请公安机关协助执行函》(见附录 C),送达同级公安机关,提请追查社区服刑人员的行踪。

5.3.2　责任承担

社区矫正机构发现社区服刑人员未报到的,要进行相应的处置。

社区服刑人员未报到超过 1 个月的,依据 Q/SQJZ TG1.16　社区矫正人员收监管理规范的要求启动收监程序。

附录 A(规范性附录)

社区服刑人员基本情况表

单位：   编号：   填表日期：

姓名		曾用名		身份证号码			一寸免冠照片
性别		民族		出生年月日			
文化程度		健康状况		原政治面貌		婚姻状况	
居住地							
户籍地							
所在工作单位（学校）					联系电话		
个人联系电话							
罪名		刑种			原判刑期		
社区矫正决定机关			原羁押场所				
禁止令内容			禁止期限起止日				
矫正类别		矫正期限		起止日			
法律文书收到时间及种类					接收方式及报到时间		
在规定时限内报到		超出规定时限报到		未报到且下落不明			
主要犯罪事实							

(续表)

本次犯罪前的违法犯罪记录			
个人简历	起止时间	所在单位	职务

	姓名	关系	工作单位或家庭住址	联系电话
家庭成员及主要社会关系				

备注	

附录 B(规范性附录)

社区服刑人员未在规定期限内报到的通报

关于社区矫正人员未在规定期限内报到的通报(存根)

（　　）字第＿＿＿号

＿＿＿＿＿＿人民法院：

根据＿＿＿＿＿第＿＿＿号判决书(裁定书)，社区矫正人员＿＿＿＿＿应于＿＿＿年＿＿＿月＿＿＿日前到＿＿＿
＿＿＿司法局报到，接受社区矫正。经核查，该社区矫正人员未在规定期限内报到。特此通报。

区司法局(公章)

年 月 日

关于社区矫正人员未在规定期限内报到的通报

（　　）字第＿＿＿号

＿＿＿＿＿＿人民法院：

根据＿＿＿＿＿第＿＿＿号判决书(裁定书)，社区矫正人员＿＿＿＿＿应于＿＿＿年＿＿＿月＿＿＿日前到＿＿＿
＿＿＿司法局报到，接受社区矫正。经核查，该社区矫正人员未在规定期限内报到。特此通报。

区司法局(公章)

年 月 日

关于社区矫正人员未在规定期限内报到的通报

（　　）字第＿＿＿号

＿＿＿＿＿＿人民法院：

根据＿＿＿＿＿第＿＿＿号判决书(裁定书)，社区矫正人员＿＿＿＿＿应于＿＿＿年＿＿＿月＿＿＿日前到＿＿＿
＿＿＿司法局报到，接受社区矫正。经核查，该社区矫正人员未在规定期限内报到。特此通报。

区司法局(公章)

年 月 日

备注:此联抄送区人民检察院

附录 C(规范性附录)

提请公安机关协助执行函

提请公安机关协助执行函(存根)

( )字第＿＿号

＿＿＿＿＿公安(分)局:

本区社区矫正人员＿＿＿＿＿,因(事由)＿＿＿＿＿＿＿＿＿＿＿＿＿＿＿＿＿＿＿＿＿,需要组织追查/采取强制措施/执行收监,请予以支持。

附:社区矫正人员相关材料。

区司法局(公章)

年 月 日

提请公安机关协助执行函

( )字第＿＿号

＿＿＿＿＿公安(分)局:

本区社区矫正人员＿＿＿＿＿,因(事由)＿＿＿＿＿＿＿＿＿＿＿＿＿＿＿＿＿＿＿＿＿,需要组织追查/采取强制措施/执行收监,请予以支持。

附:社区矫正人员相关材料。

区司法局(公章)

年 月 日

提请公安机关协助执行函

( )字第＿＿号

＿＿＿＿＿公安(分)局:

本区社区矫正人员＿＿＿＿＿,因(事由)＿＿＿＿＿＿＿＿＿＿＿＿＿＿＿＿＿＿＿＿＿,需要组织追查/采取强制措施/执行收监,请予以支持。

附:社区矫正人员相关材料。

区司法局(公章)

年 月 日

抄送:＿＿＿＿＿人民检察院

附录 D(规范性附录)

报到接收规范流程图

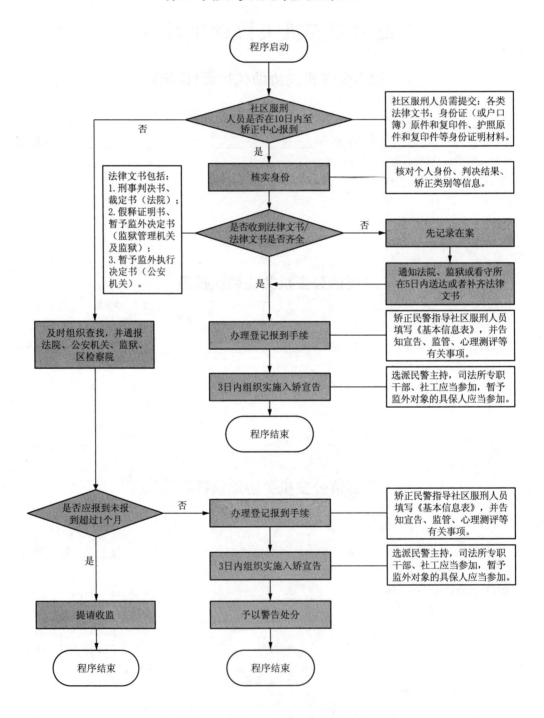

Q/SQJZ

上 海 市 社 区 矫 正 管 理 标 准

Q/SQJZ TG1.2—2017
代替 Q/SQJZ TG1.2—2016

矫正宣告规范

2017-04-12 发布　　　　　　　　　　　　　　　2017-04-19 实施

上海市社区矫正管理局　发布

目　　次

前　言

本标准按照 GB/T 1.1-2009 给出的规则起草。

本标准由上海市社区矫正管理局标准化工作办公室提出并归口。

本标准起草单位：上海市社区矫正管理局标准化工作办公室。

本标准主要起草人：张国华、李月锋、盛清、朱斐。

本标准比照 Q/SQJZ TG1.2-2016 增加了工作流程图。

矫正宣告规范

1　范围

本标准规定了社区矫正宣告的要求、程序、未成年人宣告特别规定等基本要求。

本标准适用于本市社区矫正机构进行社区矫正宣告的要求。

2　规范性引用文件

下列文件对于本文件的应用是必不可少的。凡是注日期的引用文件,仅注日期的版本适用于本文件。凡是不注日期的引用文件,其最新版本(包括所有的修改单)适用于本文件。

Q/SQJZ TG1.22　电子实时监管规范。

3　术语和定义

下列术语和定义适用于本文件。

入矫宣告指司法行政机关社区矫正机构工作人员向社区服刑人员宣读法院判决书、裁定书、决定书或监狱管理机关的决定书,宣布社区矫正执行开始。

4　宣告要求

4.1　形象要求

宣告人员应着装得体,保持宣告气氛庄严肃穆。

4.2　用语要求

4.2.1　语言举止文明,应使用中文普通话。

4.2.2　社区服刑人员不通晓中文普通话(手语)的,区司法行政机关社区矫正机构应提供外语翻译(手语),协助宣告。

4.3　时间要求

社区服刑人员前往区社区矫正中心报到后的 3 个工作日内举行。

4.4　地点要求

区社区矫正中心宣告室。

4.5　参加人员要求

下列人员应参见宣告程序:

a) 社区矫正民警、司法所社区矫正专职干部、社工应当参加入矫宣告;

b) 暂予监外执行社区服刑人员的具保人应当参加入矫宣告;

c) 公安派出所社区民警、检察机关检察官列席入矫宣告;

d) 村(居)民委员会、群众代表、社区矫正志愿者、社区服刑人员所在单位、家庭成员可以参加入矫宣告。

5 程序

5.1 通知

5.1.1 区司法行政机关社区矫正机构应当告知社区服刑人员本人社区矫正宣告的时间、地点、宣告事项及相关要求。

5.1.2 区司法行政机关社区矫正机构应当告知公安机关和检察机关,社区矫正宣告的时间、地点及内容。

5.2 宣告

宣告由社区矫正民警主持,按照附录 A 的内容和下列流程进行:

a) 宣布宣告纪律;

b) 介绍参加宣告会人员;

c) 主持人宣读判决书、决定书、裁定书、执行通知书等法律文书主要内容,宣读《社区矫正宣告书》(见附录 B),告知矫正期限、矫正小组成员等事项;

d) 矫正专职干部告知矫正监管要求,宣读《关于对社区服刑人员×××实施电子实时监管的决定书》和《电子实时监管告知书》(见 Q/SQJZ TG1.22 电子实时监管规范);

e) 矫正小组其他成员、社区检察官根据需要发言;

f) 社区服刑人员就矫正期间遵守矫正规定作出承诺;

g) 主持人逐个询问参加人员及社区服刑人员是否有需要补充说明的事项;

h) 主持人宣布宣告结束,要求社区服刑人员在相关文书上签字。

5.3 未成年人宣告特别规定

5.3.1 未成年社区服刑人员的入矫宣告不公开进行。

5.3.2 参加人员仅限宣告主持人、司法所社区矫正专职干部、派出所民警、检察机关检察官、具体负责该服刑人员帮教的社工、志愿者以及社区服刑人员的法定监护人或合适成年人。

附录 A(规范性附录)
社区矫正入矫宣告流程图

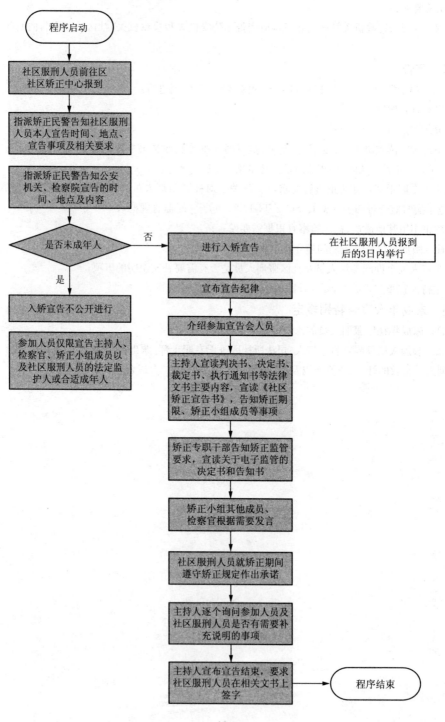

附录B(资料性附录)

社区矫正入矫宣告流程（范本）

一、宣告准备

参加宣告人员入场、就座，主持人核实人员是否到齐，了解缺席人员情况。

主持人就位，核实身份，询问社区服刑人员基本情况(姓名、住址等)。发言：根据《中华人民共和国刑法》第38条(管制)/第76条(缓刑)/第85条(假释)/《中华人民共和国刑事诉讼法》第258条(暂予监外执行)规定，现在依法对社区服刑人员×××进行社区矫正入矫宣告。

请全体起立！

下面宣布宣告纪律：

（一）宣告期间应保持安静，手机等电子设备应关机或调成静音状态，不得鼓掌、喧哗、哄闹或实施其他妨害宣告进行的行为；

（二）未经主持人允许，旁听人员不得随意走动，不得发言、提问；

（三）未经主持人允许，不得录音、录像、摄影和发布消息；

（四）不得吸烟或将食物、饮料等物品带入宣告场所；

（五）违反宣告纪律的，主持人可以训诫或责令其退出宣告场所。

宣告纪律宣布完毕，请坐。

二、宣告

（一）主持人宣布参加宣告的单位和人员(单位名称、人员姓名)

主持人：下面介绍参加此次宣告会的单位和人员。

××司法所专职干部：×××。

××公安派出所(或区公安局)民警：×××。

××检察院检察官(如有)：×××。

××矫正社工：×××。

××帮教志愿者：×××。

其他人员等(如有)。

（二）宣告以下内容

主持人：社区服刑人员×××，根据××(作出判决、裁定、决定的单位全称、法律文书名称、文号)、××(单位全称)执行通知书××(文号)，你因犯　　　罪被判处拘役(有期徒刑)×年(月)，缓刑×年(月)(管制×年)/被裁定假释/被决定暂予监外执行，应实施社区矫正，矫正期自×××年××月××日始至×××年××月××日止。

主持人：下面宣读对社区服刑人员×××的《社区矫正宣告书》。

×××(社区服刑人员姓名)，以上内容你是否听清楚了？对应当遵守的规定、违反规定的后果以及享有的权利是否听明白了？听明白了，请签名。

主持人要求社区服刑人员在《社区矫正宣告书》上签名。

签字完毕后,主持人:社区矫正期间,司法所将为你建立矫正小组。矫正小组组长由司法所矫正专职干部×××担任,成员包括社区公安民警、矫正社工、居委会干部和志愿者。待宣告结束后,矫正小组将与你签订矫正责任书。(有条件的区,可以宣告结束后当场签订;如矫正小组人员未能到齐,可等社区服刑人员在宣告后第一次到司法所报到时签订。)

下面请矫正专职干部提出监管要求。

矫正专职干部:×××(社区服刑人员姓名),我是××街道(镇)司法所矫正专职干部,在你社区矫正期间,我的主要工作是按照社区矫正有关规定,对你进行监督管理和教育矫正。矫正期间,你要严格遵守监管规定,按时报到,积极参加教育学习、社区服务,定期向司法所报告遵纪守法、接受监督管理、参加教育学习、社区服务和社会活动的情况。每月参加集中教育、个别教育和心理辅导等教育学习活动以及社区服务的时间不少于八小时。发生居所变化、工作变动、家庭重大变故以及接触对自己社区服刑有不利影响人员的,要及时报告。未经批准不得离开、变更居住地。如果因就医、家庭重大变故等原因,确需离开所居住地,在七日以内的,要报经司法所批准;超过七日的,要由司法所签署意见后报经区(县)司法局批准。返回居住地时,要立即向司法所报告,离开居住地不得超过一个月。(保外就医人员增加:每月向司法所报告本人身体情况,每三个月向司法所提交病情复查情况)(适用禁止令的增加:需要进行××活动/进入××场所/接触××人,应当经区(县)司法局批准。)

同时,根据本市社区服刑人员电子实时监督管理的相关规定,应当对你实施电子实时监管。下面宣读《关于对社区服刑人员×××实施电子实时监管的决定书》和《电子实时监管告知书》。(宣读两个文书)宣告程序结束后,将由执法人员为你佩戴电子实时监控设备。

你应当遵守以上矫正及电子监管各项规定,如有违反,或有其他违法行为,区(县)司法局有权对你进行训诫、警告,警告累计3次或有其他违法行为情节严重的,可以对你提请收监。

作为一名社区服刑人员,你要有服刑意识,对自己的身份有正确的认识,自觉遵守各项矫正规定,服从监管,争取顺利度过矫正期。

你都听明白了吗?

社区服刑人员:……

主持人:下面请公安民警提出监管要求。

公安民警:×××(社区服刑人员姓名),我是××区(县)公安局/××街道(镇)派出所民警,在你社区矫正期间,我的主要工作是配合司法所,对你执行社区矫正规定的日常行为进行监督,并依法对违法犯罪行为进行惩处。希望你自觉遵守各项矫正规定,服从监管,顺利度过矫正期。

主持人:下面请矫正社工提出教育矫正要求。

矫正社工:×××(社区服刑人员姓名),我是××(所属单位)矫正社工×××。在你社区矫正期间,我的主要工作是和民警、司法所专职干部一起,对你开展教育矫正工作。在矫正期间你在思想、工作和生活中有什么问题,可以和我联系。我的联系方式是×××。

主持人:下面请帮教志愿者介绍帮教的主要内容。(如果没有,可以没有此项)

帮教志愿者:×××(社区服刑人员姓名),我是×××(所属单位)帮教志愿者×××。在你社区矫正期间,我的主要工作是和你建立"一对一"的矫正帮教关系,针对你的实际问题,积极向社区有关部门反映,争取得到帮助。我的联系方式是×××。

如有其他人员发言,参考上述形式增加。

主持人:下面由社区服刑人员×××宣读《社区矫正保证书》,并就遵守矫正规定、服从监督管理表态。

社区服刑人员宣读保证书并表态：……

三、宣告结束

主持人：矫正专职干部、公安民警、检察官（如有）、矫正社工、帮教志愿者（如有），是否还有事项需要补充？

（如有，请补充。没有，继续。）

×××（社区服刑人员姓名），你是否还有其他事项需要说明？对本次宣告的内容是否清楚明白？

（如无异议，请社区服刑人员在宣告记录上签名。）

主持人：×××（社区服刑人员姓名）希望你在矫正期内遵守各项规定，积极接受教育改造，顺利度过矫正期。

本次宣告到此结束。

附录C(规范性附录)

社区矫正宣告书

社区服刑人员_____：

你因_____罪经_____人民法院于____年____月____日

判处_____(同时宣告禁止_____)。____年____月____日经_____

_____人民法院(监狱管理局、公安局)裁定假释(决定、批准暂予监外执行)。在管制(缓刑、假释、暂予

监外执行)期间,依法实行社区矫正。社区矫正期限自____年____月____日起至____年____月____日止。

现就对你依法实施社区矫正的有关事项宣告如下：

一、遵纪守法,按规定向司法所报告有关情况,遵守外出审批、居住地变更审批、会客等有关规定(遵

守人民法院宣告的禁止令),服从监管;按规定参加司法所组织的教育学习和社区服务。

二、如违反社区矫正监督管理规定,将视情节给予警告、治安管理处罚、撤销缓刑、撤销假释、收监

执行。

三、人身安全、合法财产和辩护、申诉、控告、检举以及其他未被依法剥夺或限制的权利不受侵犯。

四、司法所为你确立了社区矫正小组,小组成员由_____

_____组成,协助对你进行监督、教育、帮助,你应积极配合。

特此宣告。

(公章)　　年　月　日

社区矫正人员(签名)：

Q/SQJZ

上 海 市 社 区 矫 正 管 理 标 准

Q/SQJZ TG1.3—2017
代替 Q/SQJZ TG1.3—2016

矫正方案制定规范

2017-04-12 发布   2017-04-19 实施

上海市社区矫正管理局   发布

目　　次

前　　言

本标准按照 GB/T 1.1-2009 给出的规则起草。

本标准由上海市社区矫正管理局提出并归口。

本标准起草单位：上海市社区矫正管理局标准化办公室。

本标准主要起草人：杨挺、乔明强、曹莉莉。

本标准比照 Q/SQJZ TG1.3-2017 对部门职责作了修改和规范。

矫正方案制定规范

1 范围

本标准规定了社区矫正方案制定的部门职责及权限、矫正方案的主要内容、调整方案跟进实施等基本要求。

本标准适用于司法行政机关社区矫正机构制定矫正方案。

2 规范性引用文件

下列文件对于本文件的应用是必不可少的。凡是注日期的引用文件,仅注日期的版本适用于本文件。凡是不注日期的引用文件,其最新版本(包括所有的修改单)适用于本文件。

Q/SQJZ BZ6.5 矫正小组工作规范。

Q/SQJZ TG1.1 调查评估规范。

Q/SQJZ TG1.25 风险评估与再犯分析规范。

3 术语和定义

下列术语和定义适用于本文件。

3.1 矫正方案

根据社区服刑人员被判处的刑罚种类、犯罪情况、悔罪表现、个性特征和生活环境等情况,制定的针对性监管、教育和帮助措施的方案。

3.2 矫正小组

在矫正期内,监督管理、教育矫正和帮助社区服刑人员的工作人员组成的群体。

3.3 风险评估

对社区服刑人员再犯罪可能性的评估。

3.4 需求评估

对社区服刑人员在工作、生活或其他社会生活方面的需求状况的评估。

3.5 适应性帮扶

对社区服刑人员适应社会生活提供的帮助和扶助。

4 部门职责及权限

4.1 社区服刑人员在入矫宣告后 3 个工作日内,司法所专职社区矫正的干部明确矫正小组成员名单;宣告以后 3 个月内完成矫正方案的制定。

4.2 社会工作者予以协助。

4.3 矫正方案应经矫正小组讨论后确认。

4.4 矫正方案的跟进实施由矫正小组负责。

4.5　区司法行政机关社区矫正机构对司法所矫正方案的制定、跟进实施及结果进行督查。

5　矫正方案的主要内容

5.1　社区服刑人员的基本情况

5.1.1　社区服刑人员犯罪案由、犯罪类型、刑期及认罪表现。

5.1.2　禁止令内容和期限。

5.1.3　前科或因违法而受到行政处罚的情况。

5.1.4　悔罪表现。

5.1.5　家庭成员、主要社会关系及日常交往情况。

5.1.6　个人或家庭主要收入来源、工作状况等。

5.2　风险评估结果

按照 Q/SQJZ TG1.1　调查评估规范和 Q/SQJZ TG1.26　风险评估与再犯分析规范的要求对社区服刑人员再犯罪的可能性进行评估的结果。

5.3　需求评估结果

对社区服刑人员在生活、工作或其他社会生活方面需求实现程度的评估。

5.4　矫正介入与方案

5.4.1　根据上述背景材料,按照确定对社区服刑人员进行日常性或特殊性监督管理和教育矫正的主要措施。

5.4.2　根据上述背景材料,为社区服刑人员适应社会提供在工作、学习及家庭等方面的帮助和扶助。

5.5　矫正方案框架

矫正方案框架见附录 A。

6　矫正方案跟进实施

6.1　方案的运用

社区服刑人员在矫正期内再犯罪的,矫正方案作为再犯责任倒查的重要内容。

6.2　动态跟踪评价

司法所根据社区服刑人员的实际矫正表现以及定期的日常行为考核结果或风险评估、需求评估的动态性评估结果,对矫正方案的执行情况进行动态跟踪评价。

6.3　矫正方案动态调整

在社区服刑人员的整个矫正期限内,根据评价结果,对监督管理、教育矫正、适应性帮扶措施进行调整,表格见附录 B。

附录 A(规范性附录)

社区矫正个别化矫正方案

姓名		身份证号码		案由	
职业		收入来源		认罪表现	
矫正小组成员	姓名	单位		联系电话	
心理测评量表	矫正对象心理问题				
风险评估和需求评估结果	矫正对象主要问题及需求				
监督管理和教育管理	措施				
适应性帮扶	措施				

制表单位：　　　　　　制表人：　　　　　　日期：

附录 B(规范性附录)

矫正方案跟进调整表

姓名		身份证号码		案由	
职业		收入来源		认罪表现	
季度考核					
矫正效果					
矫正小组讨论					
风险评估和需求评估结果	矫正对象主要问题及需求				
监督管理和教育管理	措施				
适应性帮扶	措施				

制表单位：　　　　　　制表人：　　　　　　日期：

Q/SQJZ

上 海 市 社 区 矫 正 管 理 标 准

Q/SQJZ TG1.4—2016

报告规范

2016-09-14 发布   2016-10-01 实施

上海市社区矫正管理局 　发布

目　　次

前　　言

本标准按照 GB/T 1.1-2009 给出的规则起草。

本标准由上海市社区矫正管理局提出并归口。

本标准起草单位：上海市社区矫正管理局标准化办公室。

本标准主要起草人：张国华、李月锋、盛清。

本标准为首次发布。

报告规范

1 范围

本标准规定了社区矫正中社区服刑人员的报告的基本要求。

本标准适用于司法行政机关社区矫正机构对社区服刑人员矫正报告的要求。

2 规范性引用文件

下列文件对于本文件的应用是必不可少的。凡是注日期的引用文件,仅注日期的版本适用于本文件。凡是不注日期的引用文件,其最新版本(包括所有的修改单)适用于本文件。

Q/SQJZ TG1.14 考核与管理规范。

Q/SQJZ TG1.25 风险评估与再犯分析规范。

3 术语和定义

下列术语和定义适用于本文件。

3.1 报告

社区服刑人员向司法所告知其个人在一定时间内的基本行踪等事项的活动。

3.2 口头报告

社区服刑人员通过口头陈述其个人在一定时间内的基本行踪等事项的活动。

3.3 书面报告

社区服刑人员通过书写文字提交给司法所有关其个人在一定时间内的基本行踪等事项的活动。

4 报告

4.1 日报告

4.1.1 报告对象

以下社区服刑人员要求每日向司法所进行日报告:

a) 因违反社区矫正监督管理规定或人民法院禁止令被处以警告处分或者被公安机关治安管理处罚的社区服刑人员;

b) 依据 Q/SQJZ TG1.14 考核与管理规范,被定为一级管理的社区服刑人员;

c) 按照 Q/SQJZ TG1.25 风险评估与再犯分析规范的要求,经风险评估和其他评估手段认定再犯罪风险高的重点对象、重要对象。

4.1.2 日报告情形

在下列重点时段和重大活动期间,社区服刑人员每个自然日在规定的时间内向司法所反馈其在当日的基本行踪。其中:

a) 在规定的重点时段:

1）连续 3 日以上的法定节假日期间；

2）地区或国家发生突发的社会性重大事件期间。

b）在规定的重大活动期间：

1）地区或国家召开"两会"期间；

2）地区或国家举办大型政治性会议或其他活动期间；

3）地区或国家举办大型国际性会议、社会活动期间。

4.1.3 报告内容

社区服刑人员在自然日当天个人的基本行踪及遵守法律法规的基本情况。

4.1.4 报告形式

4.1.4.1 口头报告

社区服刑人员口头向司法所工作人员陈述基本情况。

4.1.4.2 通讯报告

社区服刑人员通过电子通信方式（包括有线固定电话、手机、其他移动执法电子终端）向司法所工作人员反馈有关个人基本情况。

4.2 周报告

4.2.1 报告对象

以下社区服刑人员要求周报到：

a）处于初期矫正阶段（入矫宣告后的 3 个月内）的社区服刑人员；

b）因违反社区矫正监督管理规定或人民法院禁止令被处以警告处分或者被公安机关治安管理处罚的社区服刑人员；

c）依据 Q/SQJZ TG1.15 社区矫正人员考核与管理规范，被定为一级管理的社区服刑人员；

d）按照 Q/SQJZ TG1.26 风险评估与再犯分析规范的要求，经风险评估和其他评估手段认定再犯罪风险高的重点对象、重要对象。

4.2.2 周报告情形

在下列阶段，社区服刑人员每周（7 个自然日）在规定的时间内向司法所反馈其个人基本行踪的活动：

a）初期矫正阶段（入矫宣告后的 3 个月内）；

b）被定为一级管理的分级管理期内。

4.2.3 报告内容

周报告包括以下内容：

a）社区服刑人员在一周内的基本行踪；

b）遵守法律法规的情况；

c）对自身罪错认识；

d）其他需要报告的个人事项。

4.2.4 报告形式

社区服刑人员应到司法所或者司法所指定地点或场所向司法所工作人员当面报告。

4.3 月报告

4.3.1 报告对象

所有社区服刑人员在整个矫正期间每月向司法所递交当月有关社区矫正表现的书面材料。

4.3.2 报告内容

月报告包括以下内容：

a) 社区服刑人员在本月的矫正表现：

1) 接受监督管理的实际表现情况；

2) 参加教育学习的情况；

3) 参加社区服务的情况；

4) 参加社会活动的情况。

b) 遵守法律法规的情况；

c) 对自身罪错认识；

d) 其他需要报告的个人事项。

4.3.3 报告形式

书面文字材料。

4.3.4 处置

司法所工作人员对社区服刑人员提交的每月情况报告进行审阅，并签注评语，并按照 Q/SQJZ TG1.23 个别教育管理规范的要求进行相应的个别教育。

4.4 其他特殊要求

4.4.1 社区服刑人员在矫正期内，发生居所变动、工作变动、家庭重大变故、接触到对其矫正产生不利影响的人员或涉及突发性事件时，需要向司法所报告并说明情况。

4.4.2 保外就医的社区服刑人员每月情况报告中应当包括个人身体情况。

4.4.3 保外就医的社区服刑人员每 3 个月向司法所提交病情复查情况的相关记录。

Q/SQJZ

上 海 市 社 区 矫 正 管 理 标 准

Q/SQJZ TG1.5—2017
代替 Q/SQJZ TG1.5—2016

特定区域进入审批规范

2017-04-12 发布   2017-04-19 实施

上海市社区矫正管理局   发布

目　次

前　言

本标准按照 GB/T 1.1-2009 给出的规则起草。

本标准由上海市社区矫正管理局提出并归口。

本标准起草单位：上海市社区矫正管理局标准化办公室。

本标准主要起草人：张国华、李月锋、盛清、朱斐。

本标准比照 Q/SQJZ TG1.5-2016 增加了工作流程图。

特定区域进入审批规范

1 范围

本标准规定了社区矫正特定区域进入的审批对象、特定区域或者场所范围、审批程序、跟踪监管等基本要求。

本标准适用于司法行政机关社区矫正机构。

2 审批对象

人民法院判处管制或者宣告缓刑并附需经批准才能进入的特定区域或者场所的社区服刑人员。

3 特定区域或者场所范围

需要社区矫正机构批准进入的特定区域或者场所包括下列：

——大型博览会、纪念会、运动会等，以及具有区域影响力的群众性活动场所；

——中小学校区、幼儿园园区及周边地区。

4 审批程序

4.1 申请

4.1.1 申请人条件

人民法院判处管制或者宣告缓刑并附需经批准才能进入的特定区域或者场所的社区服刑人员。

4.1.2 申请材料

在执行社区矫正期间，确需进入特定区域或者场所的，应当提前3个工作日向司法所提出书面申请，填写《社区服刑人员进入特定区域(场所)审批表》(见附录A)。

4.2 审核

4.2.1 办理机构及权限

司法所应当对提出申请的社区服刑人员进行审核。

4.2.2 审核内容

司法所所长在《社区服刑人员进入特定区域(场所)审批表》里签署意见、日期和盖司法所章。

4.2.3 审核结果

审核符合条件的，在申请当日提交区社区矫正机构审批。

审核不符合条件的，告知社区服刑人员原因，退回申请。

4.3 审批

4.3.1 办理机构及权限

区司法局社区矫正机构自收到司法所提交的《社区服刑人员进入特定区域(场所)审批表》后，作出审批结果。

4.3.2　审批内容

区司法局社区矫正机构在《社区服刑人员进入特定区域（场所）审批表》里签署意见、日期和盖区司法局章。

4.3.3　审批结果

区司法局审批同意的，作出《社区服刑人员进入特定区域（场所）批准书》（见附录 B）。

区司法局审批不同意的，作出《社区矫正审批事项告知书》（见附录 C）。

4.3.4　审批期限

符合条件的，在接受司法所提请的 3 个工作日作出审批意见。

不符合条件的，在接受司法所提请的 2 个工作日内作出审批意见。

4.3.5　文书送达

《社区服刑人员进入特定区域（场所）批准书》或《社区矫正审批事项告知书》，送达社区服刑人员本人。

4.3.6　文书抄送

《社区服刑人员进入特定区域（场所）批准书》由区司法局抄送至区同级人民检察院。

5　跟踪监管

区司法局及司法所对批准进入特定区域或场所的社区服刑人员，进行跟踪监管。发现其违规行为，在第一时间取证的同时，提请公安部门采取必要措施处置。

附录 A(规范性附录)

社区服刑人员进入特定区域（场所）审批表

姓名		性别		罪名		刑期	
矫正 类别		矫正 期限		起止日		自　年　月　日起 至　年　月　日止	
禁止令 内容				禁止 期限 起止日			
居住地				申请进入 的区域 （场所）			
申请理由 及时间 起止							
司法所 意见						（公章） 年　月　日	
区级 司法行政 机关意见						（公章） 年　月　日	
备注							

注:抄送居住地区级人民检察院。

附录 B(规范性附录)

社区服刑人员进入特定区域（场所）批准书

（　　）字第＿＿＿号

社区服刑人员＿＿＿＿＿＿：

　　经审核,现同意你于＿＿＿年＿＿＿月＿＿＿日至＿＿＿年＿＿＿月＿＿＿日,进入(特定区域、场所名称)＿＿＿＿＿
＿＿＿＿＿＿＿＿＿。你必须遵守社区矫正的有关规定,不得从事任何与申请事由无关的活动。

区司法局(公章)
年　月　日

社区服刑人员进入特定区域(场所)批准书
(社区服刑人员持有)

（　　）字第＿＿＿号

社区服刑人员＿＿＿＿＿＿：

　　经审核,现同意你于＿＿＿年＿＿＿月＿＿＿日至＿＿＿年＿＿＿月＿＿＿日,进入(特定区域、场所名称)＿＿＿＿＿
＿＿＿＿＿＿＿＿＿。你必须遵守社区矫正的有关规定,不得从事任何与申请事由无关的活动。

区司法局(公章)
年　月　日

附录 C(规范性附录)

社区矫正审批事项告知书

社区矫正审批事项告知书(存根)

（　　）字第＿＿＿号

社区服刑人员＿＿＿＿＿＿：

　　你于＿＿＿年＿＿＿月＿＿＿日,因＿＿＿＿＿＿＿＿＿(事由)提出的＿＿＿＿＿＿＿＿＿＿＿＿＿＿＿＿＿＿
申请,经审核,不符合有关法律、法规和本市社区矫正的管理规定,决定不予批准。
　　特此告知。

区司法局(公章)
年　月　日

社区矫正审批事项告知书

（　　）字第＿＿＿号

社区服刑人员＿＿＿＿＿＿：

　　你于＿＿＿年＿＿＿月＿＿＿日,因＿＿＿＿＿＿＿＿＿(事由)提出的＿＿＿＿＿＿＿＿＿＿＿＿＿＿＿＿＿＿
申请,经审核,不符合有关法律法规和本市社区矫正的管理规定,决定不予批准。
　　特此告知。

区司法局(公章)
年　月　日

附录 D(规范性附录)
特定区域进入审批规范流程图

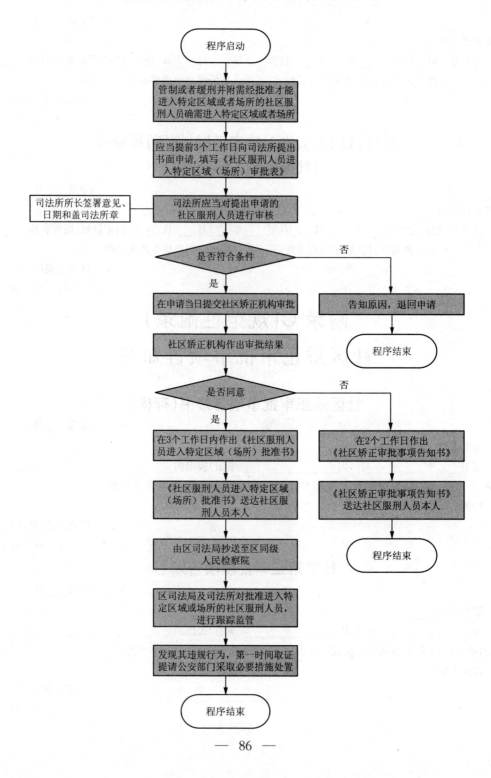

Q/SQJZ

上海市社区矫正管理标准

Q/SQJZ TG1.6—2018

代替 Q/SQJZ TG1.6—2017

请假外出审批规范

2018-04-30 发布

2018-05-15 实施

上海市社区矫正管理局　发布

目　　次

前　言

本标准按照 GB/T 1.1-2009 给出的规则起草。

本标准由上海市社区矫正管理局提出并归口。

本标准起草单位:上海市社区矫正管理局标准化办公室。

本标准主要起草人:张国华、徐鑫、吴斌、朱斐。

本标准根据《刑法》、《社区矫正实施办法》、《关于进一步加强社区矫正工作衔接配合管理的意见》比照 Q/SQJZ TG1.6-2017 对文件名称作了修改,并按照请假外出审批的范围、审批原则、外出事由、外出时间、请假程序、审批程序、审批限制、外出监管、电子监管、销假程序、违规处理、信息录入、监督对原标准内容重新做了梳理,增加了附录 D,修改了附录 E。

请假外出审批规范

1 范围

本标准规定了社区服刑人员请假外出审批的范围、审批原则、外出事由、外出时间、请假程序、审批程序、审批限制、外出监管、电子监管、销假程序、违规处理、信息录入、监督等基本要求。

本标准适用于司法行政机关社区矫正机构对社区服刑人员请假外出的审批要求。

2 术语和定义

下列术语和定义适用于本文件。

外出指社区服刑人员离开所居住地的市。

3 适用范围

本市社区服刑人员因就医、家庭重大变故等原因,需短期离开本市到国内其他地方(台、港、澳除外)。

4 审批原则

区司法局及司法所应当坚持依法规范的原则,结合社区服刑人员的请假事由、犯罪情节、悔罪态度以及日常表现等因素综合考量。

5 外出事由

社区服刑人员因以下事由需要短期内离开本市,可以向居住地司法所提出外出申请:

a) 本人因就医、结婚、生育、就学、考试等事务确需赴外地处理的;

b) 涉及本人在外地的诉讼、仲裁确需本人参加的;

c) 因生产经营需要,确有业务必须由本人临时赴外地处理的;

d) 户籍地不在本市,在春节、清明期间申请回原籍探亲、祭祖的;

e) 因本人在外地的近亲属婚嫁、重病、亡故等情形,确需本人前往协助处理的;

f) 与本人或家庭密切相关的其他突发事件或特殊情况确需本人赴外地处理的。

6 外出时间

社区服刑人员单次请假外出时间与其处遇等级相挂钩,具体如下:

a) 一级社区服刑人员经批准外出时间不得超过 7 日;

b) 二级社区服刑人员经批准外出时间不得超过 14 日;

c) 三级社区服刑人员经批准外出时间不得超过 30 日。

7 请假程序

社区服刑人员应当提前 5 个工作日(突发事件除外)向司法所提交书面申请及相关证明材料,并填写

《社区服刑人员外出审批表》(见附录 A)。

8　审批程序

8.1　司法所受理社区服刑人员请假申请后,应及时查证请假的相关事实,对证明材料进行初步审核。社区服刑人员外出时间在 7 日以内的(含 7 日),由司法所审批;外出时间超过 7 日的,由司法所签署意见后报区司法局审批。

8.2　重点、重要对象请假外出申请由区司法局审批,同时报市社区矫正管理局备案。

8.3　社区服刑人员在重要节点、时段,重大活动期间以及春节、国庆等国家法定节假日请假外出,一律由区司法局审批,同时报上海市社区矫正管理局备案。

8.4　司法所、区司法局应于收到申请材料的 3 个工作日内作出审批决定。经审批同意的,出具《社区服刑人员外出批准书》(见附录 B)、《社区服刑人员外出证明》(见附录 D);经审批不同意的,出具《社区矫正审批事项告知书》(见附录 C),书面告知社区服刑人员。

9　审批限制

9.1　从严控制处于初期矫正阶段、受到警告后 3 个月内、受到治安管理处罚 6 个月内的社区服刑人员在重点时段、重大活动期间的请假外出审批;重点、重要对象在敏感时间申请前往敏感地区原则上不予批准。

9.2　除从事长途运输等需经常到外地工作的社区服刑人员外,区司法局、司法所不得因同一事由连续批准社区服刑人员请假外出。社区服刑人员确因特殊原因需要延长外出期限的,应报区司法局分管领导审批,同时报上海市社区矫正管理局备案。

10　外出监管

经批准外出超过 7 日的社区服刑人员,到达和离开目的地时,应向当地司法所或县级司法行政机关报告,并由当地司法所或县级司法行政机关在其《社区服刑人员外出证明》(见附录 D)上注明报告时间及现实表现。社区服刑人员销假时应将《社区服刑人员外出证明》交回司法所。

11　电子监管

社区服刑人员外出应当实施电子监管。司法所每日应通过电话、电子定位等方式对外出社区服刑人员实施监管,实时掌握外出社区服刑人员的情况。

12　销假程序

12.1　社区服刑人员应于请假到期后及时前往司法所办理销假。销假时应提供《社区服刑人员外出证明》及出行、住宿等证明材料的原件或复印件。

12.2　社区服刑人员销假时未能提供相关证明材料,司法所应及时查明相关情况,发现社区服刑人员未按照请假事由前往请假目的地的,按违规论处,司法所应及时向区司法局报告,区司法局应对社区服刑人员处以警告,并对其以后的请假申请从严审批。

12.3　司法所对各种证明材料进行核对后应在《社区服刑人员外出证明》上注明返回时间,并将证明材料复印件留存归档。

13　违规处理

社区服刑人员未经批准私自外出或逾期不归的,视为脱管,区司法局应立即组织力量将其带回并处以警告或提请治安管理处罚;符合条件的,依法提请收监执行。

14　信息录入

社区服刑人员外出信息应提前录入上海市社区矫正工作管理系统,销假时间须与《社区服刑人员外出证明》上注明的返回时间相一致,确保录入信息真实、准确。

15　监督

上海市人民检察院依法对社区服刑人员外出审批和外出监管工作进行监督。社区矫正工作人员有滥用职权、玩忽职守、徇私舞弊等违法违纪行为的,依法给予相应处分;构成犯罪的依法追究刑事责任。

附录 A(规范性附录)

社区服刑人员外出审批表

姓名		性别		罪名		原判刑期	
矫正类别		矫正期限		起止日		自　年　月　日起 至　年　月　日止	
现居住地				外出目的地 (拟迁往地)			
户籍地				身份证号码			
外出理由及时间 (居住地变更理由)							
司法所意见						(公章) 年　月　日	
现居住地区级司法行政机关意见						(公章) 年　月　日	
备注							

附录 B(规范性附录)

社区服刑人员外出批准书

社区服刑人员外出批准书(存根)

( )字第___号

社区服刑人员_____:

　　根据你因_____(事由)的外出申请,经审核,同意你前往_____,期限自___年___月___日至___年___月___日。你在此期间须遵守法律和社区矫正的有关规定,并按时返回。

区司法局(公章)
年　月　日

社区服刑人员外出批准书
(社区服刑人员持有)

( )字第___号

社区服刑人员_____:

　　根据你因_____(事由)的外出申请,经审核,同意你前往_____,期限自___年___月___日至___年___月___日。你在此期间须遵守法律和社区矫正的有关规定,并按时返回。

区司法局(公章)
年　月　日

附录 C(规范性附录)
社区矫正审批事项告知书

社区矫正审批事项告知书(存根)

(　)字第___号

社区服刑人员_____：

你于___年___月___日,因_____(事由)提出的_____申请,经审核,不符合有关法律、法规和本市社区矫正的管理规定,决定不予批准。

特此告知。

区司法局(公章)
年 月 日

社区矫正审批事项告知书

(　)字第___号

社区服刑人员_____：

你于___年___月___日,因_____(事由)提出的_____申请,经审核,不符合有关法律法规和本市社区矫正的管理规定,决定不予批准。

特此告知。

区司法局(公章)
年 月 日

附录 D(规范性附录)
社区服刑人员外出证明

[　]沪___外批第___号

_____司法局(所)：

经批准,现有本区司法局监管的社区服刑人员_____,因_____,前往_____。前往你市(区、县)。外出期限:自___年___月___日至___年___月___日,请配合做好相关监督管理工作。

特此证明。

联系人：_____；

联系电话：_____。

司法局(所)(公章)
年 月 日

回执

社区服刑人员_____,于___年___月___日将[　]沪___外批第___号《社区服刑人员外出证明》交我局(所)。

司法局(所)(公章)
年 月 日

附录 E(规范性附录)

外出审批规范流程图

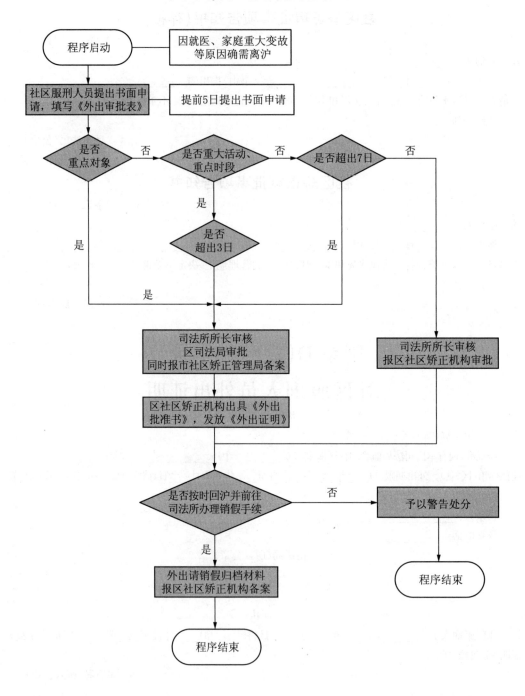

Q/SQJZ

上 海 市 社 区 矫 正 管 理 标 准

Q/SQJZ TG1.7—2016

居住地变更审批规范

2016-09-14 发布

2016-10-01 实施

上海市社区矫正管理局　发布

目　次

前　言

本标准按照 GB/T 1.1-2009 给出的规则起草。

本标准由上海市社区矫正管理局提出并归口。

本标准起草单位:上海市社区矫正管理局标准化办公室。

本标准主要起草人:张国华、李月锋、盛清。

本标准为首次发布。

居住地变更审批规范

1 范围

本标准规定了社区矫正居住地变更审批的程序、责任担当等基本要求。

本标准适用于司法行政机关社区矫正机构对社区服刑人员居住地变更的审批要求。

2 规范性引用文件

下列文件对于本文件的应用是必不可少的。凡是注日期的引用文件,仅注日期的版本适用于本文件。凡是不注日期的引用文件,其最新版本(包括所有的修改单)适用于本文件。

Q/SQJZ BZ3.6 社区矫正执行档案管理规范。

Q/SQJZ BZ3.7 社区矫正工作档案管理规范。

Q/SQJZ TG1.2 报到接收规范。

3 术语和定义

下列术语和定义适用于本文件。

居住地为社区服刑人员实际居住的住所或场所。

4 审批程序

4.1 申请

因居所变化确需变更居住地,社区服刑人员提前1个月向社区矫正机构提出申请,填写《社区服刑人员居住地变更审批表》(见附录A),并随附相关证明材料原件与复印件。

4.2 审核

4.2.1 迁出审核

司法所对所管辖的社区服刑人员提出的变更居住地申请进行审核。内容包括:

a) 拟迁出的居住地的实际地址;

b) 社区服刑人员变更居住地的真实合理性;

c) 社区服刑人员变更居住地的合法性。

4.2.2 迁入审核

司法所对由区司法行政机关社区矫正机构指派的拟迁入的社区服刑人员变更居住地申请进行审核。内容包括:

a) 拟迁入的居住地的实际地址是否属于本辖区管辖范围;

b) 社区服刑人员变更居住地的真实合理性;

c) 社区服刑人员变更居住地的合法性。

4.2.3 审核结论

司法所在《社区服刑人员变更居住地审批表》签署审核意见后,提交区司法行政机关社区矫正机构审批。

4.2.4 审核期限

3个工作日。

4.3 审批

4.3.1 审批内容

区司法行政机关社区矫正机构对司法所审核的程序和意见进行审查。包括以下内容:

a) 原管辖的社区服刑人员变更居住地进行实质性审查;

b) 拟变更迁入的社区服刑人员居住地生活情况进行实质性审查。

4.3.2 审批方式

对司法所审核的社区服刑人员变更居住地的程序和意见进行复核:

a) 迁出的,经复核符合条件的,将《社区服刑人员居住地变更审批表》发至迁出的居住地所在的区司法行政机关社区矫正机构,委托其对居住地进行确认;

b) 迁入的,对接受委托的《社区服刑人员居住地变更审批表》进行确认;

c) 经复核不符合条件的,签注不同意的意见。

4.3.3 文书送达

按照下列程序进行文书送达:

a) 符合条件的,区司法行政机关社区矫正机构出具《社区服刑人员变更居住地证明》(见附录B)并送达社区服刑人员,并抄送同级人民检察院和公安机关。

b) 不符合条件的,区司法行政机关社区矫正机构作出《社区矫正审批事项告知书》(见附录C)并送达社区服刑人员。

4.3.4 审批期限

5个工作日。

4.4 档案移交

4.4.1 区司法行政机关社区矫正机构按照 Q/SQJZ BZ3.6 社区矫正执行档案管理规范及 Q/SQJZ BZ3.7 社区矫正工作档案管理规范的要求将社区服刑人员执行档案,在1个月内移交新迁入的居住地所在的县级司法行政机关社区矫正机构。

4.4.2 接受迁出的居住地所在的县级司法行政机关社区矫正机构转来的社区服刑人员档案。

4.4.3 档案移交时,要随附《社区服刑人员档案移交清单》(见附录D)。

4.5 人员报到

社区服刑人员持有《社区服刑人员变更居住地证明》,7日内到新居住地区司法行政机关社区矫正机构报到,报到程序见 Q/SQJZ TG1.1 报到接收规范。

附录 A(规范性附录)

社区服刑人员居住地变更审批表

姓名		性别		罪名		原判刑期	
矫正类别		矫正期限		起止日		自　年　月　日起 至　年　月　日止	
现居住地				外出目的地 （拟迁往地）			
户籍地				身份证号码			
外出理由及时间 （居住地变更理由）							
司法所意见						（公章） 年　月　日	
现居住地区级司法行政机关意见						（公章） 年　月　日	
备注							

附录 B(规范性附录)

社区服刑人员变更居住地证明

社区服刑人员变更居住地证明(存根)

（　　）字第＿＿＿号

＿＿＿＿＿＿司法局：

　　本区监管的社区服刑人员＿＿＿＿＿＿，经审核，同意其变更居住地，由现居住地：＿＿＿＿＿＿＿＿＿＿＿迁往新居住地：＿＿＿＿＿＿＿＿。根据社区矫正的管理规定，社区服刑人员应当自＿＿＿年＿＿＿月＿＿＿日起 7 日之内到你处报到，接受社区矫正，请做好相关的文书档案和人员接收工作。

　　附：社区服刑人员联系地址：＿＿＿＿＿＿＿＿＿。

　　　　联系方式：＿＿＿＿＿＿＿＿＿。

区司法局(公章)

年　月　日

社区服刑人员变更居住地证明

（　　）字第＿＿＿号

＿＿＿＿＿＿司法局：

　　本区监管的社区服刑人员＿＿＿＿＿＿，经审核，同意其变更居住地，由现居住地：＿＿＿＿＿＿＿＿＿＿＿迁往新居住地：＿＿＿＿＿＿＿＿。根据社区矫正的管理规定，社区服刑人员应当自＿＿＿年＿＿＿月＿＿＿日起 7 日之内到你处报到，接受社区矫正，请做好相关的文书档案和人员接收工作。

　　附：社区服刑人员联系地址：＿＿＿＿＿＿＿＿＿。

　　　　联系方式：＿＿＿＿＿＿＿＿＿。

区司法局(公章)

年　月　日

附录 C(规范性附录)
社区矫正审批事项告知书

社区矫正审批事项告知书(存根)

( )字第___号

社区服刑人员_____：

　　你于___年___月___日,因_____(事由)提出的_____
申请,经审核,不符合有关法律、法规和本市社区矫正的管理规定,决定不予批准。

　　特此告知。

区司法局(公章)

年 月 日

社区矫正审批事项告知书

( )字第___号

社区服刑人员_____：

　　你于___年___月___日,因_____(事由)提出的_____
申请,经审核,不符合有关法律法规和本市社区矫正的管理规定,决定不予批准。

　　特此告知。

区司法局(公章)

年 月 日

附录 D(规范性附录)
社区服刑人员档案移交清单

社区服刑人员档案移交清单

_____司法局(所)：

现将社区服刑人员_____的档案移送给你处。档案材料包括以下：

1. _____；
2. _____；
3. _____；
4. _____；
5. _____；
6. _____；
7. _____。

联系人:_____;联系电话:_____。

区司法局(所)(公章)

年 月 日

社区服刑人员档案接收回执

_____司法局(所)：

社区服刑人员_____的档案已收到,特此函告。

联系人:_____;联系电话:_____。

区司法局(所)(公章)

年 月 日

Q/SQJZ

上 海 市 社 区 矫 正 管 理 标 准

Q/SQJZ TG1.8—2017

代替 Q/SQJZ TG1.8—2016

集中教育规范

2017-04-12 发布

2017-04-19 实施

上海市社区矫正管理局　发布

目　次

前　言

本标准按照 GB/T 1.1-2009 给出的规则起草。

本标准由上海市社区矫正管理局标准化工作办公室提出并归口。

本标准起草单位：上海市社区矫正管理局标准化工作办公室。

本标准主要起草人：杨挺、曹莉莉、沈雨潮、朱斐。

本标准 Q/SQJZ TG1.8-2016 增加了工作流程图。

集中教育规范

1 范围

本标准规定了上海市社区矫正管理局（以下简称矫正局）、矫正中心、司法所有关社区服刑人员集中教育工作的目标原则、责任部门及职责、组织实施、管理工作等要求。

本标准适用于上海市社区矫正集中教育工作的规范化管理。

2 规范性引用文件

下列文件对于本文件的应用是必不可少的。凡是注日期的引用文件，仅注日期的版本适用于本文件。凡是不注日期的引用文件，其最新版本（包括所有的修改单）适用于本文件。

Q/SQJZ TG1.14 考核与管理规范。

Q/SQJZ TG1.13 短期社区服刑人员分类管理规范。

Q/SQJZ TG1.24 社区矫正动态分析研判工作规范。

Q/SQJZ BZ2.2 突发事件应急预案管理办法。

3 责任部门及职责

3.1 市社区矫正管理局

负责全市集中教育工作的规划部署、指导管理，负责市级教育基地相关运作。

3.2 矫正中心

3.2.1 组织实施、统筹管理集中教育。

3.2.2 建立健全教育矫正师资库、资料库、个案库。

3.2.3 明确专人负责集中教育的具体实施。

3.3 司法所

根据区总体安排和要求开展集中教育工作，对区的教育内容进行补充和延伸。

4 教育资源和形式

4.1 教育资源

4.1.1 社区矫正机构重点依托社区矫正中心开展集中教育工作。

4.1.2 培育集中教育师资力量，建立相对稳定的师资队伍。

4.1.3 社区矫正机构应当通过建设教育基地、与社会组织合作、政府购买服务、外聘讲师团成员等方式，着力挖掘、整合各类适合开展集中教育活动的社会教育资源。

4.2 教育形式

4.2.1 社区矫正机构根据社区服刑人员构成情况，以课堂教学为基础，综合采取小组活动、现身说法、参观学习等多种形式，发挥社区服刑人员参与集中教育的主观能动性。

4.2.2 开展针对性、互动式教育,提升社区服刑人员自我矫正意识。

5 组织实施

5.1 入矫集中教育

5.1.1 区社区矫正机构负责实施对初期矫正阶段的社区服刑人员和短期社区服刑人员实施入矫集中教育。

5.1.2 入矫集中教育应注重增强社区服刑人员的法治意识和规则意识,促使其明晰自身权利和义务,明确矫正目标,知悉矫正规定,适应矫正生活。

5.1.3 入矫集中教育根据入矫人员的特点,选择入矫教育内容,安排课程,确定师资,实行滚动授课。主要包括法律常识教育、在刑意识教育、矫正规定教育、社会认知教育、案例警示教育、心理健康教育以及应急演练、社区服务实训等内容。

5.1.4 入矫集中教育课程安排不少于12课时。

5.2 解矫集中教育

5.2.1 区社区矫正机构或司法所负责对矫正期满前1个月的社区服刑人员实施解矫集中教育。

5.2.2 解矫集中教育应注重帮助社区服刑人员了解社会形势、掌握适应社会的基本要求,顺利回归社会。

5.2.3 解矫集中教育内容主要包括矫正总结指导、社会适应性教育、安置帮教政策解读等。

5.2.4 解矫集中教育课程安排不少于两课时。

5.3 专项集中教育

5.3.1 区社区矫正机构或司法所应当对社区服刑人员开展专项集中教育。

5.3.2 专项集中教育应注重结合当前社会形势,紧扣工作开展情况及工作要求,明确教育主题。

5.3.3 专项集中教育内容主要包括重点时段、重要节日、重大活动期间的安全警示教育、奖惩评审教育及其他要求开展的专项教育。

5.4 日常性集中教育

5.4.1 司法所应当对社区服刑人员开展日常性集中教育。

5.4.2 日常性集中教育应根据社区服刑人员的需求和问题,注重对入矫、解矫、专项等集中教育内容进行补充和延伸。

5.4.3 日常性集中教育主要包括守法守规、思想文化、公民道德、社会形势、心理健康、就业和民生政策等教育内容,帮助其顺利度过社区矫正期。

5.4.4 社区服刑人员参加日常集中教育时间为每月不少于4课时。

5.5 分类集中教育

5.5.1 区社区矫正机构应当对社区服刑人员开展分类集中教育。

5.5.2 分类集中教育根据社区服刑人员的矫正类别、案由、性别、年龄、处遇级别等予以分类。

5.5.3 分类集中教育应注重群体特征及犯因性因素,实施有针对性的教育矫正。

5.6 未成年人集中教育

5.6.1 区社区矫正机构根据未成年人社区矫正相关规定统一组织实施未成年人集中教育。

5.6.2 未成年社区服刑人员的集中教育应当与成年社区服刑人员分开进行。

5.6.3 未成年社区服刑人员的集中教育应遵循教育、感化、挽救的方针,根据未成年人生理、心理特点和健康成长的需要开展。

6 管理工作

6.1 教育通知

社区矫正机构组织集中教育应当提前告知社区服刑人员,明确要求其按时参加集中教育。

6.2 课前管理

社区矫正机构应当加强集中教育课前管理,规范做好报到签到、座次区域安排、课堂纪律宣布等工作。

6.3 现场管理

社区矫正机构应当加强教育现场管理,确保集中教育有序开展。对扰乱、破坏教育现场秩序的社区服刑人员,应予以妥善处置,并按照相关规定进行处理。

6.4 课后管理

社区矫正机构在集中教育结束后,应做好社区服刑人员签退工作,并组织人员有序、安全离场。

6.5 请假管理

6.5.1 社区服刑人员确因客观原因不能参加集中教育的,应事先提交《社区服刑人员集中教育请假单》(见附录 A),由具体组织教育活动的社区矫正机构进行审批、备案。

6.5.2 社区矫正机构应当组织缺课人员补课。

6.6 免除教育

6.6.1 社区服刑人员因患严重疾病、传染类疾病、精神类疾病或有盲、聋、哑、残、孕等情况,不宜参加集中教育的,经审批,可以免除集中教育。

6.6.2 免除集中教育的,应提交二级以上医疗机构出具的病情鉴定、相关部门开具的伤残证明及其他证明材料。司法所审核后,提交《社区服刑人员免除集中教育审批表》,由区社区矫正机构审批。

6.6.3 免除集中教育的,区社区矫正机构应报市社区矫正管理局备案。

6.7 考核管理

社区矫正机构应当建立督学机制,将社区服刑人员参加集中教育的情况及表现作为对其实施日常行为奖惩的依据,可参考 Q/SQJZ TG1.14 考核与管理规范。

6.8 信息管理

6.8.1 集中教育开展情况应纳入每月动态分析研判工作,参见 Q/SQJZ TG1.24 社区矫正动态分析研判工作规范。

6.8.2 社区矫正机构应当充分利用信息化手段记录、监督集中教育工作,确保相关信息数据及时、准确、规范。

6.9 安全管理

社区矫正机构应当在集中教育场所开展设施、设备安全检查,组织开展应急疏散演练。教育现场发生重大事件,应按照 Q/SQJZ BZ2.2 突发事件应急预案的规定处置及报告。

附录 A(规范性附录)

社区服刑人员集中教育请假单

区：　　　　　　　　　　　　　　　　　　　　　　　　填表日期：

姓名		性别		出生日期		案由	
矫正类别		矫正期限		矫正起止日		司法所	
请假事由							
请假期限							
批准机关意见							

说明：此表由社区服刑人员填写，由批准机关留存。

附录 B(规范性附录)

社区服刑人员免除集中教育审批表

区：　　　　　　　　　　　　　　　　　　　　　　　　填表日期：

姓名		性别		出生日期		案由	
矫正类别		矫正期限		矫正起止日		司法所	
审批事由							
免除期限							
司法所意见							
区司法局意见							

说明：

1. 此表由社区矫正机构填写，一式三份，司法所、区司法局、市矫正局各留存一份。

2. 当事人申请、病情、伤残等证明材料，应附在该表后同时上交审批、备案。

附录 C(规范性附录)

集中教育规范流程图

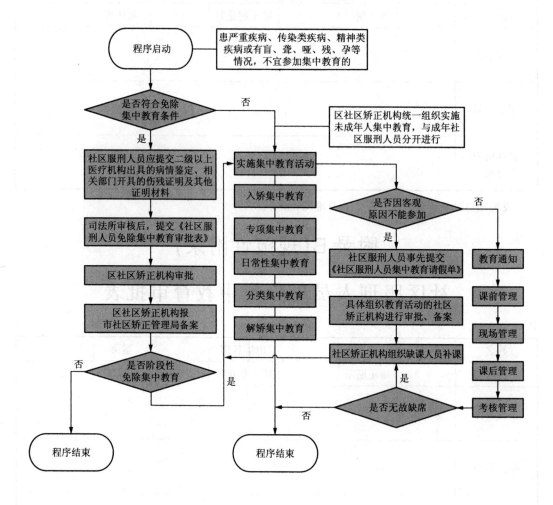

Q/SQJZ

上 海 市 社 区 矫 正 管 理 标 准

Q/SQJZ TG1.9—2017

代替 Q/SQJZ TG1.9—2016

社区服务规范

2017-04-12 发布

2017-04-19 实施

上海市社区矫正管理局　发布

目　次

前　言

本标准按照 GB/T 1.1-2009 给出的规则起草。

本标准由上海市社区矫正管理局标准化工作办公室提出并归口。

本标准起草单位：上海市社区矫正管理局标准化工作办公室。

本标准主要起草人：杨挺、曹莉莉、沈雨潮、朱斐。

本标准 Q/SQJZ TG1.9-2016 增加了工作流程图。

社区服务规范

1 范围

本标准规定了上海市社区矫正管理局(以下简称矫正局)、区矫正中心、司法所有关社区服刑人员社区服务工作的目标原则、责任部门及职责、基地管理、项目管理和日常工作管理等要求。

本标准适用于上海市社区服刑人员社区服务工作的规范化管理。

2 规范性引用文件

下列文件对于本文件的应用是必不可少的。凡是注日期的引用文件,仅注日期的版本适用于本文件。凡是不注日期的引用文件,其最新版本(包括所有的修改单)适用于本文件。

Q/SQJZ TG1.17 未成年人社区矫正规范。

Q/SQJZ TG1.24 社区矫正动态分析研判工作规范。

3 术语和定义

下列定义适用于本文件。

社区服务为由社区矫正机构组织或认可,由有劳动能力的社区服刑人员向社会、社区及特定机构和个人提供公益性或补偿性的劳动或服务。

4 目标、原则、要求

4.1 目标

社区服务应以培养社区服刑人员劳动和服务观念、修复社会关系、增强其在刑意识为目标。

4.2 原则

社区服务应当体现符合社会公共利益、凸显刑事执法属性,有利于社区服刑人员回归社会的原则。

4.3 要求

4.3.1 社区矫正机构组织开展社区服务,应当提供社区服务所需的劳动工具与劳保用品。

4.3.2 组织社区服务活动应由专人负责,做好相关安全防护工作。

4.3.3 不得组织或允许社区服刑人员从事可能影响社区安全和危及人身安全的社区服务活动。

5 责任部门及职责

5.1 市社区矫正管理局

负责全市社区服务工作的规划部署,指导管理。

5.2 区社区矫正机构

负责本区社区服务工作,主要职责有:

a) 负责本区社区服务工作的组织、实施与协调；

b) 建立区级社区服务基地，开展社区服务实训；

c) 建立编制针对不同阶段、级别、类型社区服刑人员的社区服务方案；

d) 指导检查司法所社区服务基地建设及规范组织开展社区服务情况。

5.3 司法所

具体承担本辖区内社区服务工作，主要职责有：

a) 组织本辖区社区服刑人员参加社区服务活动；

b) 立足本地资源，选定适合开展社区服务活动的场所，建立社区服务基地；

c) 组织社会帮教志愿者参与监督社区服务活动的开展；

d) 社区服务由社区矫正专职干部负责组织实施，社区矫正民警协助，社会工作者配合。

6 社区服务基地

6.1 基本条件

社区服务基地应当具备以下条件：

a) 明确的社区服务项目；

b) 签订社区服务协议书，明确服务项目、服务时间、服务区域，社区服刑人员应当遵守的纪律及要求，社区服务的管理人员和联络员，以及社区矫正机构、社区服务基地的监管教育职责等；

c) 明确开展社区服务的管理人员及联络员，配合参与社区服务的监督和管理。

6.2 分类

6.2.1 区级社区服务基地（A 类）

区级社区服务基地（A 类）的要求为区社区矫正机构应当建立不少于一个 A 类社区服务基地。

6.2.2 街镇（乡）级集中式社区服务基地（B 类）

街镇级集中式社区服务基地（B 类）的要求如下：

a) 固定场所；

b) 固定服务时间安排；

c) 司法所应当建立不少于一个 B 类社区服务基地。

6.2.3 街镇级社区服务基地（C 类）

街镇级社区服务基地（C 类）的要求如下：

a) 固定服务场所；

b) 服务时间安排不固定。

6.3 管理

6.3.1 社区矫正机构应根据社区服刑人员现实表现、不同矫正阶段、处遇级别、犯罪类型，合理安排社区服刑人员在不同类别的基地开展社区服务。

6.3.2 除涉及社区安全、社区服刑人员身体状况等特殊原因外，社区服刑人员初期阶段均应当在 A 类或 B 类基地进行社区服务。

6.3.3 区社区矫正机构应统筹安排，确定双休日开放的 A 类或 B 类基地，为符合条件的社区服刑人员提供社区服务场所。

7 项目管理

7.1 一般要求

社区服务项目应当符合国家劳动安全规定,且具备社会公益性或补偿性。

7.2 服务项目

社区服务项目可以包括:

a) 烈士陵园、广场绿地、公园场馆等公共服务单位的保洁、保绿等服务;

b) 社会福利单位(企业)内的保洁、看护等服务;

c) 社会公共服务区的公共空间、设施设备的清洁、维护等服务;

d) 为社区居民提供宣传、配送、发放等服务;

e) 社区矫正机构认可的志愿服务;

f) 针对被害人或被害单位的补偿性服务。

7.3 补偿性服务

7.3.1 区社区矫正机构或司法所在征得被害单位或被害人的同意后,应当鼓励社区服刑人员向被害者提供补偿服务。

7.3.2 社区服刑人员参加补偿服务的,应当由社区矫正机构、被害者、社区服刑人员三方签订补偿服务协议书,明确补偿服务的内容、时间等事项。

7.3.3 其他不以获取报酬为目的,为社会、公众提供的公益性劳动或服务。

7.4 备案审核

区社区矫正机构或司法所在社区服务基地以外组织的社区服务,应当选好服务项目,并报上级社区矫正机构备案。

8 日常工作管理

8.1 考勤管理

8.1.1 除符合免除服务、阶段免除、请假管理规定外,每名社区服刑人员每月参加社区服务的时间不得少于 8 个小时。

8.1.2 区社区矫正机构或司法所应当为社区服刑人员指定社区服务场所、项目,采取指纹识别、人员登记等方法严格社区服务的考勤,确保服务时间。

8.2 免除服务

8.2.1 免除情形

社区服刑人员有下列情形之一的,可以不参加社区服务:

a) 男性年满 60 周岁、女性年满 55 周岁的;

b) 暂予监外执行(保外就医)的;

c) 由暂予监外执行转为假释的;

d) 因病丧失生活自理能力的;

e) 身体残疾或患有精神疾病,不适宜参加的;

f) 其他特殊原因经批准不参加的。

8.2.2 免除程序

因前款第(d)、(e)、(f)项情形不参加社区服务的,社区服刑人员应提供二级以上医疗机构出具的病情鉴定、相关部门开具的伤残证明及其他相关证明。司法所审核后,提交《社区服刑人员免除社区服务审批表》(见附录 B),由区司法局审批,报市社区矫正管理局备案。

8.2.3 阶段免除

因本人身体健康原因需要住院治疗或休养的,社区服刑人员应当提供二级以上医疗机构证明,经区社区矫正机构审批同意,可阶段性免除社区服务。

阶段性免除社区服务不得超过 1 个月,因特殊情况需要超过 1 个月的,经区司法局审批同意后,报市社区矫正管理局备案。

8.3 请假管理

8.3.1 请假情形

社区服刑人员有以下情形的,经区社区矫正机构或司法所同意准予请假:

a) 因身体健康原因不能按时参加的;

b) 经区社区矫正机构或司法所批准同意外出的;

c) 因其他特殊原因确需请假的。

8.3.2 补足请假

因上述原因不能参加社区服务的社区服刑人员,应在情形消失的 1 个月内补足规定的社区服务时间(表格参见附录 A)。

8.4 未成年人社区服务

8.4.1 未成年人的社区服务应遵循教育、感化、挽救的方针,根据未成年人的生理、心理特点和健康成长需要选择社区服务场所和项目。未成年人的社区服务应当与成年人分开进行。

8.4.2 区社区矫正机构和司法所根据 Q/SQJZ TG1.18 未成年人社区矫正规范组织实施未成年人社区服务。

8.5 督导管理

社区矫正机构应当对社区服刑人员参加社区服务的态度、表现等定期进行考核评估,定期走访、检查社区服务基地,检查制度落实情况,做好工作记录,并将社区服务开展情况纳入动态分析研判工作(参见 Q/SQJZ TG1.24 社区矫正动态分析研判工作规范)。

附录 A(规范性附录)

社区服刑人员社区服务请假单

姓名		性别		出生日期		案由	
矫正类别		矫正期限		矫正起止日		司法所	
请假事由	申请人: 年 月 日						
请假期限	年 月 日至 年 月 日						
批准机关意见	批准机关(签名、盖章): 年 月 日						
备注	(专职干部填写)在情形消失的一个月内补足规定的社区服务时间情况:						

说明:此表由社区服刑人员填写,由批准机关留存。

附录 B(规范性附录)

社区服刑人员免除社区服务审批表

姓名		性 别		罪名		原判刑期	
矫正类别		矫正期限		矫正起止日		自 年 月 日起 至 年 月 日止	
申请理由及期限							
司法所意见						审核(签字、公章) 年 月 日	
区(县)司法局意见						审批(签字、公章) 年 月 日	
备注	审批表附上:1.二级以上医疗机构出具的病情鉴定、相关部门开具的伤残证明及其他相关证明;2.附申请人的申请书。						

说明:此表一式三份,司法所、区司法局各留存一份,市矫正局备案一份。

附录 C(规范性附录)

社区服务规范流程图

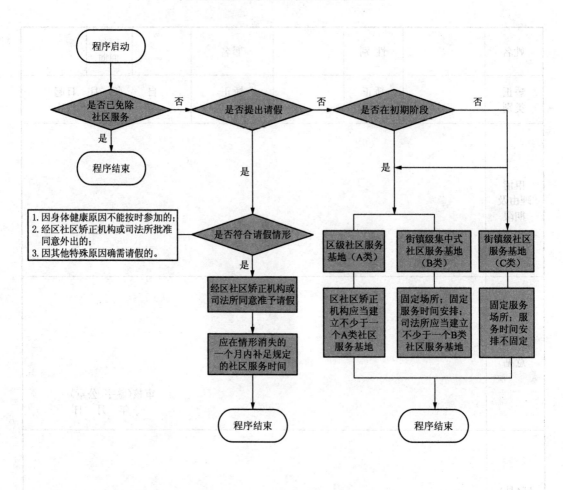

附录 D(规范性附录)

社区服务（免除）规范流程图

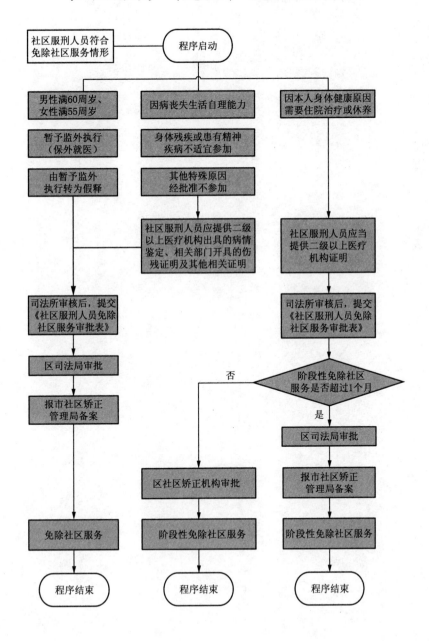

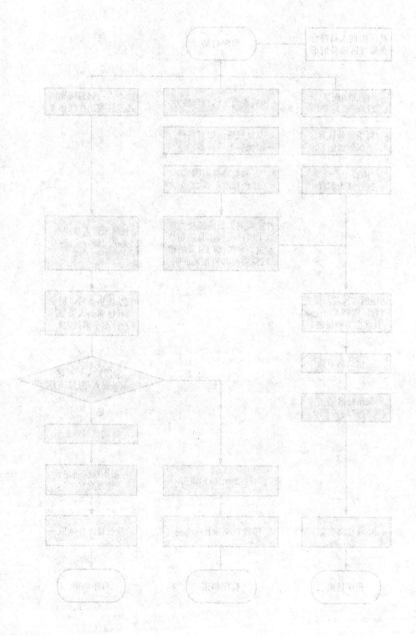

Q/SQJZ

上海市社区矫正管理标准

Q/SQJZ TG1.10—2017
代替 Q/SQJZ TG1.10—2016

心理矫正规范

2017-04-12 发布   2017-04-19 实施

上海市社区矫正管理局   发布

目 次

前　言

本标准按照 GB/T 1.1-2009 给出的规则起草。

本标准由上海市社区矫正管理局标准化工作办公室提出并归口。

本标准起草单位：上海市社区矫正管理局标准化工作办公室。

本标准主要起草人：杨挺、曹莉莉、乔明强、朱斐。

本标准比照 Q/SQJZ TG1.10-2016 增加了工作流程图。

心理矫正规范

1 范围

本标准规定了社区服刑人员心理矫正工作的责任部门及职责、基本要求、心理矫正方式等要求。

本标准适用于上海市社区服刑人员心理矫正工作的规范化管理。

2 规范性引用文件

下列文件对于本文件的应用是必不可少的。凡是注日期的引用文件,仅注日期的版本适用于本文件。凡是不注日期的引用文件,其最新版本(包括所有的修改单)适用于本文件。

Q/SQJZ TG1.9 集中教育规范。

Q/SQJZ TG1.22 个别教育管理规范。

Q/SQJZ TG1.4 矫正方案制定规范。

Q/SQJZ BZ3.6 社区矫正执行档案管理规范。

3 术语和定义

下列定义适用于本文件。

心理矫正为将心理学知识运用到社区矫正工作中,用心理学的知识、方法和技术剖析社区服刑人员犯罪心理形成的过程、原因和规律,分析他们在服刑过程中所出现的各种心理问题,然后有针对性地采取心理技术对其不良心理和不良行为进行矫治,帮助他们消除心理障碍,解决心理矛盾,使其心理健康,并最终成为一个适应正常社会生活的人的一项活动。

4 部门职责及职责

4.1 市社区矫正管理局

负责全市社区服刑人员的心理矫正教育工作,主要职责有:

a) 贯彻落实有关社区服刑人员心理矫正工作的法律、规章和规定;

b) 研究、制定本市心理矫正工作的规定、标准;

c) 规划部署本市心理矫正工作;

d) 指导、评估区社区矫正机构开展心理矫正工作情况。

4.2 区社区矫正中心

负责组织实施本区社区服刑人员心理矫正工作,主要职责有:

a) 执行有关社区服刑人员心理矫正工作的法律、规章和规定;

b) 统筹规划本区心理矫正工作;

c) 检查、指导、评估司法所心理矫正活动。

4.3 司法所

具体承担本街（镇）心理矫正工作，职责主要有：

a) 执行有关社区服刑人员心理矫正工作的法律、规章和规定；

b) 组织实施本街（镇）心理健康教育活动；

c) 对社区服刑人员进行心理测试，并根据测试结果开展心理咨询和辅导。

5 基本要求

5.1 心理矫正场所

区社区矫正机构应当在社区矫正中心设立心理矫正功能区，功能区内应当设立心理测评室、心理咨询室，可以设立团体训练室、家庭治疗室、沙盘治疗室等，并配置相应的设备。

5.2 心理矫正工作队伍

区社区矫正机构应当组建由心理学专家、心理咨询师、社会工作者等组成的心理矫正工作队伍，引导其参与心理矫正工作。心理矫正工作人员要具有国家心理咨询师三级以上（含）资质。有条件的可以向专业心理机构购买社会服务。

5.3 资金保障

有关费用可纳入财政核定的社区矫正专项资金。

6 心理矫正方式

6.1 健康教育

区社区矫正机构和司法所要将心理健康教育作为社区服刑人员教育学习的重要内容（参见 Q/SQJZ TG1.9　集中教育规范及 Q/SQJZ TG1.22　个别教育管理规范），每季度组织开展 1 次心理健康教育活动，社区服刑人员可根据自身的心理状态和需求选择参加。

6.2 心理测评

区社区矫正机构和司法所应以社区矫正管理系统中"心理测试平台"为基础，由具有心理咨询资质的工作人员对每名社区服刑人员进行至少 1 次心理测试，如 SCL-90、卡特尔 16PF 等，并根据测试结果作为制定、完善矫正方案（参见 Q/SQJZ TG1.4　矫正方案制定规范）的重要参考。

6.3 心理咨询

区社区矫正机构和司法所根据心理测试结果，对有心理咨询需求的社区服刑人员，组织心理矫正工作人员对其进行心理咨询和疏导。

6.4 心理治疗

对心理测评、日常接触中发现社区服刑人员有心理问题的，按照矫正方案及时进行心理治疗和干预，对情况严重的可以予以转介。

6.5 心理档案

区社区矫正机构和司法所应当为每名社区服刑人员建立心理档案，根据要求书面记录每一次心理矫正工作情况，参见 Q/SQJZ BZ3.6　社区矫正执行档案管理规范。

附录 A(规范性附录)

心理矫正规范流程图

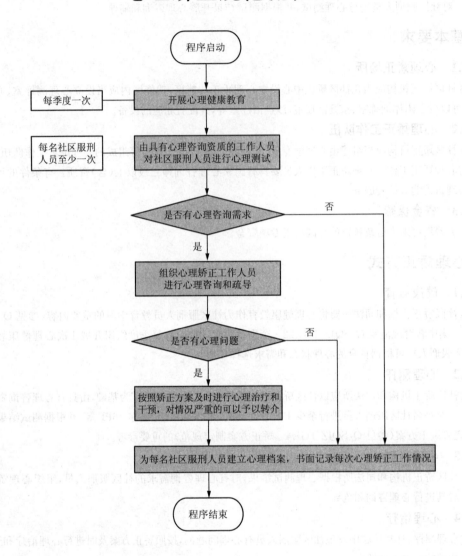

Q/SQJZ

上 海 市 社 区 矫 正 管 理 标 准

Q/SQJZ TG1.11—2018
代替 Q/SQJZ TG1.11—2017

调查评估规范

2018-04-30 发布   2017-05-15 实施

上海市社区矫正管理局   发布

目　次

前　言

本标准按照 GB/T 1.1-2009 给出的规则起草。

本标准由上海市社区矫正管理局标准化工作办公室提出并归口。

本标准起草单位：上海市社区矫正管理局标准化工作办公室。

本标准主要起草人：张国华、沈雨潮、乔明强、朱斐。

本标准比照 Q/SQJZ TG1.11-2017 增加了工作流程图。

调查评估规范

1 范围

本标准规定了社区矫正调查评估的委托、调查、评估、未成年人的特殊规定等基本要求。

本标准适用于司法行政机关社区矫正机构社区矫正调查评估工作。

2 规范性引用文件

下列文件对于本文件的应用是必不可少的。凡是注日期的引用文件,仅注日期的版本适用于本文件。凡是不注日期的引用文件,其最新版本(包括所有的修改单)适用于本文件。

Q/SQJZ TG1.18 未成年人社区矫正规范。

3 术语和定义

下列术语和定义适用于本文件。

调查评估为受人民法院、人民检察院、监狱或看守所委托,区司法行政机关社区矫正机构对拟适用社区矫正的犯罪嫌疑人、被告人、罪犯的个人、家庭、社区、犯罪等情况进行调查,对其再犯罪风险、适用社区矫正可能对居住社区产生的影响和监管教育条件等进行综合评估,供决定机关裁决时参加的活动。

4 委托

4.1 委托主体

下列机构可以委托区社区矫正机构,进行调查评估:

a) 人民法院;

b) 人民检察院;

c) 公安机关;

d) 监狱;

e) 看守所。

4.2 委托方式

委托机关应当向犯罪嫌疑人、被告人、罪犯居住地区司法行政机关社区矫正机构发出委托调查评估函。委托调查评估函应当注明调查评估对象的居住地、案由、委托机关联系人及联系方式。

5 调查

5.1 部门职责及权限

5.1.1 调查评估由被调查人居住地的区司法行政机关社区矫正机构进行。

5.1.2 负责调查评估的区司法行政机关可以根据调查需要,通过电话或发函形式商请相关区司法行政机关协助调查,相关区司法行政机关予以配合。

5.2 调查评估工作人员要求

调查评估工作人员不得从事下列活动:

a) 私自受理调查评估、出具调查评估意见和传递相关材料;

b) 接受被调查人及其委托人的请客送礼;

c) 泄露在开展调查评估中知悉的国家秘密、商业秘密、调查评估意见以及被调查人的隐私；

d) 有其他玩忽职守、弄虚作假、徇私舞弊的行为。

5.3 调查评估工作人员回避

5.3.1 回避情形

调查评估工作人员有下列情形之一的，应当回避：

a) 是本案的当事人或者是当事人的近亲属的；

b) 本人或者其近亲属与本案有利害关系的；

c) 与本案当事人有其他关系，可能影响评估结果的。

5.3.2 回避决定

5.3.2.1 调查评估工作符合本标准5.3.1情形的，应当自行回避；或者被调查人及其近亲属也有权提请回避。

5.3.2.2 一般调查评估工作人员的回避由区司法行政机关社区矫正机构决定，是否批准以书面通知当事人；区司法行政机关社区矫正机构负责人的回避由区司法行政机关决定，是否批准以书面通知当事人。

5.4 登记指派

5.4.1 区司法行政机关社区矫正机构收到调查评估委托函后，登记备案，指派1名社区矫正民警负责，司法所配合开展调查评估。

5.4.2 调查由两名以上工作人员进行。

5.5 核实居住地与姓名

调查人员核查委托机关提供的实际居住地址是否正确、姓名是否真实。如有不正确或不真实情况的，应终止调查或先行通知委托机关，并出具终止调查的书面说明。

5.6 调查内容

5.6.1 一般规定

调查被调查人以下情况：

a) 居所情况，包括是否有固定住所，居住房屋的权属性质、面积和居住状况；

b) 家庭成员和社会关系，包括家庭成员基本情况、家庭关系、家庭经济情况以及交友情况；

c) 个人情况，包括工作或学习经历、违法犯罪记录、爱好特长、邻里关系以及在社区的长期表现；

d) 犯罪行为对所在社区的影响，包括本次犯罪的案由、犯罪原因、犯罪性质、悔罪表现，以及适用社区矫正后对所居住社区潜在的危险；

e) 监管教育条件，包括家庭成员对社区矫正的态度、居（村）委意见、社区民警意见、志愿者情况、社区环境、社区居民的接纳程度等。若被害人在同一社区生活，可以征求被害人的意见；

f) 对拟适用管制、缓刑的犯罪嫌疑人、被告人，建议禁止的事项。

注：人民法院对判处管制、宣告缓刑的罪犯禁止在管制执行期间、缓刑考验期限内从事的活动。

5.6.2 特殊规定

对拟暂予监外执行的罪犯，应当进行具保人资格审查。具保人资格审查包括：

a) 与本案是否有牵连；

b) 是否有管束和教育被调查人的能力；

c) 是否享有政治权利或人身自由受到限制的情形；

d) 是否有固定的住处和具备必要的经济条件。

5.7 调查方式

调查可以通过以下方式进行：

a) 走访。包括家庭、单位、派出所、居委会、学校等；

b) 座谈。包括单位、居委会、学校相关人员；

c) 个别约谈。包括家人、亲朋好友、本人；

d) 查阅调取相关资料；

e) 商请相关区司法行政机关社区矫正机构协查。

5.8 证据规范

5.8.1 调查时,按照规范格式(见附录 B)制作调查笔录,调查人、记录人、访谈对象在调查笔录上签字。访谈对象不能签字的,按指印。

5.8.2 向有关单位收集、调取的书面调查材料,须由提供人签名,并加盖单位公章;向个人收集、调取的书面调查材料,须由本人确认无误后签名。

5.8.3 调查人员可以要求未成年或保外就医等被调查人的家属或所在单位出具同意配合社区矫正、帮助做好日常教育管理工作的书面承诺。

6 评估

6.1 初评

6.1.1 调查人员根据收集查实的信息填写《调查评估表》(见附录 C),围绕对居住社区的影响、再犯罪风险以及是否具备监管教育条件等因素形成初评意见。

6.1.2 可以根据需要召开由社区民警、社会工作者、志愿者和社区居民代表等参加的评议会。

6.2 评估

6.2.1 区司法行政机关社区矫正机构应当审核终止调查的书面说明或者《调查评估表》,以及相关证据材料,认为事实清楚,证据确凿,初评意见准确的,制作《调查评估意见书》(见附录 D)。

6.2.2 对于事实不清,证据不足的,及时通知调查人员补充调查,也可以根据需要向处于非羁押状态的对象核实有关情况。

6.2.3 对于事实清楚,证据确凿,但初评意见不准确的,可以不予采纳,或者组织召开包括调查人员参加的评议会,根据多数人意见形成评估意见。

6.2.4 因居住地问题认定拟适用社区矫正的被告人不符合在本区接受社区矫正的,应在调查评估意见中明确提出符合居住地条件的区司法行政机关,并将该意见抄送该司法行政机关。

6.3 审批

区司法行政机关社区矫正机构应当将《调查评估意见书》、《调查评估表》以及评议会记录等相关证据材料提交区司法行政机关分管领导审批。

6.4 反馈

《调查评估意见书》与相关证据材料复印件加盖区司法行政机关公章后可先行通过邮件或传真通知,并书面反馈委托机关或其指定接收的机关。

6.5 归档

调查评估委托函、调查评估的文书以及相关证据材料由区司法行政机关社区矫正机构负责归档。

6.6 登记报备

以下情形需要定期报上海市社区矫正管理局备案:

a) 区司法行政机关社区矫正机构对有关单位未按规定委托开展调查评估;

b) 本单位按规定期限反馈前案件已判决(决定);

c) 调查评估意见未被采纳的案件和涉及单位进行登记。

6.7 时限

6.7.1 区司法行政机关应当自收到调查评估委托函之日起 10 个工作日内完成调查评估工作,提交评估意见;对于适用刑事案件速裁程序的,5 个工作日内应当完成调查评估工作,提交评估意见。评估意见同时抄送居住地区人民检察院。

6.7.2 需要延长调查评估时限的,区司法行政机关应当与委托机关协商,并在协商期限内完成调查评估。

7 未成年人的特殊规定

办理未成年人刑事案件开展调查评估的,根据 Q/SQJZ TG1.18 未成年人社区矫正规范的要求进行。

附录 A(规范性附录)

调查评估表

调查人员	姓名		单位职务		联系方式			
	姓名		单位职务		联系方式			
被调查人	姓名		曾用名(别名)		性别		籍贯	
	民族		学历		出生年月			
	身份证号码				职业		案由	
	户籍地址				联系电话			
	实际居住地址				联系电话			
居所情况	户型		面积		同住人数		居住条件	
	其他							
家庭情况	关系	姓名	年龄	职业	工作/学习单位	联系方式	住址	
	婚姻家庭关系	已婚( ) 未婚( ) 离异( ) 丧偶( )		家庭成员相处情况				
	经济情况	生活来源	工作收入( ) 低保( ) 亲友资助( )		家庭经济条件			
一贯表现	工作(学习)经历							
	违法犯罪记录							
	爱好特长				交友情况			
	邻里关系				社区表现			

（续表）

被害人	有（　）意见	
	无（　）	
社区意见	居（村）委意见	（盖章） 年　月　日
	评议会意见	（召开评议会的填写此项）
建议禁止事项	理由	
对居住社区的影响	有（　）无（　）　理由	
再犯罪危险评估	高（　）中（　）低（　）　理由	
初评意见	（综合意见） （调查人员签名） 年　月　日	

注：1. 此表由调查人员填写，一式两份，一份司法所归档，一份交区司法局归档。区司法局复印一份作为《调查评估意见书》的证据材料送达委托机关或其指定的机关。

2. 对于经调查证实被调查人的居住地不在本辖区的，不需填写此表，区司法局在《调查评估意见书》中对有关事实进行说明，并附证据材料。

3. 未成年人犯罪嫌疑人、被告人的社会调查沿用原有格式。

附录B(规范性附录)

调查评估意见书

（　　）字第＿＿号

＿＿＿＿＿人民法院(人民检察院、公安(分)局、监狱)：

受你单位委托,我局于＿＿年＿＿月＿＿日至＿＿年＿＿月＿＿日对犯罪嫌疑人(被告人、罪犯)进行了调查评估。有关情况如下：

综合以上情况,评估意见为

(公章)

年　月　日

注:区司法局根据调查人员提交的《调查评估表》,分被调查人信息、居所情况、家庭情况、一贯表现、社区意见、建议禁止事项等部分以文字的形式对信息进行表述,评估被调查人可能对居住社区产生的影响和再犯罪危险,最后一句评估意见填写被调查人是否具备在本辖区社区矫正的条件。

附录C(规范性附录)

调查笔录

时间：　　　　　　　　　　地点：

调查人：　　　　　　　　　工作单位：

记录人：　　　　　　　　　工作单位：

事由：

访谈对象：　　　　　　　　身份证号码：

住址：

联系方式：

我们是＿＿＿＿＿区司法局的工作人员,现就犯罪嫌疑人(被告人、罪犯)＿＿＿＿＿的有关情况向你进行调查核实,希望你如实回答。

笔录内容：

访谈对象(签名)：　　　　　　　日期：

调查人(签名)：　　　　　　　记录人(签名)：

注:1. 调查人员应为2人以上;

2. 可加附页,并标明页码;

3. 每页末尾应由访谈对象签名或者按指印、注明日期,最后一页末尾应由访谈对象写明"以上笔录我看过,与我说的相符"并签名或者按指印、注明日期。

附录 D(规范性附录)

调查评估规范（内部衔接）流程图

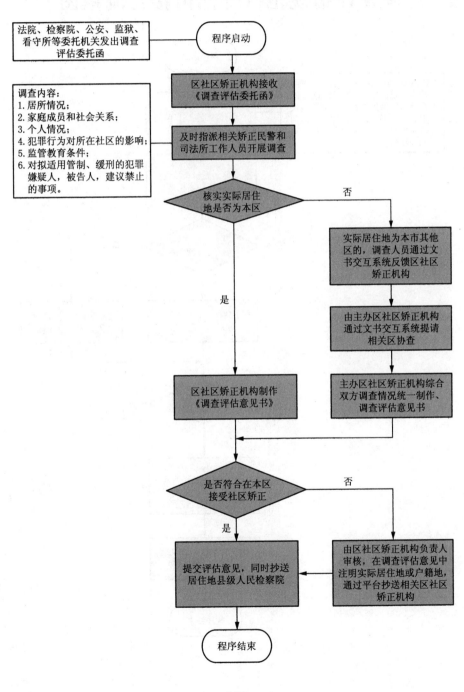

附录 E(规范性附录)

调查评估规范（外部衔接）流程图

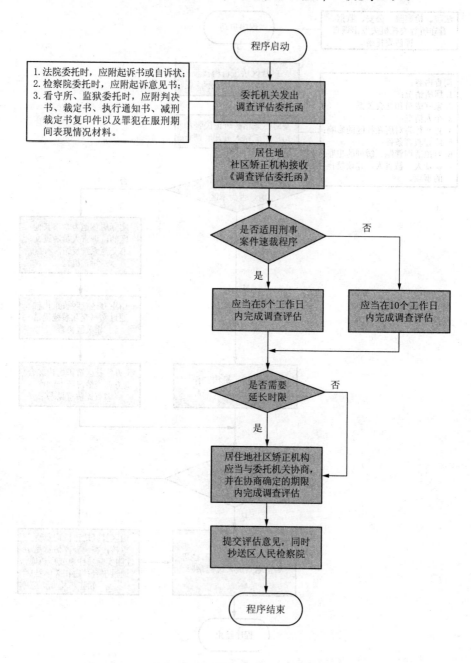

Q/SQJZ

上 海 市 社 区 矫 正 管 理 标 准

Q/SQJZ TG1.12—2016

短期社区服刑人员分类管理规范

2016-09-14 发布   2016-10-01 实施

上海市社区矫正管理局   发布

目　次

前　言

本标准按照 GB/T 1.1-2009 给出的规则起草。

本标准由上海市社区矫正管理局标准化工作办公室提出并归口。

本标准起草单位:上海市社区矫正管理局标准化工作办公室。

本标准主要起草人:张国华、沈雨潮、乔明强。

本标准为首次发布。

短期社区服刑人员分类管理规范

1 范围

本标准规定了短期社区服刑人员监督管理和教育矫正工作的基本原则、执法要求、监管要求和教育矫正要求。

本标准适用于上海市短期社区服刑人员监督管理和教育矫正工作的规范化管理。

2 规范性引用文件

下列文件对于本文件的应用是必不可少的。凡是注日期的引用文件,仅注日期的版本适用于本文件。凡是不注日期的引用文件,其最新版本(包括所有的修改单)适用于本文件。

Q/SQJZ TG1.2 报到接收规范。

Q/SQJZ TG1.3 矫正宣告规范。

Q/SQJZ TG1.4 矫正方案制定规范。

Q/SQJZ BZ6.5 矫正小组工作规范。

Q/SQJZ TG1.8 居住地变更审批规范。

Q/SQJZ TG1.16 解除矫正宣告规范。

Q/SQJZ TG1.25 风险评估与再犯分析规范。

Q/SQJZ TG1.21 社区矫正重点对象管理规范。

Q/SQJZ BZ5.4 电子脚环技术管理规范。

Q/SQJZ TG1.9 集中教育规范。

Q/SQJZ TG1.22 个别教育管理规范。

Q/SQJZ TG1.14 考核与管理规范。

3 术语和定义

下列术语和定义适用于本文件。

短期社区服刑人员为被人民法院、监狱、公安机关依法判决、裁定或决定的社区矫正期限在 3 个月以下(含 3 个月)的社区服刑人员。

4 基本原则

对短刑期社区服刑人员的社区矫正,遵循"严格执法、注重监管、加强教育、兼顾帮扶"的原则。

5 执法要求

5.1 审矫对接

加强区司法局与监所衔接,确保罪犯在人民法院判决、裁定生效之日或离开监所之日 10 日内完成相关法律文书和人员交接以及报到手续,参见 Q/SQJZ TG1.2　报到接收规范。

5.2　首接责任制

凡是符合在本市接受社区矫正条件的短期社区服刑人员,区司法行政机关社区矫正机构收到相关法律文书后,应及时办理登记和纳管手续。

5.3　集中宣告制度

短期社区服刑人员报到后,区社区矫正中心应及时安排宣告,司法所应及时建立矫正小组,制定相应的矫正方案,参见 Q/SQJZ TG1.3　矫正宣告规范、Q/SQJZ TG1.4　矫正方案制定规范、Q/SQJZ BZ6.5 矫正小组工作规范。

5.4　规范居住地变更管理

短期社区服刑人员纳入矫正后,除居住地和工作地都不在本区范围情形外,在矫正期间不得变更居住地,参见 Q/SQJZ TG1.8　居住地变更审批规范。

5.5　缩短期满鉴定期限

短期社区服刑人员正常矫正期满前一周,司法所要求其做好期满小结,对其作出鉴定,组织矫正期满宣告,参见 Q/SQJZ TG1.16　解除矫正宣告规范。

5.6　适当简化有关程序

短期社区服刑人员可以不纳入社区服刑人员季度评估、中期评估和年度考核范围,参见 Q/SQJZ TG1.14　社区服刑人员考核与管理规范。

6　监管要求

6.1　分类监管

6.1.1　短期社区服刑人员接收纳管后,应进行风险评估,参见 Q/SQJZ TG1.25　风险评估与再犯分析规范。

6.1.2　对于初犯或犯罪案由为过失犯罪,经评估没有再犯风险,且认真遵守各项监管规定的短期社区服刑人员,可以参照三级矫正管理的要求,以激发其自觉接受社区矫正的积极性。

6.1.3　其他短期社区服刑人员应当按照一级矫正的管理规定,执行周报到和重要节点日报到制度,从严控制外出等事项审批。

6.1.4　对评估排查出的重点对象,根据 Q/SQJZ TG1.21　社区矫正重点对象管理规范的要求落实监管措施。

6.2　电子实时监管

凡是符合电子实时监管条件的社区服刑人员,一律在宣告时要求其佩戴电子实时监管终端,参见 Q/SQJZ BZ5.4　电子脚环技术管理规范。

6.3　奖惩

对于违反社区矫正规定,不服从监管,或积极改造表现突出的短期社区服刑人员,区司法行政机关可以适当简化审批流程,确保奖惩及时有力。

7　教育矫正

7.1　在刑意识教育

短期社区服刑人员矫正期间的教育学习,与其他社区服刑人员初期矫正阶段的教育学习合并进行,重在强化其认罪服法、知罪悔罪的意识,增强其遵守社区矫正各项规定的自觉性,参见 Q/SQJZ TG1.9

矫正人员集中教育规范及 Q/SQJZ TG1.22　矫正人员个别教育管理规范。

7.2　分类教育

根据短期社区服刑人员中危险驾驶罪、生产销售假冒伪劣商品罪以及倒卖增值税发票罪等犯罪类型较多；或者根据犯罪主观恶习程度等情况，区司法行政机关社区矫正机构应当在分析犯罪原因和特点基础上，拓宽教育渠道，挖掘和利用社会资源，有针对性地采取分类主题教育、个别教育和社区服务等有效形式，不断提高教育矫正工作的效果。

Q/SQJZ

上 海 市 社 区 矫 正 管 理 标 准

Q/SQJZ TG1.13—2016

考核与管理规范

2016-09-14 发布

2016-10-01 实施

上海市社区矫正管理局　发布

目　次

前　言

本标准按照 GB/T 1.1-2009 给出的规则起草。

本标准由上海市社区矫正管理局标准化领导小组提出并归口。

本标准起草单位：上海市社区矫正管理局标准化办公室。

本标准主要起草人：张国华、李月锋、盛清。

本标准为首次发布。

考核与管理规范

1 范围

本标准规定了社区矫正社区服刑人员考核管理的原则、组织实施、考评分、分级管理、考核方式、考核程序、公示、监督管理等基本要求。

本标准适用于司法行政机关社区矫正机构。

2 规范性引用文件

下列文件对于本文件的应用是必不可少的。凡是注日期的引用文件,仅注日期的版本适用于本文件。凡是不注日期的引用文件,其最新版本(包括所有的修改单)适用于本文件。

Q/SQJZ TG1.4 矫正方案制定规范。

Q/SQJZ TG1.13 分类管理规范。

3 术语和定义

下列术语和定义适用于本文件。

行为考核管理指对社区服刑人员日常行为、矫正表现、社区活动等进行量化考核,评估社区服刑人员矫正状况,并依据考评结果对其实施差别管理的活动。

4 考核管理原则

对社区服刑人员实施考核管理遵循以下原则:

a) 及时、公开、公正、准确;

b) 注重社区服刑人员思想改造,促进社区服刑人员行为自律;

c) 定性考评与定量考核相结合,考核与管理相结合。

5 组织实施

5.1 矫正小组

矫正小组的构成见 Q/SQJZ BZ6.5 矫正小组工作规范,主要负责实施对社区服刑人员的考核,提出分级管理建议。

5.2 司法所

司法所社区矫正奖惩工作小组按照其职责权限具体实施对社区服刑人员的考核评估,奖罚的审核、呈报。

5.3 区司法行政机关

5.3.1 区司法行政机关组织实施本区域的考核管理工作。

5.3.2 区司法行政机关社区矫正奖惩工作小组负责制度的贯彻执行、重大奖惩事项的审批、复议以及检查、监督和考核。

5.4 市级司法行政机关

5.4.1 市级司法行政机关社区矫正机构负责考核管理工作的督导。

5.4.2 市级司法行政机关奖惩工作小组负责制度的制定、修订、评估等工作。

6 考评分

6.1 基本分

6.1.1 分值设定

根据社区服刑人员的矫正阶段,结合对其过往经历、罪错类型以及认罪服法态度、接受监管教育的情况、社会适应能力等现实情况,运用风险评估、心理测试等手段,进行综合评估后所设定的固定分值:

　　a) 社区服刑人员入矫宣告后的初期矫正阶段(3 个月)基本分为 5 分;

　　b) 分级管理阶段,根据不同级别设定不同的基本分(参见 Q/SQJZ TG1.14 社区服刑人员分类管理规范):

　　　　1) 一级社区服刑人员,每月基本分 5 分;

　　　　2) 二级社区服刑人员,每月基本分 8 分;

　　　　3) 三级社区服刑人员,每月基本分 10 分。

6.1.2 特殊规定

以下情形当月没有基本分:

　　a) 社区服刑人员受到警告处分的;

　　b) 因违反社区矫正规定被公安机关处以行政拘留处罚的;

　　c) 因涉嫌再犯罪被采取刑事拘留等强制性措施期间;

　　d) 不构成犯罪,解除刑事拘留的,刑事拘留期间按基本分补记。

6.2 表现分

6.2.1 分值设定

根据社区服刑人员日常遵守社区矫正规定的具体行为表现进行实时考评后核定的分值。在基本分基础上进行的加分或减分。

6.2.2 特殊规定

社区服刑人员矫正期满当月不计分。

6.3 计分方法

6.3.1 计分周期

6.3.1.1 按自然月认定。

6.3.1.2 社区服刑人员入矫宣告日期在每月 15 日之前(含 15 日)的,当月接受考核评分;在每月 15 日之后的,次月接受考核评分。

6.3.2 计分权限

6.3.2.1 1 分以下的扣分由矫正小组直接扣罚。

6.3.2.2 1—3 分的扣分,由矫正小组提出事实依据,报司法所社区矫正奖惩工作小组审批作出。

6.3.2.3　奖分和 3 分以上的扣分,由矫正小组提出事实依据,经司法所社区矫正奖惩工作小组审核后,报区社区矫正奖惩工作小组审批作出。

7　分级管理

7.1　级别名称

分三个等级对社区服刑人员进行差别化管理:

a)　一级矫正;

b)　二级矫正;

c)　三级矫正。

7.2　级别认定

7.2.1　原始级别

所有社区服刑人员在入矫宣告后的初期矫正阶段,一律认定为一级。

7.2.2　级别调整

初期矫正执行完毕后的矫正期间,根据考评结果和再犯风险综合测评,进行级别调整:

a)　矫正期满前 1 个月的社区服刑人员,在社区矫正期间没有受到过警告或警告以上处分的,可以调整为三级管理;

b)　矫正期不满 6 个月的,在初期矫正期间没有扣分的,可以调整为三级管理;

c)　凡因违反社区矫正规定,受到警告或治安管理处罚的社区服刑人员,应调整为一级管理,且 3 个月内不得调整管理等级;

d)　社区服刑人员累计受到扣 5 分以上处罚的,且未受警告或治安管理处罚的,管理级别相应上调一级,即三级社区服刑人员为二级管理,二级社区服刑人员调整为一级管理;

e)　当月得分达到 8 分以上或者受到表扬奖励的,且没有扣分的一级社区服刑人员,可以调整为二级管理;

f)　当月得分达到 10 分以上或者受到表扬奖励的,且没有扣分的二级社区服刑人员,可以调整为三级管理;

g)　在社区矫正期间受到两次以上表扬奖励的,且没有扣分的社区服刑人员,可以调整为三级管理。

7.2.3　调整实施

社区服刑人员调整管理等级的,从决定生效当日起实施。

司法所社区矫正奖惩工作小组每月最后一周评定考核分,确定下月管理等级。

7.3　分级处遇

7.3.1　一级管理

对一级社区服刑人员应按以下要求进行管理:

a)　组织社区服刑人员每月到区社区矫正中心接受心理或行为教育矫正活动不少于 1 次,开展个别教育不少于 4 次;

b)　组织社区服刑人员每月到区 A 类或 B 类社区服务基地从事社区服务;

c)　要求社区服刑人员每周报到,重要节点和时段可要求其每日报到,每月上交书面情况报告;

d)　因就医、家庭重大变故等原因经批准离开本市时间不得超过 7 天;

e)　除特殊情况外,对社区服刑人员通过佩戴电子监管设备的方式进行实时监管。

7.3.2 二级管理

对二级社区服刑人员应按以下要求进行管理：

a) 组织社区服刑人员每月参加司法所组织的集中教育或心理、行为教育矫正活动不少于 1 次，开展个别教育不少于 2 次；

b) 组织社区服刑人员每月在街镇 B 类或 C 类社区服务基地从事社区服务；

c) 要求社区服刑人员每周报告不少于 1 次，每月上交书面情况汇报；

d) 因就医、家庭重大变故等原因经批准离开本市的时间不超过两周；

e) 视情可以对社区服刑人员通过佩戴电子监管设备的方式进行实时监管。

7.3.3 三级管理

对三级社区服刑人员应按以下要求进行管理：

a) 允许社区服刑人员选择教育学习形式和时间，其中每月参加集中教育、个别教育各不少于 1 次；

b) 允许社区服刑人员选择社区服务基地，鼓励社区服刑人员根据自身技能提供志愿服务；

c) 要求社区服刑人员每月向司法所汇报个人情况；

d) 特殊情况下，可以对社区服刑人员通过佩戴电子监管设备的方式进行实时监管。

8 公示

8.1 公示要求

8.1.1 区社区矫正中心和司法所同时将社区服刑人员的奖分、扣分以及管理等级等内容进行公示，不少于 3 个工作日。

8.1.2 社区服刑人员对计分和管理等级无异议的，在公示表上签字确认。

8.1.3 公示结果在下月集中教育会上向全体社区服刑人员通报。

8.2 复核复议

8.2.1 社区服刑人员对本人考核及管理等级有异议的，自公示之日起 3 个工作日内向司法所提出复核申请，司法所在 3 个工作日内予以书面答复。

8.2.2 社区服刑人员对答复不服的，可于收到书面答复 3 个工作日内向区司法行政机关社区矫正机构请求复议，区司法行政机关社区矫正机构于 3 个工作日内予以答复。

8.2.3 区司法行政机关社区矫正机构作出的复议结果为最终结果。

9 监督管理

9.1 督导评估

各级司法行政机关社区矫正机构要加强对下级部门的督导评估。

9.2 监督

各级司法行政机关社区矫正机构主动接受检察部门的监督，及时回复检察机关的检察意见或建议。

9.3 纠错

考核管理工作有下列情形之一的，应当撤销：

a) 不符合规定条件的；

b) 不按规定程序审批的；

c）弄虚作假的；

d）有其他情形需要撤销，经区社区矫正奖惩工作小组认可的。

9.4　违规责任

社区矫正工作人员在实施考核管理的过程中严禁徇私舞弊、弄虚作假，违反规定的，视情节给予批评教育或行政处分；构成犯罪的，依法追究刑事责任。

附录 A(资料性附录)

社区服刑人员考核奖罚细则

第一条 (遵守矫正规定奖分)社区服刑人员遵守社区矫正规定,有下列行为之一的,应当奖分:

(一)揭发他人违法线索,经认定具有一定价值的,奖5分;

(二)制止他人违法、违纪行为的,有一定影响的,奖5分;

(三)反映社情,经认定具有一定价值的,奖3分;

(四)在防止或者消除灾害事故、救死扶伤中,经认定表现积极的,奖5分;

(五)主动向司法所报告其他社区服刑人员家庭、工作、思想等重大变故的,奖1分。

第二条 (教育矫正奖分)社区服刑人员在社区矫正期间,有下列行为之一的,应当奖分:

(一)参加学业考试:获得大学专科及以上学历的,奖3分;取得单科结业证书的,奖2分(相同科目不重复奖分);

(二)参加职业技能学习,取得国家认可的职业等级证书的,每项奖3分;

(三)参加政府和相关社会组织的活动,获得市级团体奖项的,奖2分;获得个人奖项的,奖3分;获得区级团体奖项的,奖1分,个人奖项的,奖2分;

(四)社区矫正期间有创造发明成果,获得相关部门认可的,奖5分;

(五)在社区服务、教育活动中主动帮助矫正民警或专职干部维持秩序,管理劳动器材,奖1分;

(六)思想汇报中对本人思想、生活动态汇报详细真实或对自身所犯罪错有深刻认识,奖0.5分;

(七)结合自身实际,以身说法,取得良好效果的,奖1分。

第三条 (社区表现奖分)在社区表现突出,有下列行为之一的,应当奖分:

(一)以志愿者身份参与公益活动,获得主办方好评的,奖1分;

(二)有稳定工作或积极寻找就业岗位,首次就业的,奖1分;

(三)家庭关系和睦,邻里关系融洽,受到社区肯定和好评的,奖1分;

(四)因表现突出,受到所在单位或乡镇(街道)表彰的,奖3分;

(五)在自主创业、帮困解难、公益活动等方面有突出表现,受到社区或有关部门认可的,奖3分。

第四条 (违反矫正规定扣分)社区服刑人员违反社区矫正规定,有下列行为之一的,应当扣分:

(一)无故缺席宣告会的,扣5分;无故迟到的,扣2分;

(二)无故不按时到社区矫正中心报到的,扣5分;当天迟于约定时间报到的,扣2分;

(三)不认真撰写情况汇报,内容不符合要求的,扣2分,迟交扣1分,经教育仍然不交的,扣5分;

(四)实施电子监管的社区服刑人员有下列情形之一,且不足以给予警告处分的,每次扣3分:

1. 电子监管设备关闭、失去信号或人机分离,未在规定时间内通过有效方式和途径报告监管工作人员或未及时按照监管工作人员指令行事的;

2. 接到越界、与同案犯或受害人接触的报警后,未及时采取有效措施终止违规行为或状态,经监管工作人员提示仍不及时改正的;

（五）离开居住地，请销假不规范，未达到警告标准的，扣3分；

（六）故意隐瞒或假报身份、户籍、居住地、就业、社会关系信息等与社区矫正监督管理有关的信息，对社区矫正机关执法产生干扰的，扣3分。

第五条 （教育矫正扣分）社区服刑人员在社区矫正执法或教育场所有下列行为之一的，应当扣分：

（一）无故缺席教育学习、社区服务活动的，扣5分；

（二）在教育学习活动中不服从安排，在课堂上大声喧哗，扰乱教学秩序的，扣3分；随意走动、吃东西、手机未调至无声状态、随意接听电话等干扰教学秩序的，扣1分；经教育拒不改正的，扣3分；

（三）在社区矫正机构组织的相关考试中违反考场纪律的，扣3分；

（四）在社区服务中不服从安排的，扣3分；社区服务不认真，扣1分；经教育仍不改正的，扣3分；

（五）在个别教育中，不配合矫正民警或矫正小组成员的，扣1分；经教育仍不改正的，扣3分；在言语中有侮辱、歧视等攻击性语言的，扣5分；

（六）拒不参加心理测试等必需项目的，扣3分。

第六条 （社区表现扣分）社区服刑人员在社区表现有下列行为之一的，应当扣分：

（一）在社区或互联网传播反社会或不实言论，尚未造成重大影响，经查证属实的，扣3分；

（二）擅自参加集会、游行、示威活动，情节轻微的，扣5分；

（三）怂恿他人违规违纪，造成一定后果的，扣5分；

（四）参与色情、赌博、封建迷信等不良活动，尚未达到治安处罚标准，经查证属实的，扣5分；

（五）参与打架，但情节轻微且未造成严重后果的，扣5分；

（六）制造家庭暴力或邻里矛盾，造成一定影响的，扣3分。

Q/SQJZ

上 海 市 社 区 矫 正 管 理 标 准

Q/SQJZ TG1.14—2017

代替 Q/SQJZ TG1.14—2016

收监管理规范

2017-04-12 发布   2017-04-19 实施

上海市社区矫正管理局   发布

目　次

前　言

本标准按照 GB/T 1.1-2009 给出的规则起草。

本标准由上海市社区矫正管理局提出并归口。

本标准起草单位：上海市社区矫正管理局标准化办公室。

本标准主要起草人：张国华、李月锋、盛清、朱斐。

本标准比照 Q/SQJZ TG1.14-2016 增加了工作流程图。

收监管理规范

1 范围

本标准规定了社区矫正社区服刑人员收监管理的基本要求。

本标准适用于司法行政机关社区矫正机构对社区服刑人员收监的要求。

2 规范性引用文件

下列文件对于本文件的应用是必不可少的。凡是注日期的引用文件,仅注日期的版本适用于本文件。凡是不注日期的引用文件,其最新版本(包括所有的修改单)适用于本文件。

Q/SQJZ BZ3.6 社区矫正执行档案管理规范。

3 术语和定义

下列术语和定义适用于本文件。

3.1 撤销缓刑

缓刑社区服刑人员因违反社区矫正规定等被人民法院作出撤销原缓刑的判决。

3.2 撤销假释

假释社区服刑人员因违反社区矫正规定等被人民法院作出撤销原假释裁定的判决。

3.3 撤销暂予监外执行

暂予监外执行的社区服刑人员因暂予监外执行情形消失、违反社区矫正规定等被原决定机关作出撤销暂予监外执行的决定。

3.4 收监执行

被撤销缓刑、假释或者暂予监外执行的社区服刑人员,依法押送至监狱或看守所关押的活动。

4 收监对象

依法押送以下对象至监狱或看守所,收监执行:

a) 被人民法院撤销缓刑的社区服刑人员;

b) 被人民法院撤销假释的社区服刑人员;

c) 被决定机关撤销暂予监外执行的社区服刑人员。

5 收监前

5.1 司法惩处的提请

5.1.1 缓刑的社区服刑人员有下列情形之一的,由区司法局向原判人民法院提出撤销缓刑建议:

a) 违反人民法院禁止令,情节严重的;

b) 未按规定时间报到或者接受社区矫正期间脱离监管,超过 1 个月的;

c）因违反监督管理规定受到治安管理处罚,仍不改正的;

d）受到司法行政机关 3 次警告仍不改正的;

e）其他违反有关法律、行政法规和监督管理规定,情节严重的。

5.1.2　假释的社区服刑人员有下列情形之一的,区司法局提出撤销假释建议:

a）违反人民法院禁止令,情节严重的;

b）未按规定时间报到或者接受社区矫正期间脱离监管,超过 1 个月的;

c）因违反监督管理规定受到治安管理处罚,仍不改正的;

d）受到司法行政机关 3 次警告仍不改正的;

e）其他违反有关法律、行政法规和监督管理规定,情节严重的。

5.1.3　暂予监外执行的社区服刑人员有下列情形之一的,由区司法局向批准、决定机关提出收监执行建议:

a）发现不符合暂予监外执行条件的;

b）未经司法行政机关批准擅自离开居住的市,经警告拒不改正,或者拒不报告行踪,脱离监管的;

c）因违反监督管理规定受到治安管理处罚,仍不改正的;

d）受到司法行政机关两次警告,仍不改正的;

e）保外就医期间不按规定提交病情复查情况,经警告拒不改正的;

f）暂予监外执行的情形消失后,刑期未满的;

g）保证人丧失保证条件或者因不履行义务被取消保证人资格,又不能在规定期限内提出新的保证人的;

h）其他违反有关法律、行政法规和监督管理规定,情节严重的。

5.2　裁定决定

5.2.1　人民法院依法作出撤销缓刑,撤销假释的裁定;人民法院、监狱管理机关或公安机关依法作出撤销暂予监外执行决定的决定。

5.2.2　裁定或决定文书送达区司法行政机关社区矫正机构。

6　移送收监

6.1　缓刑对象

6.1.1　由社区矫正所在地公安机关负责送交社区矫正所在地看守所收监。

6.1.2　司法行政机关社区矫正机构予以配合。

6.2　假释对象

由社区矫正机构负责送交监狱收监执行,社区矫正所在地公安机关应当予以协助。

6.3　暂予监外执行对象

6.3.1　人民法院撤销的暂予监外执行对象

6.3.1.1　决定收监时剩余刑期在 3 个月以下的,由社区矫正所在地公安机关负责送交看守所收监执行。

6.3.1.2　决定收监时剩余刑期在 3 个月以上的,由社区矫正所在地公安机关送交看守所,并由看守所移押本市监狱管理机关指定监狱收监执行。

6.3.2　监狱机关撤销的暂予监外执行对象

由监狱将罪犯收监执行,公安机关、社区矫正机构应当予以协助,人民检察院予以监督。

6.3.3　公安看守所撤销的暂予监外执行对象

由社区矫正所在地看守所将罪犯收监执行。

6.3.4　女性对象的特殊要求

女性社区服刑人员收监时，应当有女性执法人员参与执行。

7　归档工作

收监执行完毕后，区县司法行政机关社区矫正机构按照 Q/SQJZ BZ3.6　社区矫正执行档案管理规范的要求完成社区服刑人员档案结档工作。

8　在逃处置

8.1　在逃认定

撤销缓刑、假释和收监执行裁定、决定生效后，社区服刑人员下落不明或者拒不回社区矫正所在地的，应认定为在逃。

8.2　处置程序

社区矫正机构发现撤销缓刑、假释或者被决定收监执行的社区服刑人员在逃的，应当及时将撤销缓刑、假释或者决定收监执行的相关法律文书和提请协查函送达公安机关，公安机关依据撤销缓刑、假释或者决定收监执行的相关法律文书，按规定组织抓捕。公安机关将罪犯抓捕后，应当依法送交监狱、看守所执行刑罚。

9　再犯罪收监

社区服刑人员在社区矫正期间，因犯新罪或者被发现在判决宣告前还有其他罪没有判决，公安机关采取强制措施后，并将决定结果书面告知社区矫正机构。被人民法院判处监禁刑罚的，社区矫正终止。

10　法律监督

接受检察机关对收监执行活动实行同步监督。

附录 A(规范性附录)

提请治安管理处罚
(撤销缓刑、撤销假释、收监执行、减刑) 审核表

姓名		性别		出生年月	
居住地				户籍地	
罪名		原判刑期			附加刑	
禁止令内容			禁止期限 起止日	自　　年　月　　日 至　　年　月　　日
矫正类别		矫正期限		起止日	自　　年　月　　日 至　　年　月　　日
事实及依据					
司法所 意见				(公章) 　　年　月　日
区级 司法行政机关 意见				(公章) 　　年　月　日
市级 司法行政机关 审核意见				(公章) 　　年　月　日
备注					

附录 B(规范性附录)

社区服刑人员收监执行规范流程图

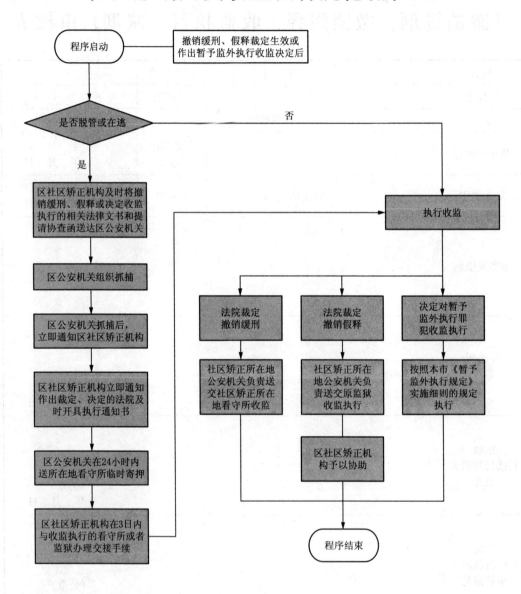

Q/SQJZ

上 海 市 社 区 矫 正 管 理 标 准

Q/SQJZ TG1.15—2017
代替 Q/SQJZ TG1.15—2016

解除矫正宣告规范

2017-04-12 发布

2017-04-19 实施

上海市社区矫正管理局　发布

目　次

前　言

本标准按照 GB/T 1.1-2009 给出的规则起草。

本标准由上海市社区矫正管理局标准化工作办公室提出并归口。

本标准起草单位：上海市社区矫正管理局标准化工作办公室。

本标准主要起草人：张国华、李月锋、盛清、朱斐。

本标准比照 Q/SQJZ TG1.15-2016 增加了工作流程图。

解除矫正宣告规范

1 范围

本标准规定了上海市社区矫正工作中有关社区矫正解除宣告的要求、语言和程序等要求。

本标准适用于上海市针对社区服刑人员解除矫正宣告的规范化管理。

2 规范性引用文件

下列文件对于本文件的应用是必不可少的。凡是注日期的引用文件，仅注日期的版本适用于本文件。凡是不注日期的引用文件，其最新版本（包括所有的修改单）适用于本文件。

Q/SQJZ TG1.3　矫正宣告规范。

3 术语和定义

下列术语和定义适用于本文件。

解矫宣告指司法行政机关社区矫正机构工作人员向社区服刑人员宣告解除管制、缓刑、假释、暂予监外执行。

4 宣告要求

4.1 形象要求和用语要求

形象要求和用语要求见 Q/SQJZ TG1.3　矫正宣告规范。

4.2 时间要求

社区服刑人员矫正期限自然届满当日。

4.3 解矫宣告地点

解矫宣告地点为司法所。

4.4 参加人员要求

下列人员应参加宣告程序：

a) 司法所社区矫正专职干部、社工；

b) 暂予监外执行社区服刑人员的其保人；

c) 村（居）民委员长会、群众代表、社区矫正志愿者、社区服刑人员所在单位、家庭成员可以参加解矫宣告。

5 程序

5.1 宣告通知

5.1.1 区司法行政机关社区矫正机构应当通过电话或邮件告知社区服刑人员本人社区矫正宣告的时间、地点、宣告事项及相关要求。

5.1.2 区司法行政机关社区矫正机构应当通过电话或邮件告知公安机关和检察机关社区矫正宣告的时间、地点及内容。

5.2 宣告

宣告由司法所社区矫正专职干部主持，符合附录 A 的要求，按照下列流程进行：

a) 主持人宣布宣告纪律；

b) 主持人介绍宣告会人员；

c) 社区服刑人员宣读自我鉴定；

d) 主持人宣读《解除社区矫正宣告书》；

e) 社区服刑人员表态或进行自我鉴定；

f) 帮教志愿者提出帮教建议；

g) 主持人询问社区服刑人员是否有事项需要说明；

h) 主持人宣布宣告结束，要求社区服刑人员在相关文书上签字。

5.3 未成年人宣告特别规定

5.3.1 未成年社区服刑人员的解矫宣告不公开进行。

5.3.2 参加人员仅限宣告主持人、司法所社区矫正专职干部、派出所民警、检察机关检察官、具体负责该服刑人员帮教的社工、志愿者以及社区服刑人员的法定监护人或合适成年人。

附录 A(资料性附录)

社区矫正解矫宣告流程（范本）

一、宣告准备

参加宣告人员入场、就座，主持人核实人员是否到齐，了解缺席人员情况。

主持人就位，发言：根据《中华人民共和国刑法》第 38 条(管制)/第 76 条(缓刑)/第 85 条(假释)/《中华人民共和国刑事诉讼法》第 258 条(暂予监外执行)规定，现在依法对社区服刑人员×××进行解除社区矫正宣告。

全体起立！下面宣布宣告纪律：

（一）宣告期间应保持安静，手机等电子设备应关机或调成静音状态，不得鼓掌、喧哗、哄闹或实施其他妨害宣告进行的行为；

（二）未经主持人允许，旁听人员不得随意走动，不得发言、提问；

（三）未经主持人允许，不得录音、录像、摄影和发布消息；

（四）不得吸烟或将食物、饮料等物品带入宣告场所；

（五）违反宣告纪律的，主持人可以训诫或责令其退出宣告场所。

宣告纪律宣布完毕，请坐。

二、宣告

（一）主持人宣布参加宣告的单位和人员（单位名称、人员姓名）

主持人：下面介绍参加此次宣告会的单位和人员。

××司法所专职干部：×××。

××公安派出所民警：×××。

××矫正社工：×××。

××帮教志愿者：×××。

其他人员等（如有）。

（二）主持人宣读《期满鉴定》和《解除社区矫正宣告书》。

主持人：下面宣读社区服刑人员×××的《期满鉴定》和《解除社区矫正宣告书》。

（三）社区服刑人员表态。

主持人：下面由社区服刑人员×××表态。

社区服刑人员：……

（四）帮教志愿者提出帮教建议。

帮教志愿者：……

三、宣告结束

主持人：×××(社区服刑人员姓名)，你是否还有其他事项需要说明？没有的话，请在《解除社区矫正宣告书》、《解除社区矫正证明书》上签名。

社区服刑人员签名。

主持人：×××(社区服刑人员姓名)，希望你在以后的工作生活中遵纪守法，切实承担起自己的责任和义务。在工作和生活中遇到什么问题，要通过合法途径向有关部门反映，不要重蹈覆辙。

本次宣告到此结束。

附录 B(规范性附录)

社区矫正解除宣告规范流程图

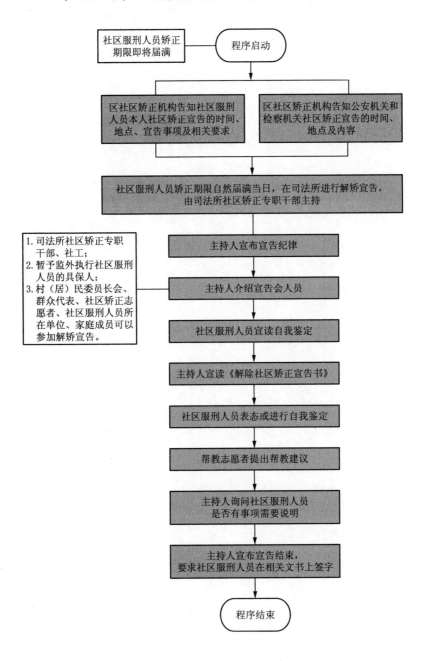

Q/SQJZ

上 海 市 社 区 矫 正 管 理 标 准

Q/SQJZ TG1.16—2017
代替 Q/SQJZ TG1.16—2016

社区服刑人员特殊情况处理规范

2017-04-12 发布

2017-04-19 实施

上海市社区矫正管理局　发布

目　次

前　言

本标准按照 GB/T 1.1-2009 给出的规则起草。

本标准由上海市社区矫正管理局标准化领导小组提出并归口。

本标准起草单位：上海市社区矫正管理局标准化办公室。

本标准主要起草人：张国华、李月锋、盛清、朱斐。

本标准 Q/SQJZ TG1.16-2016 增加了"脱离监管和在逃的处置"、"再犯罪收监"、"暂予监外执行不计入执行期情形"三项内容。

社区服刑人员特殊情况处理规范

1 范围

本标准规定了社区服刑人员特殊情况处理的工作原则、部门职责及权限、社区服刑人员死亡等基本要求。本标准适用于司法行政机关社区矫正机构对社区服刑人员特殊情况处理的要求。

2 规范性引用文件

下列文件对于本文件的应用是必不可少的。凡是注日期的引用文件,仅注日期的版本适用于本文件。凡是不注日期的引用文件,其最新版本(包括所有的修改单)适用于本文件。

Q/SQJZ BZ3.6 社区矫正执行档案管理规范。

3 工作原则

社区服刑人员特殊情况处理应遵循以下原则:
a) 依法依规原则;
b) 办事客观原则;
c) 处理规范原则;
d) 及时、平稳、化解、控制的原则。

4 脱离监管和在逃的处置

4.1 撤销缓刑、假释裁定生效后,社区服刑人员脱离监管的;或者暂予监外执行社区服刑人员因违法被人民法院作出收监执行决定后,社区服刑人员在逃的,社区矫正机构应当及时将撤销缓刑、假释或者决定收监执行的相关法律文书和提请协查函送达公安机关,公安机关依据撤销缓刑、假释或者决定收监执行的相关法律文书,按规定组织抓捕。

4.2 公安机关将在逃罪犯抓捕后,立即通知社区矫正机构,社区矫正机构立即通知作出裁定、决定的法院及时开具执行通知书。公安机关凭撤销缓刑、假释裁定书、收监执行决定书在 24 小时内送所在地看守所临时羁押。社区矫正机构应当在 3 日内与收监执行的看守所或者监狱办理交接手续。

5 死亡处理

社区服刑人员在提请收监执行期间死亡的,社区矫正终止,社区矫正机构应当撤回提请收监执行建议,按照有关规定自发现之日起 5 日以内,书面通知(见附录 A)决定或者批准机关,同时抄送同级人民检察院。

6 再犯罪收监

社区服刑人员在社区矫正期间,因犯新罪或者被发现在判决宣告前还有其他罪没有判决,由公安机关采取强制措施,并将决定结果书面告知社区矫正机构。被判处监禁刑罚的,社区矫正终止。

7 暂予监外执行不计入执行期情形

7.1 对不符合暂予监外执行法定条件,通过非法手段暂予监外执行的,在监外执行的期间不计入执行刑期;暂予监外执行人员自脱离监管之日起至被抓获之日不计入执行刑期。

7.2 被收监执行的社区服刑人员有法律规定的不计入执行刑期情形的,社区矫正机构应当在收监执行建议书中说明情况,并附有关证明材料。

附录 A(规范性附录)

死亡通知书（表式）

<table>
<tr>
<td>

社区服刑人员死亡通知书

（存根）

（ ）___字第___号

姓名_____ 性别_____

出生日期___年___月___日

身份证号码_____

居住地_____

_____

户籍地_____

_____

罪　　名_____

原判刑罚_____

原判刑期_____

矫正类别_____

社区矫正期限_____

执行机关_____

死亡时间及原因_____

发往机关_____人民法院(公安局、监狱管理局)，_____人民检察院。

填发人_____

批准人_____

填发日期　　年　月　日

</td>
<td>

（
）
字
第
号

</td>
<td>

社区服刑人员死亡通知书

（ ）___字第___号

_____人民法院(公安局、监狱管理局)：

社区服刑人员_____,男(女)，身份证号码_____。

居住地_____，

户籍地_____。因犯_____

_____罪于___年__月__日被人民法院判处_____。依据_____

(人民法院、公安局、监狱管理局)_____

号判决书(裁定书、决定书)，管制(缓刑、假释、暂予监外执行)期间，被依法实行社区矫正。因_____

_____

于___年__月__日死亡。

　　特此通知。

（公章）

年　月　日

</td>
</tr>
</table>

附录 B(规范性附录)

社区服刑人员死亡处理规范流程图

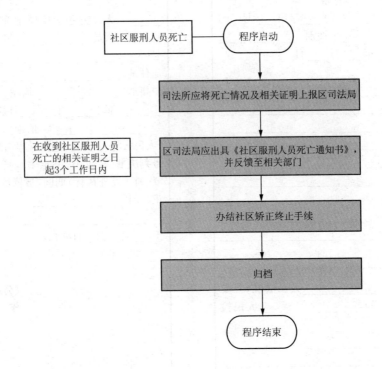

Q/SQJZ

上海市社区矫正管理标准

Q/SQJZ TG1.17—2016

未成年人社区矫正规范

2016-09-14 发布　　　　　　　　　　　　　　　2016-10-01 实施

上海市社区矫正管理局　发布

目　次

前　言

本标准按照 GB/T 1.1-2009 给出的规则起草。

本标准由上海市社区矫正管理局标准化领导小组提出并归口。

本标准起草单位：上海市社区矫正管理局标准化办公室。

本标准主要起草人：张国华、李月峰、盛清。

本标准为首次发布。

未成年人社区矫正规范

1 范围

本标准规定了未成年人社区矫正规范的原则、特殊管理等基本要求。

本标准适用于司法行政机关社区矫正机构对未成年人的管理要求。

2 规范性引用文件

下列文件对于本文件的应用是必不可少的。凡是注日期的引用文件，仅注日期的版本适用于本文件。凡是不注日期的引用文件，其最新版本（包括所有的修改单）适用于本文件。

Q/SQJZ BZ3.6 社区矫正执行档案管理规范。

Q/SQJZ TG1.3 矫正宣告规范。

Q/SQJZ TG1.9 集中教育规范。

Q/SQJZ TG1.10 社区服务规范。

Q/SQJZ TG1.16 解除矫正宣告规范。

Q/SQJZ TG1.20 适应性帮扶规范。

3 术语和定义

未成年社区服刑人员是指犯罪时未满18周岁，被法院判处管制、宣告缓刑、裁定假释或被法院或监狱管理机关决定暂予监外执行的罪犯。

4 原则

4.1 合法原则

对未成年人进行社区矫正，应符合《刑法》、《刑事诉讼法》等有关少年司法的法律规定。

4.2 保密原则

对未成年社区服刑人员给予身份保护。

4.3 人性化原则

对未成年社区服刑人员要根据未成年人的身心健康特征，进行个别化、分类的监督管理和教育矫正。

5 特殊管理

5.1 档案封存

未成年社区服刑人员的执行档案应当保密。除直接工作人员外，其他人员一律不得查阅其犯罪记录和矫正档案（参见 Q/SQJZ BZ3.6 社区矫正执行档案管理规范）。未成年社区矫正工作档案不得上网。

5.2 矫正宣告

未成年社区服刑人员的宣告不公开进行（见 Q/SQJZ TG1.3 矫正宣告规范及 Q/SQJZ TG1.16 解

除矫正宣告规范)。

5.3　分类教育

未成年社区服刑人员应当跟其他社区服刑人员分开,进行集中教育、个别教育、社区服务等(见 Q/SQJZ TG1.9　矫正人员集中教育规范及 Q/SQJZ TG1.10　矫正人员社区服务规范)。

5.4　心理矫正

区矫正中心应对每名未成年社区服刑人员开展心理测试。根据测评结果设置相应的心理矫正课程,建立心理健康档案。

5.5　家长(监护人)配合教育

对未成年社区服刑人员,应该落实其家长或监护人配合进行教育矫正。

5.6　就学就业援助

对于有就学、就业等愿望或需求的未成年社区服刑人员,应当利用帮教资源或社会力量提供必要帮助(见 Q/SQJZ TG1.20　适应性帮扶规范)。

Q/SQJZ

上 海 市 社 区 矫 正 管 理 标 准

Q/SQJZ TG1.18—2016

社区服刑人员权利保障规范

2016-09-14 发布

2016-10-01 实施

上海市社区矫正管理局　发布

目　次

前　　言

本标准按照 GB/T 1.1-2009 给出的规则起草。

本标准由上海市社区矫正管理局标准化领导小组提出并归口。

本标准起草单位:上海市社区矫正管理局标准化办公室。

本标准主要起草人:张国华、李月锋、盛清。

本标准为首次发布。

社区服刑人员权利保障规范

1 范围

本标准规定了社区服刑人员权利保障规范的权利范围、剥夺政治权利、权利保障方式等基本要求。本标准适用于司法行政机关社区矫正机构对社区服刑人员权利保障的要求和规范。

2 规范性引用文件

下列文件对于本文件的应用是必不可少的。凡是注日期的引用文件,仅注日期的版本适用于本文件。凡是不注日期的引用文件,其最新版本(包括所有的修改单)适用于本文件。

Q/SQJZ TG1.3　矫正宣告规范。

3 权利范围

社区服刑人员作为国家公民,在就学、就业和享受社会保障等方面,不受歧视,依法应当享有的各项权利:

a) 人身安全;

b) 合法财产;

c) 辩护;

d) 申诉;

e) 控告;

f) 检举;

g) 其他未被依法剥夺或者限制的权利。

4 剥夺政治权利

法院判决附加剥夺政治权利的假释、暂予监外执行等社区服刑人员,在社区矫正期间或在剥夺政治权利执行期间,被剥夺以下政治权利:

a) 选举权和被选举权;

b) 言论、出版、集会、结社、游行、示威自由的权利;

c) 担任国家机关职务的权利;

d) 担任国有公司、企业、事业单位和人民团体领导职务的权利。

5 权利保障方式

5.1 权利告知

按照 Q/SQJZ TG1.3　矫正宣告规范的要求告知其权利。

5.2 咨询

在就业、就学、技能培训、最低生活保障、住房和户口等方面存在特殊困难的社区服刑人员,可以通过司法所或者区社区矫正中心反映自己的问题,由司法所或区社区矫正机构协调有关部门或社会组织提供帮助。

5.3 投诉

社区矫正执法人员及其他相关人员在工作中出现徇私枉法、滥用职权及其他肆意侵害社区服刑人员的行为,社区服刑人员可以通过下列途径举报:

a) 社区服刑人员所在地的区司法局及社区矫正机构;

b) 社区服刑人员所在地的区人民检察院及社区检察室。

Q/SQJZ

上 海 市 社 区 矫 正 管 理 标 准

Q/SQJZ TG1.19—2016

适应性帮扶规范

2016-09-14 发布   2016-10-01 实施

上海市社区矫正管理局   发布

目　次

前　言

本标准按照 GB/T 1.1-2009 给出的规则起草。

本标准由上海市社区矫正管理局标准化工作领导小组提出并归口。

本标准起草单位：上海市社区矫正管理局标准化工作办公室。

本标准主要起草人：黄晓枫、郑炜、冯文照。

本标准为首次发布。

适应性帮扶规范

1 范围

本标准规定了上海市社区矫正管理局（以下简称矫正局）、区矫正中心、司法所有关社区服刑人员社会适应性帮扶工作的部门职责及权限、工作要求、工作流程等要求。

本标准适用于上海市社区服刑人员社会适应性帮扶工作的规范化管理。

2 规范性引用文件

下列文件对于本文件的应用是必不可少的。凡是注日期的引用文件，仅注日期的版本适用于本文件。凡是不注日期的引用文件，其最新版本（包括所有的修改单）适用于本文件。

Q/SQJZ TG1.2 矫正宣告规范。

Q/SQJZ TG1.3 矫正方案制定规范。

Q/SQJZ TG1.17 未成年人社区矫正规范。

Q/SQJZ BZ6.5 矫正小组工作规范。

3 术语和定义

下列定义适用于本文件。

3.1 适应性帮扶

各级社区矫正机构协调有关部门、组织社会力量，帮助有困难和需求的社区服刑人员实现就业就学，获得社会救助，落实基本社会保障，促进社区服刑人员顺利适应社会的各种帮扶活动。

3.2 社会帮教

政府部门以外的社会组织、企事业单位、个人等社会力量对社区服刑人员开展的帮扶活动。

3.3 过渡性安置

对于无合法住所、无生活来源的社区服刑人员提供临时食宿、劳动、教育和救助的措施。

3.4 未成年社区服刑人员

未满 18 周岁，包括犯罪时未满 18 周岁的社区服刑人员。

4 部门职责及权限

4.1 市社区矫正管理局

指导管理本市社区服刑人员社会适应性帮扶工作，职责及权限包括：

a) 贯彻落实有关适应性帮扶工作的法律、法规、规章和标准；

b) 制定和实施本市适应性帮扶标准；

c) 组织、协调同级政府相关部门履行适应性帮扶职责；

d) 指导、督促区（县）司法局开展社会适应性帮扶工作；

e) 指导社会组织开展帮教服务。

4.2　区司法局社区矫正管理部门

组织实施本区社区服刑人员社会适应性帮扶工作,职责及权限包括:

a) 执行有关适应性帮扶工作的法律、法规、规章和标准;

b) 组织、协调同级政府相关部门履行适应性帮扶职责;

c) 指导、督促司法所开展社会适应性帮扶工作;

d) 指导社会组织开展帮教服务。

4.3　司法所、矫正中心

承担社区服刑人员需求情况了解及相关帮扶政策的落实协调等工作,具体包括:

a) 协调政府相关部门、落实适应性帮扶法律、法规、规章文件;

b) 及时了解、掌握社区服刑人员的生活、工作情况,明确其困难和需求;

c) 引导、帮助有就业就学能力和愿望的社区服刑人员实现就业就学;

d) 引导、帮助生活确有困难的社区服刑人员参加社会保险,获得社会救助;

e) 引导、帮助在落户、住房等方面存在困难的社区服刑人员实现落户、获得过渡性安置,申请廉租房;

f) 引导、帮助确有需求的社区服刑人员获得法律援助、心理援助、纠纷调解等其他帮教服务;

g) 组织、引导群众性团体、基层自治组织及其他社会组织为社区服刑人员提供社会帮扶服务等。

5　帮扶内容

5.1　协助落户

5.1.1　条件

社区服刑人员因被注销户口、迁移户口后,又因婚姻、家庭变故等原因导致无合法住房而无法落户,社区矫正机构应当协调公安机关帮助其落户。

5.1.2　程序

司法所、矫正中心应当指导曾被注销户口或未落户的社区服刑人员到公安派出所申请恢复户口或办理落户申请手续。

5.2　帮助就业

社区矫正机构应当协同人力资源和社会保障部门,开展对社区服刑人员的就业援助:

a) 鼓励、引导和扶持社区服刑人员自谋职业、自主创业;

b) 将人力资源和社会保障部门开展职业技能培训信息提供给社区服刑人员;

c) 将社区服刑人员的就业需求信息及时提供给人力资源和社会保障部门;

d) 帮助、指导接纳就业困难社区服刑人员的用人单位向有关部门申请享受就业促进优惠政策;

e) 对已就业的社区服刑人员通过个别辅导等方式进行不定期跟踪帮教,促进其稳岗乐业。

5.3　帮助就学

社区矫正机构应当配合就读学校并督促其法定监护人,加强对社区服刑人员的就学帮助:

a) 对于未完成义务教育的未成年社区服刑人员,应当引导、帮助其完成义务教育;

b) 协调公安机关做好社区服刑人员的档案封存工作,确保社区服刑人员在复学、升学上不受歧视;

c) 对于非义务教育阶段并有就学意愿的社区服刑人员,应当协调教育主管部门帮助其继续就学;

d) 对于符合教育救助规定的,应协调教育主管部门给予学费减免、发放助学金等救助措施。

5.4 社会救助

司法所、矫正中心应当协调民政部门,加强对社区服刑人员的社会救助:

a) 对于符合最低生活保障认定标准的,应当指导其向街镇社区事务受理服务中心申请最低生活保障;

b) 对于符合低收入困难家庭认定标准且患有重大疾病的,应当指导其向街镇社区事务受理服务中心申请医疗救助等专项救助;

c) 对于因重大疾病、交通事故、火灾等突发事件造成家庭生活困难的,应当指导其向街镇社区事务受理服务中心申请临时生活救助;

d) 对于民政救助后仍无法满足其生活需求的,应当组织动员社会力量给予资助。

5.5 社会保险

5.5.1 司法所、矫正中心应当配合人力资源和社会保障、卫生计生等部门,引导社区服刑人员参加基本养老保险、基本医疗保险、失业保险等社会保险,并依法享受社会保险待遇。

5.5.2 已参加企业职工基本养老保险并实现再就业或已参加城乡居民基本养老保险的,按规定继续参保缴费,在社区矫正期间达到法定退休年龄或养老保险待遇领取年龄的,可按规定领取相应基本养老金。

5.5.3 对于无力缴纳社会保障的生活困难人员,应当协调民政、人力资源和社会部门为其提供相关政府补贴,也可以动员社会力量、慈善机构为其缴纳社会保险提供支持。

5.6 住房安置

5.6.1 社区矫正机构应当配合住房保障部门,帮助生活困难且符合住房救助条件的社区服刑人员,申请廉租住房、公共租赁住房等保障性住房。

5.6.2 市、区社区矫正机构会同人力资源和社会保障、民政等相关部门,组织社会力量建设过渡性安置基地,临时安置无固定住所、无生活来源的社区服刑人员。

5.6.3 过渡性安置基地应当具备食宿、劳动、教育、救助等功能,建立相应的管理制度和管理委员会,并配备社会工作者和帮教志愿者。

5.7 未成年保护

5.7.1 未成年社区服刑人员帮扶

对未成年社区服刑人员帮扶包括:

a) 应当组织社会力量为未成年人社区服刑人员提供相应的帮扶活动,应当对帮扶活动过程中获得的未成年人信息给予保密;

b) 应当为未成年社区服刑人员提供帮困帮学、教学辅导、心理关怀、就业辅导等针对性的帮扶措施。

5.7.2 社区服刑人员未成年子女帮扶

可以通过提供学费、学杂费减免、学业辅导、组织参加校外活动、心理健康辅导等形式的关爱,帮扶社区服刑人员未成年子女。

5.8 其他帮扶措施

区司法局、司法所、矫正中心可以针对社区服刑人员的实际需求,协调相关部门和社会力量,为社区服刑人员提供法律援助、矛盾纠纷调处、心理咨询等其他帮扶措施。

6 工作机制

6.1 矫正小组

6.1.1 司法所、矫正中心应当按照规定为每名社区服刑人员配备社会工作者、帮教志愿者作为矫正小组成员,落实对社区服刑人员基本生活情况了解和基本生活帮扶任务(见 Q/SQJZ BZ6.5 矫正小组规范)。

6.1.2 司法所、矫正中心应当定期、不定期协调民政、人力资源和社会保障、住房保障、教育等相关部门要为矫正小组开展工作给予支持。

6.2 基层群众性自治组织

6.2.1 引导居(村)民委员会协助开展社会适应性帮扶工作:

a) 社区矫正机构可以通过居村委了解、掌握社区服刑人员的工作、生活情况;

b) 协调、指导居村委做好社区服刑人员困难帮扶、就业援助等工作。

6.2.2 社区矫正机构应当协调民政部门,将适应性帮扶工作纳入社区服务体系建设规划,落实经费保障。

6.3 购买社会服务

6.3.1 市、区社区矫正机构,公开择优向依法成立,具有相应专业、等级资质的社会帮教组织购买帮教服务,签订购买服务合同,明确服务项目、要求、保障以及经费和支付方式,加强绩效考核、资金管理和科学评估,建立"政府出资、项目管理、绩效评估"的合作关系。

6.3.2 市社区矫正机构明确社区服刑人员在认知指引、心理辅导、家庭改善、社会适应、就业就学、过渡安置等方面的服务需求,形成规范政府购买服务合同,并指导区社区矫正机构根据工作实际,确定具体的政府购买服务项目。

6.3.3 区社区矫正机构按照社工与社区服刑人员不低于1:30的比例购买社工专业服务,地域面积广或有条件的区可根据实际适当提高社工比例。

6.4 志愿服务

6.4.1 普及社区矫正志愿服务理念,通过媒体宣传、专场招聘会、与行业协会协作、专题讲座等途径,广泛动员社会热心人士支持、参与社区矫正志愿服务,努力扩大法律、教育、医疗、社会工作、心理咨询等专业志愿者的比例。

6.4.2 鼓励企事业单位、公益慈善组织或个人对帮教志愿服务进行资助。

6.4.3 指导市、区社会帮教志愿者组织加强内部治理,改进志愿者招募、注册、培训、管理、服务记录等制度,增强资源整合和资金募集能力。

6.4.4 指导社会帮教志愿者组织加强志愿服务规划,开展多层次的督导和培训,推动志愿者在社工的引领下开展志愿服务。

6.4.5 积极协调民政、司法行政、综治、人力资源和社会保障等部门细化落实志愿服务政策,建立有利于规范志愿服务的具体制度,确保志愿者享有培训、补贴、保险、奖励、表彰等权利和待遇。

6.5 引导企事业单位

6.5.1 动员企事业单位通过捐赠物资、提供工作岗位、提供专业服务、共建过渡性就业基地和中途之家等方式,为社区服刑人员融入社会提供帮助。

6.5.2 录用符合条件社区服刑人员的企业可按规定享受税收减免和社会保险补贴等优惠政策。

6.6 建立部门协调机制

6.6.1 市、区社区矫正机构应当协调综合治理、公安、教育、民政、财政、人力资源和社会保障、税务、工商、住房与城乡建设、卫生计生等相关部门,建立社区矫正联席会议制度和联络员会议制度,定期通报工作情况,交流数据信息,研究处理疑难问题。

6.6.2 司法所应当协调联系街道(乡镇)相关部门和居(村)民委员会,建立例会和通报制度,并指导矫正小组,做好社会适应性帮扶日常工作。

Q/SQJZ

上 海 市 社 区 矫 正 管 理 标 准

Q/SQJZ TG1.20—2017
代替 Q/SQJZ TG1.20—2016

社区矫正重点对象、重要对象管理规范

2017-04-12 发布　　　　　　　　　　　　2017-04-19 实施

上海市社区矫正管理局　发布

目　　次

前　言

本标准按照 GB/T 1.1-2009 给出的规则起草。

本标准由上海市社区矫正管理局标准化工作办公室提出并归口。

本标准起草单位:上海市社区矫正管理局标准化工作办公室。

本标准主要起草人:张国华、李月锋、盛清、朱斐。

本标准比照前 Q/SQJZ TG1.20-2016 增加了工作流程图。

社区矫正重点对象、重要对象管理规范

1 范围

本标准规定了上海市社区矫正管理机构有关社区矫正重点对象、重要对象管理工作的责任部门及职责、社区矫正重点对象管理、社区矫正重要对象管理、共同管理要求等要求。

本标准适用于上海市社区矫正重点对象管理工作的规范化管理。

2 规范性引用文件

下列文件对于本文件的应用是必不可少的。凡是注日期的引用文件，仅注日期的版本适用于本文件。凡是不注日期的引用文件，其最新版本（包括所有的修改单）适用于本文件。

Q/SQJZ TG1.14　考核与管理规范。

Q/SQJZ TG1.17　特殊情况处理规范。

Q/SQJZ BZ3.6　社区矫正执行档案管理规范。

Q/SQJZ TG1.5　报告规范。

Q/SQJZ TG1.12　调查评估规范。

Q/SQJZ TG1.23　电子实时监管规范。

Q/SQJZ TG1.24　社区矫正动态分析研判工作规范。

3 责任部门及职责

3.1　市社区矫正管理局

指导、规范本市社区矫正重点对象、重要对象的管理工作，职责包括：

a) 制定、实施有关本市社区矫正重点对象、重要对象管理的规定、标准；

b) 指导、督促区司法局做好对社区矫正重点对象、重要对象的管理；

c) 定期开展对本市社区矫正重点对象、重要对象管理工作的检查考核；

d) 及时做好对本市社区矫正重点对象、重要对象管理工作的经验总结、推广。

3.2　区司法局

组织实施本区社区矫正重点对象、重要对象管理工作，职责包括：

a) 执行有关社区矫正重点对象、重要对象管理的规定、标准；

b) 指导、督促司法所做好对社区矫正重点对象、重要对象的列管和动态管理；

c) 定期开展对本区社区矫正重点对象、重要对象管理工作的检查考核；

d) 及时做好对本区社区矫正重点对象、重要对象的动态分析、经验总结和重大信息上报。

3.3　司法所

承担本街(镇)社区矫正重点对象、重要对象的管理工作，职责包括：

a) 执行有关社区矫正重点对象、重要对象管理的规定、标准；

b) 走访、排摸发现应列管的社区矫正重点对象、重要对象，及时调查取证、核实列管依据；

c) 及时填报社区矫正重点对象列（撤）管审批材料，并报区（县）司法局；

d) 落实对社区矫正重点对象、重要对象的动态管理措施；

e) 及时做好有关社区矫正重点对象、重要对象的动态分析、经验总结和重大信息上报。

3.4 矫正小组

对已列管的重点对象、重要对象，其矫正小组成员应当配备中级社工或资深社工，配备具备社会工作、教育、心理、法律服务等专业帮教能力的社会帮教志愿者。

4 社区矫正重点对象管理

4.1 重点对象范围

社区矫正重点对象包括：

a) 有重新违法犯罪现实危害的社区服刑人员；

b) 因矛盾纠纷激化，可能影响社会稳定的社区服刑人员；

c) 不服从社区矫正管理，经教育不改的社区服刑人员；

d) 其他应当列入重点对象的社区服刑人员。

4.2 分类处置

4.2.1 对有重新违法犯罪嫌疑的重点对象，司法所应立足社区开展调查，收集有价值的线索，发现有现实犯罪活动情形的，应及时向区司法局报告，并提请公安机关处置。

4.2.2 对不服从社区矫正监管的重点对象，司法所应核实具体情形，对故意违反社区矫正工作规定，屡教不改的，应当按 Q/SQJZ TG1.15 社区服刑人员考核与管理规范的要求给予警告等处罚。

4.2.3 对可能影响社会稳定的重点对象，司法所应当积极会同社会工作者、志愿者、相关单位和近亲属，做好耐心细致的教育疏导工作，控制、缓解矛盾。发现有重大紧急情况，应在加强稳控的同时，按照 Q/SQJZ TG1.18 社区服刑人员特殊情况处理规范的要求向区司法局报告。

4.3 管理措施

4.3.1 司法所按照 Q/SQJZ BZ3.6 社区矫正执行档案管理规范的要求对所有社区矫正重点对象建立一人一档，做好面谈记录、走访笔录等动态情况积累。

4.3.2 司法所对所有社区矫正重点对象，要及时掌握动态情况，按照 Q/SQJZ TG1.5 报告规范的要求至少每周 1 次以上面谈，把握重点对象的经济来源、社会交往、生活作息规律等内容。

4.3.3 司法所按照 Q/SQJZ TG1.13 社区服刑人员调查评估规范的要求对管辖范围内所有社区矫正重点对象至少每月进行 1 次社区调查，走访居村委干部、亲友、邻里，了解重点对象动态，并做好笔录等证明材料。

4.3.4 司法所对列入社区矫正重点对象的人员，可采用即时通信、电子监控或其他信息化手段，跟踪掌握其日常活动情况（参见 Q/SQJZ TG1.23 电子实时监管规范）。

4.3.5 重点时段、重大活动期间或者遇有特殊情况，司法所应实行重点对象"日报到"制度，掌握重点对象即时行踪和动态（参见 Q/SQJZ TG1.5 报告规范）。

4.3.6 社区矫正重点对象离开本市或居住地变更，应按照 Q/SQJZ TG1.7 离开居住地审批规范及 Q/SQJZ TG1.8 居住地变更审批规范的要求，经区司法局分管领导审批同意方可进行。变更居住地的，迁出地司法所应及时转递重点对象相关档案材料，迁入地司法所应重新列管、建档。

4.4 列（撤）管程序

4.4.1 列管时间

社区矫正重点对象依照"发现即列管"的原则。

4.4.2 列管依据

司法所通过走访、排摸发现应列管的社区矫正重点对象后，应及时调查取证、核实不服从社区矫正管理的具体表现、矛盾纠纷激化的具体事例等列管依据。

4.4.3 审批流程

经调查核实后，对应纳入社区矫正重点对象管理的社区服刑人员，司法所专职干部应及时填报《社区矫正重点（重要）对象列管审批表》（见附录 A），并附相关调查证明材料，报司法所所长审核，经区司法局分管领导审批同意后，纳入社区矫正重点对象管理。

4.4.4 撤管的依据和流程

对应当撤管的重点对象，司法所专职干部应及时填报《社区矫正重点对象撤管审批表》（见附录 B），列明撤管依据，报司法所所长审核，经区司法局分管领导审批后予以撤管。

5 社区矫正重要对象管理

5.1 重要对象范围

社区矫正重要对象包括：

a）因危害国家安全被判处刑罚的社区服刑人员；

b）因涉邪、涉黑被判处刑罚的社区服刑人员；

c）曾担任县处级以上领导干部职务的社区服刑人员；

d）在全国和本市有一定社会影响力的知名人士的社区服刑人员；

e）所涉案件是引起社会广泛关注的重特大案件的社区服刑人员；

f）港澳台、外国籍的社区服刑人员；

g）其他应当列入重要对象的社区服刑人员。

5.2 管理措施

5.2.1 司法所对所有社区矫正重要对象建立一人一档，做好动态情况积累。

5.2.2 司法所应通过各种渠道掌握重要对象的言行动态，从其周边人员处定期收集信息。重点时段、重大活动期间，司法所应加强对重要对象关注度，实时掌握其行踪和动态。

5.2.3 司法所发现重要对象有过激言行的，要及时向区司法局报告，按照上级要求协助有关部门妥善处置。

5.2.4 对同时列入重点对象管理的社区服刑人员，还应采取重点对象管控措施。

5.3 列管程序

对应当列入重要对象的人员，司法所专职干部应及时填报《社区矫正重点（重要）对象列管审批表》，报司法所所长审核，经区司法局分管领导审批同意后，列入社区矫正重要对象管理。社区矫正重要对象在社区矫正期间，不予撤管。

6 共同管理要求

6.1 动态分析

各区司法局社区矫正机构应落实专人负责社区矫正重点对象、重要对象管理工作，按照 Q/SQJZ

TG1.25 社区矫正动态分析研判工作规范的要求,每月组织召开重点对象、重要对象动态分析会,总结经验,分析材料及时上报。

6.2 信息上报

重点对象、重要对象有重要情况发生,司法所要在第一时间向区司法局口头汇报,并迅速补报书面详细材料。区司法局要协助有关部门及时处置,并向市矫正办报告。

6.3 总结完善

各区司法局要加强对司法所开展社区矫正重点对象、重要对象管理工作的指导,注意总结推广成功经验和做法。对存在的倾向性、普遍性的突出问题,要及时深入调研、提出对策,并向市矫正局报告。

6.4 考核检查

市、区司法局要定期开展对社区矫正重点对象、重要对象管理工作的检查考核,对工作取得明显成效的要给予奖励和表扬,对工作不负责任、造成严重后果的,要通报批评并追究相应人员的责任。

附录 A(规范性附录)

社区矫正重点（重要）对象列管审批表

姓名		性别		婚姻状况		出生年月	
矫正类别		矫正期限				前科案由	
有效证件及号码			户籍地				
			居住地				
工作单位				列管类别			
矫正小组	成员		姓名		联系方式		
	司法所专职干部						
	社区民警						
	社工						
	居村委干部						
	志愿者						
列管依据：							
拟列管措施							

（续表）

矫正小组意见	签名： 年　月　日
审核意见 （司法所）	签名： 年　月　日
审批意见 （区司法局）	签名： 年　月　日

注：1. 本表由司法所社区矫正专职干部填写。
2. "前科案由"栏目，多次接受处罚的，填写最近一次罪错案由。
3. "列管类别"栏目，指重点对象、重要对象。

附录 B(规范性附录)

社区矫正重点对象撤管审批表

姓名		性别		婚姻状况		出生年月	
矫正类别		矫正期限				前科案由	
有效证件及号码			户籍地				
			居住地				
工作单位			列管日期				
撤管依据:							
矫正小组意见						签名: 年 月 日	
审核意见 (司法所)						签名: 年 月 日	
审批意见 (区司法局)						签名: 年 月 日	

注:"前科案由"栏目,多次接受处罚的,填写最近一次罪错案由。

附录C(规范性附录)

重点对象管理规范流程图

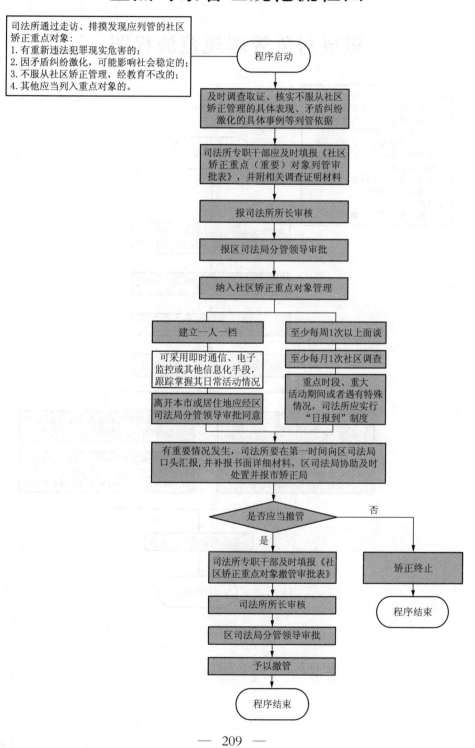

司法所通过走访、排摸发现应列管的社区矫正重点对象:
1. 有重新违法犯罪现实危害的;
2. 因矛盾纠纷激化,可能影响社会稳定的;
3. 不服从社区矫正管理,经教育不改的;
4. 其他应当列入重点对象的。

程序启动

及时调查取证、核实不服从社区矫正管理的具体表现、矛盾纠纷激化的具体事例等列管依据

司法所专职干部应及时填报《社区矫正重点(重要)对象列管审批表》,并附相关调查证明材料

报司法所所长审核

报区司法局分管领导审批

纳入社区矫正重点对象管理

建立一人一档

可采用即时通信、电子监控或其他信息化手段,跟踪掌握其日常活动情况

离开本市或居住地应经区司法局分管领导审批同意

至少每周1次以上面谈

至少每月1次社区调查

重点时段、重大活动期间或者遇有特殊情况,司法所应实行"日报到"制度

有重要情况发生,司法所要在第一时间向区司法局口头汇报,并补报书面详细材料,区司法局协助及时处置并报市矫正局

是否应当撤管

否

是

司法所专职干部及时填报《社区矫正重点对象撤管审批表》

司法所所长审核

区司法局分管领导审批

予以撤管

程序结束

矫正终止

程序结束

附录 D(规范性附录)

重要对象管理规范流程图

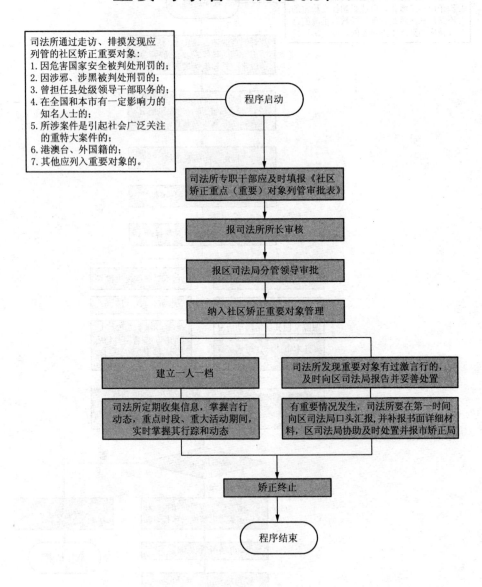

司法所通过走访、排摸发现应列管的社区矫正重要对象:
1. 因危害国家安全被判处刑罚的;
2. 因涉邪、涉黑被判处刑罚的;
3. 曾担任县处级领导干部职务的;
4. 在全国和本市有一定影响力的知名人士的;
5. 所涉案件是引起社会广泛关注的重特大案件的;
6. 港澳台、外国籍的;
7. 其他应列入重要对象的。

程序启动

司法所专职干部应及时填报《社区矫正重点(重要)对象列管审批表》

报司法所所长审核

报区司法局分管领导审批

纳入社区矫正重要对象管理

建立一人一档

司法所定期收集信息,掌握言行动态,重点时段、重大活动期间,实时掌握其行踪和动态

司法所发现重要对象有过激言行的,及时向区司法局报告并妥善处置

有重要情况发生,司法所要在第一时间向区司法局口头汇报,并补报书面详细材料,区司法局协助及时处置并报市矫正局

矫正终止

程序结束

Q/SQJZ

上 海 市 社 区 矫 正 管 理 标 准

Q/SQJZ TG1.21—2016

个别教育管理规范

2016-09-14 发布

2016-10-01 实施

上海市社区矫正管理局　发布

目　次

前　言

本标准按照 GB/T 1.1-2009 给出的规则起草。

本标准由上海市社区矫正管理局标准化工作办公室提出并归口。

本标准起草单位:上海市社区矫正管理局标准化工作办公室。

本标准主要起草人:杨挺、曹莉莉、乔明强。

本标准为首次发布。

个别教育管理规范

1 范围

本标准规定了社区服刑人员个别教育工作的责任部门及职责、工作实施、工作管理等要求。

本标准适用于上海市社区服刑人员个别教育工作的规范化管理。

2 规范性引用文件

下列文件对于本文件的应用是必不可少的。凡是注日期的引用文件,仅注日期的版本适用于本文件。凡是不注日期的引用文件,其最新版本(包括所有的修改单)适用于本文件。

Q/SQJZ TG1.24 社区矫正动态分析研判工作规范。

Q/SQJZ TG1.14 考核与管理规范。

3 术语和定义

下列定义适用于本文件。

个别教育是指社区矫正工作人员遵循教育矫正个别化原则,根据社区服刑人员的个体特点,采取针对性措施,矫正其不良心理及行为,提高其适应社会能力的教育矫正活动。

4 部门职责及权限

4.1 市社区矫正管理局

负责全市社区矫正个别教育工作,主要职责有:

a) 贯彻落实有关社区矫正个别教育工作的法律、规章和规定;

b) 研究、制定本市社区矫正个别教育工作的规定、标准;

c) 规划部署本市社区矫正个别教育工作;

d) 指导、评估区社区矫正机构开展个别教育工作情况。

4.2 区社区矫正机构

负责组织实施本区社区矫正个别教育工作,主要职责有:

a) 执行有关社区矫正个别教育工作的法律、规章和规定;

b) 组织实施本区个别教育工作;

c) 检查、指导、评估司法所个别教育工作;

d) 开展本区个别教育的培训、交流、研讨等活动。

4.3 司法所

具体承担本街(镇)社区矫正个别教育工作,职责主要有:

a) 执行有关社区个别教育矫正工作的法律、规章和规定;

b) 组织实施本街(镇)个别教育工作;

c) 引导社区资源参与个别教育工作；

d) 积极协调相关单位，建立必要的个别教育场所。

5　个别教育工作要点

5.1　信息掌握

个别教育应当注重收集社区服刑人员的基本情况、矫正表现等信息，通过与社区服刑人员的直接接触，结合翻阅档案、批阅情况汇报、走访家庭及社区居委等方式，全面了解社区服刑人员。

5.2　方案评估

个别教育应当根据社区服刑人员的矫正方案，结合社区服刑人员月度情况报告以及风险、心理、需求评估等情况，确定个别教育的内容和形式。

5.3　教育对象

社区服刑人员有下列情形之一的，社区矫正工作人员应当及时进行个别教育：

a) 入矫宣告、解矫宣告的；

b) 受到奖惩的；

c) 居住地变更，纳管地发生变动的；

d) 外出请假的；

e) 个人、家庭情况有重大变故的；

f) 其他需要进行个别教育的。

5.4　教育内容

社区服刑人员的个别教育，要始终以在刑意识教育和认罪服法教育为核心，以守法意识教育和行为规范教育为基础。这两项教育内容要贯穿于社区矫正的整个过程。要结合社区矫正人员的实际，根据分类矫正的要求，有针对性地开展相关教育学习活动。

社区服刑人员个别教育应当包括以下基本内容：

5.4.1　在刑意识教育。重在使社区矫正人员正确认识自己的罪犯身份，掌握接受社区矫正所必须遵守的规定以及违反规定的后果。

5.4.2　认罪服法教育。重在促使社区矫正人员准确理解什么是犯罪，自己犯的到底是什么罪，犯罪行为对国家、社会及家庭有哪些危害，促使其结合自己的自身犯罪行为深刻反省。

5.4.3　守法意识和行为规范教育。主要包括我国基本法律法规，特别是宪法、刑法、刑事诉讼法等法律法规教育，增强社区矫正人员学法、懂法、用法的意识，促使其自觉接受社区矫正，自觉依法规范自身行为，培养其依法办事的意识和能力。

5.4.4　思想文化和社会认知教育。主要包括公民道德规范，社会家庭伦理观念，国家政治、经济、社会发展形势以及有关文化知识等，引导社区矫正人员逐步树立正确的人生观、价值观、世界观，促使社区矫正人员正确认识其在工作、家庭、社交等不同环境中的"身份"意识和角色定位，增强其社会责任感。在此基础上，根据社区矫正人员的实际，可以开设一些知识性、实用性的教育科目，提高社区矫正人员的文化水平和认知水平。

5.4.5　心理健康教育。主要包括普及心理健康知识，帮助社区矫正人员树立良好的心理健康意识，帮助其适时调整工作、生活中的心理状态。

5.4.6　就业和社会保障教育。主要包括与公民工作、生活等紧密相关的就业促进、社会保障和帮困扶助等民生方面的法律、法规和政策，使社区矫正人员树立正确的就业观，了解获得相关社会保障和社会救助的途径,帮助社区矫正人员能够正确办理有关社会保障、民政救济救助方面的事项。

5.5　教育形式

5.5.1　个别教育采取在矫正中心、司法所、社工点面谈和上门走访相结合的形式。

5.5.2　上门走访开展个别教育应由社区矫正工作人员 2 人以上同行。

5.5.3　对于请假外出无法面谈的社区服刑人员,社区矫正工作人员可以采取电话、视频等即时通信方式进行教育。

5.5.4　对于不服从监管以及有违法犯罪倾向的社区服刑人员,区社区矫正机构应组织对其开展训诫。

5.6　教育频率

5.6.1　对初期矫正阶段、一级矫正阶段和列入重点对象的社区服刑人员,个别教育频率为每周不少于 1 次。

5.6.2　对二级矫正阶段的社区服刑人员,个别教育频率每半月不少于 1 次。

5.6.3　对三级矫正阶段的社区服刑人员,个别教育频率为每月不少于 1 次。

5.6.4　在重要节日、重点时段、重大活动期间,应当根据排摸的社区服刑人员情况,加强个别教育。

5.7　特殊人员教育

5.7.1　重点对象

重点对象的个别教育由矫正民警负责,专职干部予以配合。

5.7.2　重要对象

重要对象的个别教育由专职干部负责,矫正民警、社工予以配合。

5.7.3　未成年人教育

未成年社区服刑人员的教育学习,以个别教育为主,由区社区矫正机构专人负责。

5.8　问题发现及处置

在个别教育过程中,社区矫正工作人员发现社区服刑人员存在重大问题,应当采取个案会诊、危机干预等方法进行有效处置,并及时上报情况。

5.9　工作记录

个别教育应当及时做好工作记录,清晰、客观、全面地反映教育主题、教育内容、教育效果及分析等内容(工作记录表格参见上海市社区矫正工作管理系统业务模块的"个别教育")。

5.10　个案管理

5.10.1　社区矫正机构应当加强教育矫正工作个案库的建设,加强典型个案的收集和积累,发挥个案的教育、借鉴、指导作用。

5.10.2　区社区矫正机构、司法所应将个别教育工作开展情况纳入动态分析研判工作(见 Q/SQJZ TG1.24　社区矫正动态分析研判工作规范),每月开展重点对象集体会诊、典型个案分析等工作。

5.11　业务交流

区社区矫正机构应定期组织开展个别教育经验交流会、研讨会、个别教育能手评选等活动,加强个别教育工作培训,研究个别教育工作规律。

5.12　考核奖惩

社区矫正机构应当将社区服刑人员接受个别教育的情况作为对其实施日常行为奖惩的依据,对无故不参加个别教育的社区服刑人员,根据 Q/SQJZ TG1.14　考核与管理规范的要求予以处罚。

Q/SQJZ

上 海 市 社 区 矫 正 管 理 标 准

Q/SQJZ TG1.22—2016

电子实时监管规范

2016-09-14 发布

2016-10-01 实施

上海市社区矫正管理局　发布

目　次

前　言

本标准按照 GB/T 1.1-2009 给出的规则起草。

本标准由上海市社区矫正管理局标准化工作办公室提出并归口。

本标准起草单位：上海市社区矫正管理局标准化工作办公室。

本标准主要起草人：张国华、沈雨潮、徐鑫。

本标准为首次发布。

电子实时监管规范

1 范围

本标准规定了上海市社区矫正管理局(以下简称矫正局)、矫正中心、司法所有关社区服刑人员电子实时监督管理工作的责任部门及职责、工作要求、工作流程等要求。

本标准适用于上海市社区服刑人员电子实时监督管理工作的规范化管理。

2 规范性引用文件

下列文件对于本文件的应用是必不可少的。凡是注日期的引用文件,仅注日期的版本适用于本文件。凡是不注日期的引用文件,其最新版本(包括所有的修改单)适用于本文件。

Q/SQJZ BZ3.1 信息化设备管理规范。

Q/SQJZ TG1.3 矫正宣告规范。

Q/SQJZ TG1.5 报告规范。

Q/SQJZ TG1.14 考核与管理规范。

3 术语与定义

下列定义适用于本文件。

电子实时监督管理是指借助电子设备,对社区服刑人员的行动轨迹进行实时监督,保障非监禁刑罚有效执行的管理手段。

4 责任部门及职责

4.1 市社区矫正管理局

刑罚执行处是本市对社区服刑人员实行电子实时监管的监督管理的归口部门。负责制定电子实时监管的规范;对区司法行政机关社区矫正机构实行电子实时监管工作的指导、监督。

4.2 区矫正中心、司法所

区矫正中心具体落实辖区内社区服刑人员电子实时监管工作的实施;做好与区公安机关、法院、检察院的协调配合工作。

5 监管对象及内容

5.1 电子监管对象

5.1.1 应当适用对象

人民法院、人民检察院要求、建议或者公安机关、监狱管理机关决定实施电子监管的,社区矫正机构应当对社区服刑人员实施电子监管。

5.1.2 可以适用对象(3个月以内)

新纳入社区矫正3个月以内(含3个月)且未被人民法院、人民检察院要求、建议或者公安机关、监狱管理机关决定实施电子监管的,社区矫正机构可以决定对社区服刑人员实施电子监管。

5.1.3 可以适用对象(3个月以后)

纳入社区矫正3个月后,社区服刑人员有下列情形之一的,社区矫正机构可以决定实施电子监管:

a) 经社区矫正机构评估认为再犯罪风险较高或监管比较困难的;

b) 被判处管制、宣告缓刑同时适用禁止令且处于禁止令期间的;

c) 因违反监督管理规定受到警告处理的;

d) 受到治安管理处罚,尚不符合提请收监执行条件的。

5.1.4 适用例外

社区服刑人员因身体原因不适宜佩戴电子监管设备的,经区社区矫正机构批准可以不予实施电子监管。

5.2 监管内容

对社区服刑人员实施电子实时监管,包括以下方面:

a) 遵守法律、行政法规的情况;

b) 遵守报到、报告、会客、外出、居住地变更的情况;

c) 按照规定参加集中教育、个别教育、社区服务的情况;

d) 被判处管制的社区服刑人员遵守不得行使集会、结社、游行、示威自由的权利的情况;

e) 适用禁止令的社区服刑人员遵守审判机关判处禁止令的情况。

6 工作流程

6.1 监管决定

6.1.1 社区矫正机构可以根据人民检察院的建议或社区矫正监督管理需要,决定对社区服刑人员实施电子监管。

6.1.2 根据人民法院、公安机关、监狱管理机关的通知,社区矫正机构派员到场为社区服刑人员佩戴电子监管设备。

6.2 监管宣告

6.2.1 宣告场合

区司法局应当组织社区服刑人员实施、延长、解除电子实时监管的宣告会。

6.2.2 参见人员

6.2.2.1 宣告会在区县社区矫正中心举行,社区矫正民警、矫正小组专职干部、社工、社区服刑人员应当参加宣告。

6.2.2.2 矫正小组其他成员可以参加宣告。

6.2.2.3 可以邀请同级检察机关、公安机关派员参加。

6.2.3 宣告要点

6.2.3.1 新纳管社区服刑人员实施电子实时监管的,应当在入矫宣告会(见 Q/SQJZ TG1.3 矫正宣告规范)时即予以宣告。

6.2.3.2 对社区服刑人员实施电子实时监管的,区县司法局应向其宣读电子实时监管决定书(见附录A),发放告知书(见附录B),并明确告知在监管期间应遵守的相关规定,以及违规的后果,同时要求其签订接受监管承诺书(见附录 C)。

6.2.3.3　社区服刑人员拒绝签订接收监管承诺书的,不影响电子实时监管的实施。

6.3　监管过程记录

6.3.1　区司法局建立信息监控中心,负责电子监管设备的保管以及监管系统的管理(见 Q/SQJZ BZ3.1　信息化设备管理规范)。

6.3.2　信息监控中心设立专门的场所存放电子监管设备,由专人负责设备的接收、发放、更换、作废等工作,并登记在册。

6.3.3　安排专人负责电子实时监管系统的使用、维护以及实时查看、处理社区服刑人员情况,工作时间内每小时至少查看 1 次。

6.3.4　区司法局结合社区服刑人员的实际,确定电子实时监管的具体方案。

6.3.5　发现电子监管设备异常或社区服刑人员存在违反监管规定的情况,应及时处置,查清原因,并根据具体情况,向社区服刑人员发出行为指令。

6.3.6　实施电子监管的社区服刑人员有下列情形之一的,应当予以警告:

a) 故意人机分离或采取以丢弃、损毁、不及时充电以及设法屏蔽电子信号等手段,逃避监管的;

b) 电子监管设备关闭、失去信号或人机分离,未在规定时间内通过有效方式和途径报告监管工作人员或未及时按照监管工作人员指令行事,累计 3 次以上;

c) 接到越界、与同案犯或受害人解除的报警后,未及时采取有效措施终止违规行为或状态,经监管工作人员提示仍不及时改正,累计 3 次以上的;

d) 其他电子监管设备异常或社区服刑人员存在违反监管规定的情况发生后,未在规定时间内通过有效方式和途径报告监管工作人员或未及时按照监管工作人员指令行事,累计 3 次以上的。

6.3.7　区司法局做好社区服刑人员电子实时监管情况的记录,作为进行奖惩或制定针对性的教育矫正方案的重要依据。

6.4　设备维护、收回和更换

6.4.1　电子实时监管设备由市社区矫正管理局统一提供。设备日常营运和维护费用由区司法局承担。

6.4.2　社区服刑人员解除电子实时监管的,区司法局应及时收回监管设备。

6.4.3　电子实时监管设备因正常原因损毁的,由区司法局报市社区矫正管理局备案后,及时更换。

6.5　电子监管期限

6.5.1　社区服刑人员初次实施电子监管的期限不得少于 3 个月。

6.5.2　剩余矫正期不足 3 个月的,剩余矫正期限即为电子监管期限。

6.5.3　社区服刑人员电子监管期限届满、纳入电子监管的情形消失、死亡或依法收监执行的,应当解除电子监管。

6.5.4　需要延长的,应由区社区矫正机构书面决定。

6.6　拒不接受电子监管的处理

社区服刑人员不服从社区矫正机构管理,拒不接受电子监管,经教育仍不改正的,社区矫正机构应当予以警告(见 Q/SQJZ TG1.14　考核与管理规范),同时可以采取日报到(告)、周训诫和月汇报等措施加强监管(见 Q/SQJZ TG1.5　报告规范)。

附录 A(规范性附录)

关于对社区服刑人员_____实施电子监管的决定

社区服刑人员_____,(以下为社区服刑人员的基本情况,主要包括性别、年龄、出生年月、居住地、罪名、矫正期限等)

因你(决定佩戴的原因)。根据最高人民法院、最高人民检察院、公安部、司法部《社区矫正实施办法》第19条以及上海市《关于贯彻落实〈社区矫正实施办法〉的实施细则》第36条,决定对你实施电子实时监管。

监管自___年___月___日始至___年___月___日止,期限___个月。

在电子实时监管期间,你应当严格遵守电子实时监管的有关规定,自觉服从监管要求,履行承诺书上的承诺内容。如违反,矫正机构将依据相关规定给予你日常行为奖惩,情节严重的,将提请人民法院对你收监执行原判刑罚。

司法局(盖章)

年 月 日

说明:本决定一式三份,司法局、司法所、社区服刑人员各持一份。

附录 B(规范性附录)

电子监管告知书

_____:

根据《关于对社区服刑人员_____实施电子实时监管的决定书》/_____法院的_____(相关法律文书),你已被纳入电子实时监管,现将有关事项告知如下:

一、佩戴期限为:___年___月___日至___年___月___日。

二、在电子实时监管期间,你应当严格遵守下列规定:

(一)随身携带监管设备,与监视器距离不超出 5 米有效范围;

(二)妥善保管监管设备,丢弃、遗失或损毁的,应予赔偿;

(三)及时充电,保持监管设备每天 24 小时处于正常使用状态;

(四)设备无法正常使用时,在 2 小时内通过电话、短信或其他途径报告监管工作人员,并按指令行事;

(五)在接到越界、与同案犯或受害人接触等报警提示后,立即采取措施终止违规行为或状态,并及时向监管工作人员汇报情况;

(六)接到监管工作人员监管指令后,及时按指令行事。

三、如违反上述规定的,将对你给予警告处理;情节严重的,将由社区矫正机构对你依法启动提请收监执行原判刑罚/提请治安管理处罚程序。

决定机关(盖章)

以上内容我已阅读并已知晓。

社区服刑人员签名
年　月　日

说明:本告知书一式三份,决定机关、执行机关、社区服刑人员各持一份。

附录C(规范性附录)

电子实时监管承诺书

本人_____承诺在电子实时监管期间,做到以下事项:

(一)严格遵守《电子实时监管告知书》规定的各项内容;

(二)妥善保管电子监管设备,如果丢弃、遗失或损毁电子设备,按照规定赔偿;

(三)保证监管设备每天24小时处于正常使用状态;

(四)及时查看监管设备使用状态,如设备状态异常,立即向监管工作人员报告;

(五)保证至少有一条途径可以及时接收监管工作人员指令,并在接到指令后,立即按指令行事。

社区服刑人员签名

年　月　日

(一式三份,司法局、司法所、社区服刑人员各持一份)

Q/SQJZ

上 海 市 社 区 矫 正 管 理 标 准

Q/SQJZ TG1.23—2017
代替 Q/SQJZ TG1.23—2016

社区矫正动态分析研判工作规范

2017-04-12 发布   2017-04-19 实施

上海市社区矫正管理局   发布

目　　次

前　　言

本标准按照 GB/T 1.1-2009 给出的规则起草。

本标准由上海市社区矫正管理局标准化工作办公室提出并归口。

本标准起草单位：上海市社区矫正管理局标准化工作办公室。

本标准主要起草人：张国华、李月锋、盛清、朱斐。

本标准比照 Q/SQJZ TG1.23-2016 增加了工作流程图。

社区矫正动态分析研判工作规范

1 范围

本标准规定了上海市社区矫正管理局(以下简称矫正局)、区司法局、司法所有关社区矫正动态分析研判工作的责任部门及职责、工作流程、工作标准等要求。

本标准适用于上海市社区矫正动态分析研判工作的规范化管理。

2 规范性引用文件

下列文件对于本文件的应用是必不可少的。凡是注日期的引用文件,仅注日期的版本适用于本文件。凡是不注日期的引用文件,其最新版本(包括所有的修改单)适用于本文件。

Q/SQJZ TG1.9 集中教育规范。

Q/SQJZ TG1.10 社区服务规范。

Q/SQJZ TG1.12 调查评估规范。

Q/SQJZ TG1.21 社区矫正重点对象、重要对象管理规范。

Q/SQJZ TG1.22 个别教育管理规范。

3 责任部门及职责

3.1 市社区矫正管理局

负责本市社区矫正动态分析研判工作,职责及权限包括:

a) 制定和实施本市社区矫正动态分析研判工作标准和要求;

b) 组织召开本市社区矫正动态研判会议;

c) 指导、督促区司法局开展社区矫正动态分析研判工作。

3.2 区司法局

组织实施本区社区矫正动态分析研判工作,职责及权限包括:

a) 执行有关社区矫正动态分析研判标准和要求;

b) 组织召开本区社区矫正动态研判会议;

c) 指导、督促司法所开展社区矫正动态分析研判工作。

3.3 司法所

具体承担本街(镇)社区矫正动态分析研判工作,职责包括:

a) 执行有关社区矫正动态分析研判标准和要求;

b) 全面收集社区服刑人员动态;

c) 定期召开司法所分析研判会;

d) 及时做好社区服刑人员的动态研究,制定并落实整改措施。

4 工作流程

4.1 信息收集

司法所要通过社区服刑人员集中教育(见 Q/SQJZ TG1.9 集中教育规范)、个别教育(见 Q/SQJZ TG1.22 个别教育管理规范)、社区服务(见 Q/SQJZ TG1.10 社区服务规范)、社区走访调查(见 Q/SQJZ TG1.12 调查评估规范)等途径,全面收集工作、生活、学习以及交友圈等社区服刑人员的动态。

4.1.1 区司法局要收集、梳理各司法所社区矫正动态分析研判报告、司法所上报的信息或材料、公检法司或其他渠道获取的信息或材料。

4.2 召开会议

4.2.1 司法所动态分析研判会

4.2.1.1 司法所动态分析研判会每半月召开 1 次,由司法所所长主持,司法所专职干部、社工参加。

4.2.1.2 必要时,可邀请社区民警参加。

4.2.1.3 区司法局职能部门专职干部每月至少检查、指导和参与 1 次司法所动态分析研判会。

4.2.2 区司法局动态分析研判会

4.2.2.1 区司法局动态分析研判会每月召开 1 次,由区司法局分管领导主持,社区矫正工作部门、各司法所所长、专职干部、社工组织负责人参加。

4.2.2.2 必要时可扩大范围,邀请区检察、公安机关联络员参加。

4.2.2.3 市矫正局联络员每季度至少检查、指导和参与 1 次区司法局动态分析研判会。

4.3 分析研判

4.3.1 分析研究

围绕社区矫正动态分析通报的情况展开讨论,突出重点,找出短板,从政策、执法、社区服刑人员需求等因素剖析原因,寻找对策。主要内容包括:

a) 社区服刑人员基本情况:

1) 基本数据(现有人数、新增人数、解矫人数、矫正类别、矫正级别、人户分离情况、外省市户籍人员数、重新违法犯罪人数、脱漏管人数、案由、矫正期限等);

2) 其他数据(开展审前调查人数、组织矫正宣告和解矫宣告人数、采用电子监控人数、训诫人数、组织集中教育次数人数、个别教育次数人数、组织社区服务次数人数,后三项数据根据组织者是区矫正中心还是司法所,应分别统计加以区分);

3) 社区服刑人员分布情况;

4) 社区服刑人员奖惩情况。

b) 重点对象和重要对象的情况(见 Q/SQJZ TG1.21 社区矫正重点对象、重要对象管理规范):

1) 重点对象和重要对象人数和基本情况;

2) 重点对象和重要对象滚动排查情况;

3) 重点对象和重要对象管控措施落实情况;

4) 对重点对象和重要对象工作的检查情况;

5) 典型个案情况。

c) 社区服刑人员的总体情况评估:

1) 社区服刑人员总体情况的基本评价(稳定、一般、不稳定);

2) 社区服刑人员的倾向性问题及原因分析;

3）存在的薄弱环节和突出问题及原因分析；

4）对社区服刑人员可能发展趋势进行预测。

d）下一步工作措施：

1）针对社区服刑人员的倾向性问题的工作措施；

2）针对社区矫正监管工作薄弱环节的整改措施；

3）针对社区服刑人员稳定性预测趋势的应对措施；

4）针对上月未落实或需调整的工作措施的落实情况提出具体意见。

4.3.2　制定措施

4.3.2.1　在分析研究的基础上，对有条件立即整改的问题和不稳定因素，要制定具体措施、对策和工作要求，做到规定节点，明确责任人，限期整改到位。

4.3.2.2　对一时难以整改到位的问题和不稳定因素，要组织专人研究对策，尽快解决。

4.3.2.3　对职权范围内不能解决的问题，应及时向上级有关部门反映。

4.3.3　形成会议记录

社区矫正动态分析研判会要形成会议记录，由区司法局社区矫正工作部门记录、汇总、成稿，报区司法局领导签发。

4.4　评估落实

4.4.1　通过社区矫正动态分析研判，要对社区服刑人员的倾向性问题、不稳定因素或安全隐患进行阶段性评估，对可能发展的趋势和造成的后果进行预测。

4.4.2　对评估出的突出问题，要明确整改项目、整改内容、整改要求、完成时间、责任部门和责任人。

4.5　跟踪反馈和督办

4.5.1　区司法局应加强跟踪调查，督促措施落实情况，并将整改结果和效果在下一次动态分析研判会上进行反馈。

4.5.2　区司法局社区矫正工作部门要对司法所整改措施加强督办，直到整改完毕。

附录 A(规范性附录)

社区矫正动态分析研判工作规范流程图

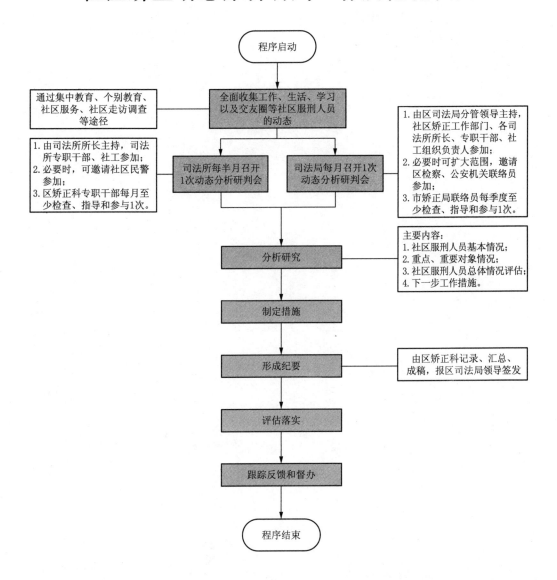

Q/SQJZ

上海市社区矫正管理标准

Q/SQJZ TG1.24—2016

风险评估规范

2016-09-14 发布

2016-10-01 实施

上海市社区矫正管理局　发布

目　次

前　　言

本标准按照 GB/T 1.1-2009 给出的规则起草。

本标准由上海市社区矫正管理局标准化领导小组提出并归口。

本标准起草单位：上海市社区矫正管理局标准化办公室。

本标准主要起草人：张国华、李月锋、盛清。

本标准为首次发布。

风险评估规范

1 范围

本标准规定司法行政机关社区矫正机构对社区服刑人员进行风险评估的部门职责、评估时限、评估打分等要求。

本标准适用于司法行政机关社区矫正机构社区矫正风险评估的基本要求。

2 术语和定义

风险评估是指对社区服刑人员根据其基本情况等主客观因素,对其再犯罪的危险性进行的评估。

3 部门职责

司法所应当科学运用风险评估、矫正效果评估等手段,对社区服刑人员的重犯风险以及各项监督管理和教育矫正的效果进行定期测评。由司法所社区矫正专职干部和社工共同负责。

4 评估时限

风险评估一般在社区服刑人员矫正宣告后3个月内进行,也可以结合心理测试同时进行。风险评估结果以及对应的分级、分类矫正措施应记入矫正方案。

5 评估打分

5.1 打分依据

按照附录A的要求予以打分。

5.2 划分等级

5.2.1 高风险等级的再犯罪危险性高。

5.2.2 一般风险等级存有再犯罪风险。

5.2.3 低风险等级的再犯罪危险低或基本无再犯可能性。

6 结果运用

司法所应根据评估结果相应调整矫正方案以及社区服刑人员的处遇级别。

附录 A(资料性附录)

风险评估表

姓 名		性别		年龄	
		身体状况		文化程度	
矫正类别		原判刑期			
案 由		矫正起止日期			
测评结果					

	项 目	子 项 目	分值
基本因素	1. 犯罪时的年龄	1＝初次违法犯罪18周岁以上(含18周岁) 2＝初次违法犯罪不满18周岁	
	2. 受教育程度	0＝大专及以上 2＝高中、初中及同等程度 3＝小学、半文盲、文盲	
	3. 就业态度和状况	0＝能自食其力 3＝不能自食其力或不愿自食其力	
	4. 婚姻家庭状况	0＝已婚或25周岁以下未婚(家庭稳定) 2＝丧偶、离异、大龄未婚(25周岁以上)或25周岁以下未婚(生活在单亲家庭)	
	5. 生活来源	0＝依靠自己的工作收入 1＝低保或依靠家庭 3＝无	
	6. 固定住所	0＝有 3＝无	
个性及心理因素	7. 自控能力	0＝能够自我控制 3＝自控能力较差或有时不能自控	
	8. 心理健康状况	1＝基本健康 2＝存在心理问题 3＝患有心理疾病	
	9. 有精神病史或精神病遗传史	0＝无 1＝有	

（续表）

项　目		子　项　目	分值
个性及心理因素	10. 认罪服法态度	0＝认罪服法 1＝不认罪	
	11. 对现实社会的心态	0＝能够正确看待社会现实 2＝对现实不满甚至仇视	
	12. 法律知识或法制观念	1＝法律知识欠缺，法制观念淡薄 2＝无法律知识和法制观念（法盲）	
社会因素	13. 交友情况	0＝无不良交友情况 3＝有不良交友情况	
	14. 个人成长经历	0＝平稳 2＝有挫折	
	15. 家庭成员犯罪记录	0＝无 1＝有	
	16. 家属配合矫正工作	0＝理解、支持 2＝不配合或有抵触情绪以及无家庭支持系统	
综合因素	17. 违法犯罪案由	1＝其他 3＝盗窃、抢劫、涉毒、寻衅滋事	
	18. 过去受刑事处罚记录	0＝无 2＝有	
	19. 过去受行政处罚记录	0＝无 1＝有（1—2 次处罚记录） 3＝有（3 次及 3 次以上）	
	20. 主观恶性程度	1＝过失犯罪 2＝故意犯罪	
	21. 社区矫正类别	1＝管制、监外执行 2＝缓刑、剥权、假释	
	22. 犯罪中是否使用暴力或是否惯骗（2 次以上含 2 次）	0＝无 2＝有	
测评分值			
风险等级			
备　注			
说　明		1. 测评分值为测评对象所有单项实际测评分值的总和； 2. 总分值为所有单项最高分值的总和，22 个小项的总分值为 50； 3. 计算测评分值/总分值的百分比，划定风险等级：稳定 ≤45%；重点关注 45%—55%；高危控制≥55%； 4. 如果测评对象具有本表未涉及但易引发重新犯罪的因素，可以在备注栏注明。	

测评人：＿＿＿＿＿＿＿＿＿＿＿　　　　　　测评日期：＿＿＿＿＿＿＿＿

Q/SQJZ

上 海 市 社 区 矫 正 管 理 标 准

Q/SQJZ TG2.1—2017
代替 Q/SQJZ TG2.1—2016

投诉处理规范

2017-04-12 发布　　　　　　　　　　　　　　2017-04-19 实施

上海市社区矫正管理局　发布

目　　次

前　言

本标准按照 GB/T 1.1-2009 给出的规则起草。

本标准由上海市社区矫正管理局标准化工作领导小组提出并归口。

本标准起草单位：上海市社区矫正管理局标准化办公室。

本标准主要起草人：田航军、乔明强、宋军民、朱斐。

本标准比照 Q/SQJZ TG2.1-2016 增加了工作流程图。

投诉处理规范

1 范围

本标准规定了上海市社区矫正管理局、区矫正中心关于投诉管理的部门职责及权限、投诉举报的途径、受理、办理、办理跟踪等要求。

本标准适用于上海社区矫正管理局、区矫正中心的投诉管理规范。

2 术语和定义

投诉是指社区矫正活动中社区服刑人员及其家属和被害人对于本局开展的社区矫正活动中存有质疑，并来电、来信、来访反应情况，要求得到相应处理的一种行为。

3 部门职责及权限

3.1 市社区矫正管理局

综合处作为市级投诉处理的常设机构，全面负责一般日常投诉的接待、记录、处理事务。各职能处室负责与本处室业务工作相关的投诉情况的调查、核实，出具处理意见。

3.2 区矫正中心

矫正中心作为区级投诉处理的常设机构，全面负责一般本区有关社区矫正工作的日常投诉的接待、记录、处理事务。

4 投诉举报的途径

4.1 窗口投诉

区矫正中心的接待窗口可接受来访投诉。

4.2 电话投诉

电话投诉热线为12348。

4.3 网络投诉

市矫正管理局官方网站接受网络投诉。

4.4 信函投诉

可向市、区社区矫正机构邮寄信函。

5 受理

5.1 受理条件

5.1.1 予以受理的条件

投诉举报符合下列条件的应当受理：

——有明确的投诉举报人和被投诉举报人的；

——有明确的投诉举报请求、事实和理由的；

——有明确的违反相关法律、法规的行为。

5.1.2 不予受理的条件

投诉举报有下列情形之一的，不予受理：

——没有明确的被投诉举报人或者被投诉举报人无法查找的；

——没有具体违法事实或者查案线索不清晰的。

5.2 受理程序

5.2.1 接到投诉后，应对接收的投诉举报信息立即进行登记，填写《投诉处理单》(见附录 A)。

5.2.2 依据投诉人提供的信息进行初审，并在收到举报材料之日起 5 个工作日内作出受理、移送处理或者不予受理的决定，并告知投诉人。

5.2.3 决定受理的，依据地域管辖、级别管辖、职权管辖的原则分送给区县局依法处理。

6 办理

6.1 办理程序

6.1.1 矫正中心办理程序

6.1.1.1 接到投诉后，应在 2 个工作日内拟出处理建议，上报司法局分管领导，指派业务部门予以调查。

6.1.1.2 如投诉涉及司法诉讼、行政投诉或重大事宜的，由矫正中心会同司法所、相关专业部门(如法制科)在 5 个工作日内拟出处理建议上报，区司法局分管副局长在接报后的 2 个工作日内作出审批，上报市社区矫正管理局综合处。

6.1.1.3 如投诉涉及情形特别严重和紧急的，矫正中心应在第一时间向区司法局分管副局长报告，并由分管副局长向区司法局局长上报或直接向市社区矫正管理局报告，由市局综合处协商一致后，责成有关部门具体执行。

6.1.1.4 对于各种无法当场解决的投诉事件，矫正中心执行投诉处理意见时，应有两人或两人以上在场，负责记录处理结果，并摄录音像画面。

6.1.2 矫正局办理程序

矫正局接到投诉后，综合处应在 2 个工作日内指派职能处室予以调查。职能处室应在 5 个工作日内根据调查结果拟出处理意见建议，上报矫正局分管领导。综合处根据局分管领导意见在 2 个工作日内答复投诉人。

6.2 办理结果

6.2.1 对于一般投诉，办理部门在了解原委、明晰责任后，确无责任的，应说明原因并安抚好对方情绪。

6.2.2 不属于职责范围内的，要将来人带到或指引到相关部门办理。

6.2.3 如有责任的，且能当场处理(如政策解释、事实情况说明等)的，应当场妥善解决。

6.2.4 不能当场处理的，要向对方说明原因。

6.3 办理期限

6.3.1 投诉处理应当在接到投诉人提供的书面材料之日起 30 日内处理完毕。

6.3.2 有下列情形之一的，可以延长办理期限，但延长期限不得超过 30 日，对具名举报的举报人，应当告知其延期理由：

a) 举报事项复杂,涉及多方主体的;

b) 举报事项调查取证困难的;

c) 举报事项需要专业鉴定的;

d) 其他需要延长办理期限的。

7 处理统计

7.1 市矫正局综合处主要负责组织、协调职能处室、区矫正中心做好投诉、咨询受理工作;负责对分送的投诉、咨询业务进行跟踪和督办;负责对分送举报案件的办结情况进行统计。

7.2 矫正中心主要负责受理本区域内的社区服刑人员、家属和受害人的来访、信函、传真、邮件等形式提出的投诉、举报和咨询;负责处理投诉、举报和咨询业务并作反馈;每年年底前向局综合处上报投诉、举报和咨询工作信息和分析报告,及时上报重大投诉和举报案件。

附录 A(规范性附录)

投诉处理单

投诉人姓名		投诉日期	
投诉人联系方式		投诉途径	
投诉事由			
投诉人诉求			
受理部门初步建议			
调查情况及处理意见			
分管领导审批			
处理结果			

附录 B(规范性附录)
投诉处理规范流程图

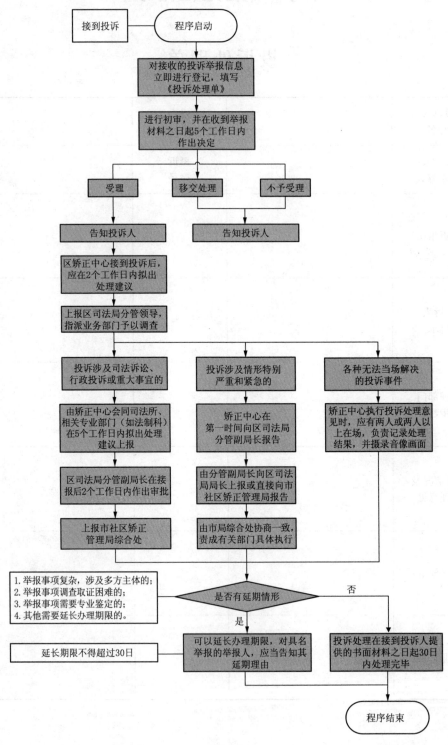

Q/SQJZ

上 海 市 社 区 矫 正 管 理 标 准

Q/SQJZ TG2.2—2016

信访工作实施规范

2016-09-14 发布

2016-10-01 实施

上海市社区矫正管理局 发布

目　次

前　言

本标准按照 GB/T 1.1-2009 给出的规则起草。

本标准由上海市社区矫正管理局提出并归口。

本标准起草单位：上海市社区矫正管理局标准化工作办公室。

本标准主要起草人：田航军、乔明强、宋军民。

本标准为首次发布。

信访工作实施规范

1 范围

本标准规定了上海市社区矫正管理局(以下简称矫正局)、区矫正中心对社区服刑人员信访处理工作的基本定义、基本原则、信访事项范围、信访处理部门、信访渠道、信访处理程序的要求。

本标准适用于上海市社区矫正系统各级各类司法行政机关及其直属机构对涉及社区服刑人员信访处理的管理。

2 术语和定义

下列术语和定义适用于本文件。

2.1 信访

公民、法人或者其他组织采用书信、电子邮件、传真、电话、走访等形式向矫正局反映涉及对社区矫正人员执法情况,提出工作建议、意见或者投诉请求,依法由矫正局处理的活动。

2.2 信访人

采取前款规定的形式,向矫正局提出建议、意见,或者投诉请求的公民、法人和其他组织。

3 信访事项范围

信访事项范围包括:

a) 请求社区矫正有关执法工作法律援助、法律帮助的信访事项;

b) 投诉社区矫正工作人员收受当事人财物等违法违规行为;

c) 对矫正局社区矫正工作人员的投诉;

d) 与矫正局社区矫正工作有关的意见、建议的信访事项;

e) 办理上级部门批转的信访举报。

4 信访处理部门

上海市社区矫正管理局信访处理部门为综合处,负责信访受理、调查、上报及信访结果反馈等工作,接受市司法局信访办监督和指导。

5 信访处理程序

5.1 受理

5.1.1 受理审查

综合处信访工作人员对收到的信访事项进行初步审查,核实信访人的身份信息、是否有明确的信访对象、内容和相关证据等,拟定是否受理意见,报处负责人同意后,确定是否受理。以下情形不予受理:

a) 信访人姓名(名称)、联系方式不清;

b) 信访事项不属于社区矫正管理局职权范围内的；

c) 信访事项跨越本级的；

d) 信访事项不属于本市的。

5.1.2 受理告知

综合处应当自收到信访事项之日起 15 日内向信访人出具《信访事项受理告知书》（见附录 A）或《信访事项不予受理告知书》（见附录 B）。

5.1.3 信访事项转办

依法应由区司法局办理的信访事项，上海市社区矫正管理局应当自收到信访事项之日起 15 日内书面转送相关单位，并在《信访事项不予受理告知书》中告知信访人转办去向。

5.2 调查

5.2.1 综合处承办人员应当及时开展全面、客观、公正的调查。听取信访人陈述事实和理由，可以要求信访人说明情况、补充有关材料，可以向有关组织和人员调查情况、收集证据。

5.2.2 信访投诉的，调查时可以要求被投诉人说明情况、提交有关材料，调阅被投诉人有关业务案卷和档案材料，向有关单位、个人核实情况、收集证据，听取有关部门的意见和建议。

5.2.3 调查应由两名以上工作人员进行，并制作笔录。调查笔录应当由被调查人签字或捺印。被调查人拒绝签字或捺印的，调查人应注明情况。

5.3 信访事项调查结果的处理

5.3.1 信访事项处理部门调查结束后，根据调查结果，报请矫正局分管领导同意后，作出处理决定。

5.3.2 请求类事项，经调查核实，依照有关法律、法规、规章和其他有关规定，分别做出以下处理：

a) 请求事实清楚，符合法律、法规、规章或者其他有关规定的，予以支持；

b) 请求事由合理但缺乏法律依据的，应当做好解释工作；

c) 请求缺乏事实根据或者不符合法律、法规、规章或者其他规定的，不予支持，但应做好解释疏导工作。

5.3.3 投诉类事项，根据调查结果，经矫正局负责人同意后，分别作以下处理：

a) 确认反映失实的信访举报，综合处应向信访举报的单位或个人说明，必要时在受影响范围内澄清；

b) 根据调查报告，认为问题较轻不需追究责任的举报件，应采取批评教育、责令检讨、诚勉谈话、通报批评等方式进行处理；

c) 调查报告认为确有违纪行为需要追究责任的，应召开局办公会议研究，提出处置意见；

d) 反映重大问题（如涉及违法等）信访举报案件的处置，综合处应两个工作日内于向局主要领导书面汇报，由局务会对所提出的处置建议进行研究审批签署意见；

e) 经审批的处置意见转交职能部门执行。

5.3.4 意见建议类信访事项，经上海市社区矫正管理局相关业务部门研究，分别做出采纳、不予采纳、留作参考等办理意见。对于决定采纳的意见建议，业务部门应提出采纳实施的具体方案报综合处。

5.4 处理结果答复

5.4.1 信访事项一般应在 60 日内办结。投诉事项、信访事项复杂，需延长办理期限的，经矫正局负责人同意，可以适当延长办理期限，但延长期限不得超过 30 日。延长办理期限的，应当自受理 60 日内书面告知信访人。

5.4.2 综合处承办投诉请求类信访事项，应当起草处理意见书（见附录 C），载明具体信访诉求、信访事项的事实认定情况、处理意见及依据、信访人不符信访处理意见申请复查的途径、期限。

5.4.3　综合处承办意见建议类信访事项,信访事项处理意见书(见附录 D)应当说明采纳、不予采纳、留作参考等办理意见,并说明理由。意见建议类信访事项不属于信访复查复核受理范围,该信访事项处理意见书不得告知信访人申请信访复查的途径。

5.4.4　综合处承办的信访事项答复意见,经矫正局负责人审核后,自受理信访事项之日起 60 日内答复信访人,但信访人姓名(名称)、联系方式不清的除外。依法延期办理的,在受理信访事项之日起 90 日内答复信访人。

附录 A(资料性附录)

上海市社区矫正管理局信访事项受理告知书

××× 〔××××〕×××号

_____(信访人姓名):

你于____年____月____日向本局提出_____(信访人提出的事项及具体诉求),本机关决定受理。

特此告知。

上海市社区矫正管理局

年　月　日

(上海市社区矫正管理局信访专用章)

附录 B(资料性附录)

上海市社区矫正管理局信访事项不予受理告知书

×××〔××××〕×××号

_____(信访人姓名):

你于___年___月___日向本局提出_____(信访人提出的事项及具体诉求)。

经审查,根据_____(不予受理的法律政策依据)规定,不属于本中心信访受理范围。建议你向_____(依法有权处理的机关)提出。

如你不服本决定,可以根据《信访条例》第 34 条的规定,在收到本告知书之日起 30 日内向上海市司法局书面申请信访复查。

上海市社区矫正管理局

年 月 日

(上海市社区矫正管理局信访专用章)

附录C(资料性附录)

上海市社区矫正管理局信访处理意见书
(投诉请求类)

×××〔××××〕×××号

_____(信访人姓名)：

你于____年____月____日向本中心提出_____(信访人提出的信访事项基本情况及具体投诉请求及具体投诉请求)。现该信访事项已处理完毕,有关情况答复如下：

(一)信访事项的事实认定情况、处理意见及依据。

(二)根据《信访条例》第34条的规定,如果你对本信访处理意见不服,可以在收到本意见书之日起30日内向上海市司法局书面申请信访复查。逾期未提出申请的,本处理意见即为最终意见。

上海市社区矫正管理局

年 月 日

(上海市社区矫正管理局信访专用章)

附录D(资料性附录)

上海市社区矫正管理局信访处理意见书
(意见建议类)

××××〔××××〕×××号

_____(信访人姓名)：

你于___年___月___日向本中心提出_____(信访人提出的具体建议或意见)。现该信访事项已处理完毕,有关意见答复如下：

(以下部分建议载明的具体意见及相应理由)

(1) 如决定采纳该意见建议的,建议说明下一步拟采取的措施;

(2) 建议意见具有一定价值的,留作工作参考,待政策调整时一并研究;

(3) 如决定不采纳该意见建议,应说明理由(如采纳的现实条件尚不具备、信访人提出的建议意见与现行法律法规规定冲突等)。

上海市社区矫正管理局

年 月 日

(上海市社区矫正管理局信访专用章)

备注:意见建议类信访事项不属于信访复查复核受理范围,不得告知信访人申请信访复查复核途径。

Q/SQJZ

上 海 市 社 区 矫 正 管 理 标 准

Q/SQJZ TG2.3—2017
代替 Q/SQJZ TG2.3—2016

社区矫正再犯责任倒查评估机制规范

2017-04-12 发布   2017-04-19 实施

上海市社区矫正管理局　发布

目　次

前　言

本标准按照 GB/T 1.1-2009 给出的规则起草。

本标准由上海市社区矫正管理局标准化领导小组提出并归口。

本标准起草单位:上海市社区矫正管理局标准化办公室。

本标准主要起草人:张国华、李月锋、盛清、朱斐。

本标准比照 Q/SQJZ TG2.3-2016 增加了工作流程图。

社区矫正再犯责任倒查评估机制规范

1 范围

本标准规定了社区矫正再犯责任倒查评估的工作流程等基本要求。

本标准适用于司法行政机关社区矫正机构对再犯责任倒查评估机制的建立。

2 规范性引用文件

下列文件对于本文件的应用是必不可少的。凡是注日期的引用文件,仅注日期的版本适用于本文件。凡是不注日期的引用文件,其最新版本(包括所有的修改单)适用于本文件。

Q/SQJZ BZ6.4 执法过错责任追究规范。

3 术语和定义

再犯责任倒查评估是指分析社区服刑人员在社区矫正期间再犯罪的主客观原因,查找工作机制和责任落实方面存在的问题和不足,以总结经验教训,促进改进监督管理和教育矫正措施的方法措施。

4 工作流程

4.1 启动

社区服刑人员在社区矫正期间因实施违法犯罪活动,被处以刑事处罚的。

4.2 信息记录

在获得社区服刑人员涉嫌再犯罪被公安机关采取刑事拘留等强制措施的,做好再犯罪的信息记录工作。

4.3 责任分析评估

4.3.1 一般案件

区司法局社区矫正机构、司法所责任分析评估。由区司法局组织进行个案责任分析评估,社区矫正职能部门负责人担任召集人,区司法局和司法所专职干部、社工及矫正小组成员参加。

4.3.2 重大恶性案件

下列重大恶性案件范围,市、区、街道乡镇三级司法行政机关社区矫正机构责任分析评估:

a) 故意杀人;

b) 故意伤害致人重伤或死亡;

c) 强奸;

d) 抢劫;

e) 绑架;

f) 贩卖毒品;

g) 放火;

h）爆炸；

i）投放危险物质。

由市矫正局组织进行个案责任分析评估。市矫正局刑罚执行部门负责人担任召集人，其他相关处室工作人员、区司法局社区矫正职能部门专职干部、司法所专职干部、矫正小组成员参加。

4.4 责任追究

根据责任划分，与目标管理考核评定相挂钩（见 Q/SQJZ BZ6.4 执法过错责任追究规范）：

a）无明显过错责任的再犯案件，视情适度减少或不扣除年度目标管理考核对应分；

b）因工作过失、责任疏忽等原因发生的再犯案件，扣除年度目标管理考核对应分；

c）发生故意杀人等重大刑事案件的，列入年度目标管理考核否定性指标考核；

d）相关人员存有严重失职、渎职行为或者其他违法行为的，依法追究法律责任。

4.5 情况通报

4.5.1 一般再犯案件，通过社区矫正信息管理平台进行情况通报，形成个案责任分析评估材料。评估表格式见附录 A。

4.5.2 重大恶性再犯案件，市矫正局以专报形式在全市范围通报。

附录 A(规范性附录)

社区服刑人员再犯罪责任倒查分析评估表

1. 姓名		2. 社区矫正机构	_____区司法局 _____司法所
3. 责任主体(矫正小组成员)			
3.1　职责身份		3.2　姓名	
矫正民警			
专职干部			
公安(社区)民警			
社工			
志愿者			
其他成员			
4. 基本情况			
4.1　矫正类别	(1)管制(　)(2)缓刑(　)(3)假释(　)(4)暂予监外执行(　)		
4.2　是否附加禁止令	(1)是(　)(2)否(　)		
4.3　性别	(1)男(　)(2)女(　)		
4.4　罪名	_____(根据判决书填写)		
4.5　犯罪类型	(1)故意犯罪(　)(2)过失犯罪(　) (根据刑法排序) (1)危害国家安全罪(　)(2)危害公共安全罪(　)(3)破坏社会主义市场经济秩序罪(　)(4)侵犯公民人身权利、民主权利罪(　)(5)侵犯财产罪(　)(6)妨害社会管理秩序罪(　)(7)危害国家利益罪(　)(8)贪污贿赂罪(　)(9)渎职罪(　) (根据社区服刑人员罪名排序) (1)盗窃罪(　)(2)抢劫罪(　)(3)抢夺罪(　)(4)寻衅滋事罪(　)(5)赌博罪(　)(6)合同诈骗罪(　)(7)诈骗罪(　)(8)信用卡诈骗罪(　)(9)故意伤害罪(　)(10)故意杀人罪(　)(11)非法持有毒品罪(　)(12)走私贩卖毒品罪(　)(13)强奸罪(　)(14)交通肇事罪(　)(15)侵占罪(　)(16)职务侵占罪(　)(17)妨害公务罪(　)(18)诽谤罪(　)(19)贪污罪(　)(20)受贿罪(　)(21)行贿罪(　)(22)其他罪_____。		
4.6　矫正期限	(1)1年以内(　)(2)1年至3年(　)(3)3年以上(　)		
4.7　年龄状况	(1)未满18周岁(　)(2)18—25周岁(　)(3)25—50周岁(　)(4)50—60周岁(　)(5)60周岁以上(　)		
4.8　文化程度	(1)文盲(　)(2)小学或初中水平(　)(3)高中、中专或大专水平(　)(4)大学及以上(　)		

4.9	婚姻状况	(1)未婚( )(2)已婚( )(3)离异( )(4)丧偶( )
4.10	工作状况	(1)正常稳定就业( )(2)临时就业( )(3)失业(无业)( )(4)在校就读( ) (5)务农( )(6)退休( )
4.11	居住状况	(1)拥有房产,稳定居住( )(2)人户分离( )(3)居无定所( )(4)外地来沪( )
4.12	经济状况	(1)稳定经济收入( )(2)享受最低生活保障( )(3)家庭供养或亲友资助( ) (4)无收入,生活拮据( )(5)来沪务工( )
4.13	健康状况	(1)健康( )(2)患有严重疾病( )(3)患有一般疾病( )(4)残疾( )(5)有心理疾病( )
4.14	前科劣迹情况	(1)赌博史①有( )②无( ) (2)吸毒史①有( )②无( ) (3)治安管理处罚记录 ①1次( )②2次以上( )③无( ) (4)劳动教养记录①1次( )②2次以上( )③无( ) (5)前科记录①1次( )②2次以上( )③无( )
4.15	所处矫正阶段	(1)报到前( )(2)初期阶段(1—3个月)( )(3)4—6个月( )(4)7—12个月( )(5)纳矫1年之后( )(6)解除矫正阶段(期满前1个月)( )
4.16	当前风险评估结果	(1)高风险( )(2)一般风险( )(3)低风险( )
4.17	当前矫正等级	(1)一级( )(2)二级( )(3)三级( )
4.18	是否重点对象	(1)是( )(2)否( )
4.19	是否重要对象	(1)是( )(2)否( )
		5. 动态工作措施
5.1	调查评估情况	(1)无异议,同意社区矫正( ) (2)有异议,不同意社区矫正( ) (3)事先没经过调查评估环节( )
5.2	日常监督管理情况	(1)报到情况①未报到( )②未按时报到( )③正常( ) (2)履行报告义务(日报告、周报告、每月情况汇报)情况 ①正常( )②异常( ) (3)外出管理①未外出( )②正常外出,按时销假( )③发生擅自外出现象( )④外出未归( ) (4)居住地变更管理①正常居住( )②人户分离对象,居住状况变动频繁( )③居住状况异常( ) (5)特定场所(区域)进入管理(附加相关禁止令) ①正常状态( )②违规进入相关场所(区域)( ) (6)其他监督管理措施①走访、检查情况异常( ) ②运用电子监控设备监控情况异常( ) (7)脱管情况①未发生( )②脱管中( )

5.3 参加教育矫正情况	(1)参加教育学习情况①按时完成（ ）②消极应付定期的教育学习（ ）③偶尔缺席教育学习（ ）④长期缺席教育学习（ ） (2)参加社区服务情况①按时完成（ ）②消极应付社区服务（ ）③偶尔未完成社区服务（ ）④长期不完成社区服务（ ） (3)个别教育 ①定期开展个别教育（ ）②未完成定期个别教育（ ） (4)心理矫正 ①定期心理健康教育（ ）②心理异常者未跟进心理矫正（ ） (5)教育矫正评价①好（ ）②中（ ）③差（ ）
5.4 社会适应性帮扶	(1)帮困解难措施①无相关需求（ ）②有需求,基本落实（ ）③有需求,未落实（ ）
6. 考核奖惩	
6.1 定期考核	(1)季度考核结果①正常（ ）②差（ ） (2)年度考核结果①正常（ ）②差（ ）
6.2 奖惩措施	(1)警告处分 ①未处分（ ）②1次（ ）③2次（ ）④3次及以上 (2)治安管理处罚 ①未发生处罚（ ）②因违反监管规定被处罚过（ ）

以上信息项由社区矫正信息管理平台登载后自动生成。

7. 原因分析	
7.1 具体行为分析	再犯行为归类: (1) 原罪再犯(注:前后两次犯罪的罪行、罪名相同或同一类型),被数罪并罚,执行刑罚: ①经济类,例如盗窃钱财、诈骗钱财、信用卡恶意透支等（ ） ②暴力伤害类,例如寻衅滋事、抢劫、抢夺、伤害、杀人等（ ） ③涉毒类,例如贩卖毒品、容留他人吸毒等（ ） ④其他类（ ） (2)犯新罪(注:前后两次犯罪的罪行、罪名不同),被数罪并罚,执行刑罚（ ） ①经济类,例如盗窃钱财、诈骗钱财、信用卡恶意透支等（ ） ②暴力伤害类,例如寻衅滋事、抢劫、抢夺、伤害、杀人等（ ） ③涉毒类,例如贩卖毒品、容留他人吸毒等（ ） ④其他类,例如过失犯罪等（ ） (3)发生重大恶性案件(参照刑法规定的8类恶性案件)被数罪并罚,执行刑罚（ ）
7.2 客观因素(社区服刑人员因素)	(1)累惯犯或前科劣迹斑斑（ ） (2)社会交往复杂（ ） (3)家庭环境恶劣(家庭成员关系恶劣)（ ） (4)人格缺陷（ ） (5)心理评估测试呈不正常状态（ ）
7.3 监管教育措施落实情况	(1)社区服刑人员的基本情况、动态行踪不掌握（ ） (2)规定的教育矫正未完成,且缺乏针对性（ ） (3)未落实相应的分级分阶段分类矫正措施（ ） (4)未提请社区民警配合开展相应的教育矫正（ ） (5)未掌握其近阶段的主要需求以及对此开展相应的工作（ ）

8. 结论性意见(经验、教训)
综上所述,该社区服刑人员再犯成因: (1)社区服刑人员具有犯罪人格或前科劣迹,导致其重蹈覆辙(　) (2)因监督管理、教育学习未落实的工作疏忽,导致其再犯(　) (3)因工作衔接(变更居住地,外出等)上存在相互推诿等漏洞,导致其再犯(　) (4)因家庭支持系统或社会支持系统度差,社区服刑人员的基本需求没得到妥善解决,导致其再犯(　) (5)因社区服刑人员的隐性潜在风险,监督管理教育学习等缺乏针对性,工作失效,导致其再犯(　) (6)其他突发或偶发事件发生,导致其再犯(　)
根据再犯罪情节及后果分析,责任认定为: (1)不计入再犯罪指标考核,酌情减轻或不予扣分(　) (2)列入目标管理考核指标,相应进行扣分(　) (3)列入否定性考核指标,实行否决制(　)
9. 从中应当吸取的教训和相关建议

附录 B(规范性附录)

再犯责任倒查评估工作规范流程图

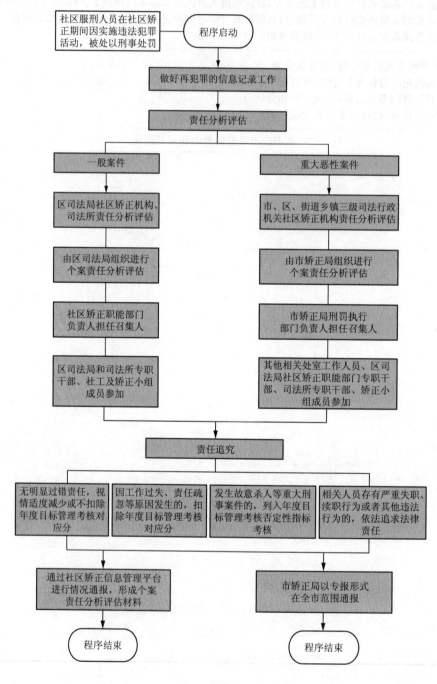

Q/SQJZ

上 海 市 社 区 矫 正 管 理 标 准

Q/SQJZ TG3.1—2016

议事规范

2016-09-14 发布　　　　　　　　　　　2016-10-01 实施

上海市社区矫正管理局　发布

目　次

前　言

本标准按照 GB/T 1.1-2009 给出的规则起草。

本标准由上海市社区矫正管理局标准化工作领导小组提出并归口。

本标准起草单位:上海市社区矫正管理局标准化工作办公室。

本标准主要起草人:田航军、乔明强、宋军民。

本标准为首次发布。

议事规范

1 范围

本标准规定了社区矫正系统集体讨论议事规则的议事范围、议事形式、议事原则、议事程序、追责情形和追责方式的要求。

本标准适用于上海市社区矫正系统各级各类司法行政机关及其直属机构集体讨论议事的规范化管理。

2 规范性引用文件

下列文件对于本文件的应用是必不可少的。凡是注日期的引用文件,仅注日期的版本适用于本文件。凡是不注日期的引用文件,其最新版本(包括所有的修改单)适用于本文件。

Q/SQJZ TG3.3 督办工作规范。

Q/SQJZ BZ3.7 社区矫正工作档案管理规范的要求。

3 议事原则

3.1 民主集中制

3.1.1 局党总支应当按照"集体领导、民主集中、个别酝酿、会议决定"的原则议事决策,坚持并不断健全和完善民主集中制。

3.1.2 实行集体领导与个人分工负责相结合,充分发扬党内民主,努力提高科学决策、民主决策、依法决策的能力和水平。

3.1.3 党总支成员,尤其是主要负责人应当正确处理民主与集中的关系,带头执行民主集中制,保证权力正确行使,防止权力被滥用。

3.2 按程序集体决策

除遇重大突发性事件和紧急情况外,由局党总支会、办公会集体讨论决定,不得以传阅会签或个别征求意见等方式代替集体决策。

3.3 重大事项报告

对于人员任免、大额资金使用、重大项目等需要报请上级批准或者了解的事项及执行情况,应当按市司法局要求及时向上级请示或者报告。

3.4 依纪依法决策

应当注重调查研究,尊重反映客观规律,广泛听取各方面意见,自觉接受各方监督,切实在宪法、法律、党内法规范围内开展决策活动。

4 议事范围

4.1 重大事项决策

4.1.1 研究并决定贯彻落实党的路线方针政策、国家法律法规和上级的重要决定、指示、工作部署、重要文件、重要会议精神的意见和措施。

4.1.2 研究并决定全市社区矫正工作发展规划、年度工作计划和总结、重要工作部署等重要问题。

4.1.3 研究并决定全市社区矫正系统业务工作、综合管理、后勤保障、队伍建设等事关全局改革发展稳定的重要决策。

4.1.4 研究并决定局系统财务年度预算申报和决算。

4.1.5 研究并决定需要向上级请示报告的事关工作全局的重要事项。

4.2 重要干部任免

4.2.1 研究决定局党总支管理干部的推荐、提名、任免、奖惩和后备干部人选。

4.2.2 其他应当提交集体讨论决定的干部任免事项。

4.3 重大项目安排

4.3.1 规模在5万元(含)以上的基本建设和投资项目。

4.3.2 带有全局性、社会影响力较大的重大活动项目和研究课题。

4.3.3 其他应当提交集体讨论决定的重大项目安排事项。

4.4 大额资金使用

大额资金使用主要包括,除已纳入预算或经重大项目批准外,单笔发生额在1万元(含)以上的资金使用。

5 议事主体及权限

5.1 议事主体

议事主体包括:

a) 提起议事程序的处室工作人员;

b) 处室负责人;

c) 局党总支成员;

d) 专家或学者;

e) 其他需要与会的人员。

5.2 议事主体权限

5.2.1 以上议事主体中,局党总支成员为必须参加人员,且享有实施方案的表决权。

5.2.2 处室负责人或专家以及其他人员为可以参加人员,可提供相关参考意见。

6 议事程序

6.1 确定议题

6.1.1 认为需要启动集体讨论规则程序的处室工作人员,需向部门负责人提出需要讨论的重要事项,经部门负责人征求综合处负责人意见后,由局党总支书记确定会议议题,并要求有关部门和有关工作人员进行材料准备,提出方案。

6.1.2 部门负责人应将会议时间、议题、方案等书面材料提前两天交由综合处负责人审定并报局党总支书记同意。

6.2 准备材料

根据确定的会议议题,列出参与部门、参与人员等相关内容,并要求有关部门和工作人员准备与议题相关的材料,提出方案,部门负责人至少应于会议召开前1个工作日将会议时间、议题、方案等书面材料交由综合处负责人审定。

6.3 会前通告

经综合处负责人审定,报局主要领导通过后,综合处工作人员应将会议时间、议题、方案等书面材料提前分发给与会人员。

6.4 个别交谈

为使会议顺利有效,出现备选方案有两个以上等情况的,会议主持人或方案拟稿人可以就议题、方案的重要环节向与会人员先行介绍,交流看法,加深对议题、方案的了解。

6.5 会中讨论

6.5.1 会议一般由局党总支负责人主持,会议开始后由会议主持人或议题方案的拟稿人介绍方案思路、基本内容、形成依据和实施利弊。

6.5.2 与会人员对议题、方案充分发表意见,开展认真的讨论研究,对讨论过程和结果应当做好会议记录(见附录A)。局党总支书记或主持会议的其他负责人应在党总支成员充分发表意见的基础上,最后发表意见。

6.5.3 经讨论无异议,或二分之一以上人员形成一致意见的,作为最终意见实施相关方案。经表决的议题以超过应到会局党总支成员的半数为通过,未到会成员的书面意见不计入票数。

6.5.4 会中如有重大意见分歧或多数与会人员认为方案不成熟时,应当进一步调查研究,科学论证后对方案作必要的修改,择期重新讨论。

6.5.5 若情况紧急,且无法形成多数意见的,由局党总支负责人决定最终实施方案。

6.5.6 在讨论与会者本人及亲属有关的议题时,有关人员应主动回避。

6.6 会后执行

6.6.1 方案执行人员应严格执行集体讨论形成的最终实施方案。

6.6.2 对在实施中和实施后发现问题的,应及时向局党总支负责人报告,局党总支负责人经初步审查后确定存在问题,应当重新启动集体讨论。报告格式参见 Q/SQJZ TG3.3 督办工作规范。

6.7 议事材料保存

会议记录、会议通知、议案、论证材料等有关材料,应按照 Q/SQJZ BZ3.7 社区矫正工作档案管理规范的要求由有关处室妥善保管,以备查阅。

7 责任追究

7.1 责任情形

有下列情形之一的,应当追究有关责任人的责任:

a) 不执行或者不正确执行党和国家政策法规进行决策的;

b) 不履行或者不正确履行议事事项决策程序进行决策的;

c) 未经集体讨论决定而个人独断决策的;

d) 不执行或者擅自改变集体决定或者有意规避集体决策的;

e) 未向领导集体提供真实情况而造成决策错误的;

f）决策后,发现可能造成损失,能够挽回而不及时采取措施纠正的;

g）泄露酝酿、讨论重大问题情况造成不良影响的;

h）其他因违反本规范而造成重大损失的。

7.2　追责方式

责任追究的方式有责令检查、诫勉谈话、通报批评、免职、责令辞职、给予党纪政纪处分、移送司法机关处理等。具体参见《中国共产党纪律处分条例》、《行政机关公务员处分条例》。

附录 A(规范性附录)

集体讨论会议记录

会议时间	年　月　日	地　点	
会议名称			
参会人员			
主持人			
记录人			
会议内容			
会议讨论结果			

Q/SQJZ

上 海 市 社 区 矫 正 管 理 标 准

Q/SQJZ TG3.2—2016

督办工作规范

2016-09-14 发布 2016-10-01 实施

上海市社区矫正管理局 发布

目　次

前　　言

本标准按照 GB/T 1.1-2009 给出的规则起草。

本标准由上海市社区矫正管理局标准化工作办公室提出并归口。

本标准起草单位:上海市社区矫正管理局标准化工作办公室。

本标准主要起草人:田航军、乔明强、钟才成。

本标准为首次发布。

督办工作规范

1 范围

本标准规定了上海市社区矫正管理局（以下简称矫正局）督查督办工作的范围、原则、责任分工、程序、办理要求和结果运用等要求。

本标准适用于开展督查督办工作的规范化管理。

2 术语和定义

下列术语和定义适用本文件。

督办是指对工作任务执行情况进行监督检查，并督促执行，提高完成质量。

3 督办原则

督办工作主要遵循以下原则：

a）力求落实。通过督促检查，促使立项事项件件落到实处；

b）实事求是。全面准确地反馈落实情况，有喜报喜，有忧报忧；

c）一事一办。凡上级或领导批办事的事项，要批一项，查一项，办一项；办完后，5 个工作日内写出督查报告，做到一事一查，一事一办，一事一报；

d）讲求时效。对督查事项应及时立项、及时通知、及时催办、及时报告。

4 督办责任分工

4.1 矫正局综合处

矫正局综合处为督办工作的执行单位，负责：

a）拟定督办工作事项和办理时限；

b）确定责任部门或人员；

c）建立督办事项登记管理制度；

d）组织实施具体督查督办工作；

e）定期或不定期对督办事项进行催办、督办和综合协调；

f）进行检查、汇总和统计通报，定期向局领导提交报告。

4.2 各职能处室

各职能处室为督办的协助单位，配合综合处做好相关工作。

5 督办范围

5.1 党委重大决策部署贯彻落实情况

党委重大决策部署贯彻落实情况的督办包括：

a) 坚持围绕中心、服务大局，把推动党委重大决策部署的贯彻落实作为督促检查工作的重点；

b) 做好市委、市政府、司法部、市委政法委、市司法局要求传达贯彻或回复事项的督促检查；

c) 做好局党委重大决策部署、重要文件的贯彻执行及要求落实事项的督促检查；

d) 做好局党委会议、工作会议、办公会议、专题会议等会议决定事项落实情况的督促检查；

e) 做好市司法局、市矫正局年度重点工作推进情况的督促检查。

5.2 领导批示交办事项

领导批示交办事项的督办包括：

a) 做好市委、市政府、司法部、市委政法委、市司法局领导批示交办事项的督办落实；

b) 做好矫正局领导批示有关单位和部门办理事项，及其他要求督办部门协调办理事项的督办落实。

5.3 督促检查调研事项

督促检查调研工作的督办包括：

a) 围绕局党委关注的重点问题、决策落实中的难点问题，坚持需求导向、问题导向及项目导向，有计划、有重点地开展督查调研；

b) 深入基层和一线了解情况，及时准确的反映情况，有针对性地提出对策建议，并督促有关部门深入研究，认真解决。

5.4 局领导交办事项

做好局领导交办的其他工作，包括：

a) 做好市司法局关于改进工作作风、密切联系群众各项规定执行情况的督促检查；

b) 做好市人大代表建议和政协委员提案办理情况的督办落实；

c) 做好社区矫正、安置帮教等事项或紧急公文按期办理情况的督办落实。

6 督办方式

6.1 书面形式

填写《督查督办表》（见附录 A）。

6.2 专题会议

对带有普遍性的问题，一般采取专题会议进行督查督办，需要后续跟进督查督办的事项，可补充下发书面督查督办通知。

6.3 实地督查督办

对突发性事件和需要实地调查了解的事项，以实地督查督办为主，必要时采取现场督查的方式进行督办。

7 办理要求

7.1 对领导批示交办事项及其他要求落实的督办事项，应当坚持批必查、查必清、清必办、办必果，不断提高办结时效和办理质量。

7.2 承办单位和部门应当及时、快速、准确办理，务求实效。

7.3 凡有时限要求并要求报告结果的，应当严格按时限要求办结并报告；没有时限要求的，原则上1个月内办结并报告。

7.4 对市司法局、矫正局年度重点工作推进情况，责任部门应当按季度报送年度重点工作目标分解推进情况。

8 督办程序

8.1 立项

由综合处负责督查督办人员根据工作要求和领导批示拟定督查督办的事项，填写《督查督办表》，由局主要领导或分管领导审定后签字。

8.2 登记交办

8.2.1 综合处对督办事项进行登记管理，详细登记承办处室或单位、责任人、承办事项内容、交办时间和要求时限，交承办处室或单位办理（有关表式参见 Q/SQJZ BZ3.5 公文处理规范和附录 B）。

8.2.2 承办处室或单位如认为督办事项不属于本部门职责的，应于两个工作日内退回综合处并说明理由，不得私自转送其他部门或随意丢弃。

8.3 承办

对交办的督查督办事项，承办的处室或单位要确定办理责任人，主要负责人要亲自对督办事项进行研究，对办理意见亲自审阅、把关签字。

8.4 催办

综合处要及时了解承办单位办理事项的进展情况，对涉及两个以上单位的督办事项，应主要催促主办单位进行协调。发现问题，3个工作日内请示局领导。

8.5 审核

对承办单位反馈的办理情况报告，综合处应认真审核，具体包括：

a) 行文是否规范；

b) 事情是否查清；

c) 问题是否解决；

d) 结论是否恰当准确；

e) 所作处理是否符合党的政策和国家的法律法规。

8.6 答复

8.6.1 承办处室或单位应在督办通知书规定的时限内向综合处书面报告承办结果。

8.6.2 对承办单位和部门反馈的办理情况，督办部门应当对照领导批示和交办要求认真进行检查复核，办理情况不符合要求的，应当退回重新办理或补充相关材料。

8.6.3 如承办事项难以在 5 个工作日内完成,应在向局分管领导汇报后,将未办结原因及下一步办理安排的报告报综合处备案。

8.7 归档

对办理过程中形成的有关资料,应办结一件整理一件,分类归档,5 个工作日内交综合处保管。

9 督办结果运用

督办的结果作为矫正局各处室和工作人员评先评优及各单位年度工作目标考核、业绩考核的重要依据,督办情况要定期以文件的形式进行通报。

因履行工作职责不力、工作落实不到位的,将给予通报批评,并与年终考核挂钩。

附录 A(规范性附录)

督查督办表

责任部门	
责任人	
工作内容及 完成时间	
工作布置 依据和渠道	
督办原因	
督办要求	
督办处罚	
领导签字	

Q/SQJZ

上 海 市 社 区 矫 正 管 理 标 准

Q/SQJZ TG3.3—2016

舆情管理规范

2016-09-14 发布　　　　　　　　　　2016-10-01 实施

上海市社区矫正管理局　发布

目　次

前　　言

本标准按照 GB/T 1.1-2009 给出的规则起草。

本标准由上海市社区矫正管理局标准化工作办公室提出并归口。

本标准起草单位:上海市社区矫正管理局标准化工作办公室。

本标准主要起草人:田航军、乔明强、宋军民。

本标准为首次发布。

舆情管理规范

1 范围

本标准规定了上海市社区矫正管理系统对可能或已经对本市社区矫正安置帮教工作和形象产生影响的网上负面报道或网络负面言论等有关网络舆情管理的组织机构、监测、应对机制、保障等要求。

本标准适用于矫正局舆情管理和处置工作的规范化管理。

2 术语和定义

下列定义和术语适用于本文件。

2.1 舆情

在一定的社会空间内,围绕中介性社会事件的发生、发展和变化,作为主体的民众对作为客体的社会管理者、企业、个人及其他各类组织及其政治、社会、道德等方面的取向产生和持有的社会态度。

2.2 网络舆情

以网络为载体,以事件为核心,是广大网民情感、态度、意见、观点的表达,传播与互动,以及后续影响力的集合。

2.3 网络舆情的管理与处置

对涉及本市社区矫正安置帮教工作的新闻报道或评论在互联网上刊发、扩散后,所引发的反应、言论、评论和后续报道等综合舆论情况的检测、控制和化解等具体措施。

3 部门职责及权限

3.1 矫正局网络舆情管理与处置工作领导小组

成立矫正局网络舆情管理与处置工作领导小组,由矫正局局长任组长、副局长任副组长,成员由各职能处室负责人担任。主要负责舆情应急响应指挥、调查评估分析、制定应对处置方案、评估总结等。

3.2 办事机构

3.2.1 综合处为领导小组的办事机构,设置专(兼)职岗位和人员,实行归口管理,在领导小组的领导下牵头开展网络舆情管理与处置的组织、监督、实施、考核工作。

3.2.2 矫正局其他职能处室、各区司法局、各街镇司法所对各自业务范围内的舆情管理与处置负责,是网络舆情管理与处置的具体执行者。

3.3 网络发言人

由综合处职能指派专人为网络新闻发言人,做好网络信息发布、网帖回复处理等日常工作,作出网络发布效果评价,提高引导网络舆论的针对性和实效性。

3.4 网络观察员

矫正局其他职能处室、各区司法局、各街镇司法所要明确一名政治素质高、责任心强、具有一定网络操作水平的干部作为网络观察员,负责检测、整理、分析、反馈与本系统业务有关的网络舆情信息。

4 网络舆情监测

4.1 监测对象

较经常出现涉及社区矫正安置帮教相关舆情信息的各主要门户网站、政府网站、新闻网站、网络论坛、微博等发布的有关的报道、帖子和相关跟帖。

4.2 监测内容

网络上涉及司法行政部门的敏感工作和容易被关注的内容,主要包括:

a) 关于矫正局的意见、建议、投诉;

b) 相关法律问题的咨询;

c) 涉及社区矫正执法工作人员的投诉;

d) 涉及矫正局工作人员违法违纪违章行为和效能作风问题等。

4.3 监测方法

4.3.1 对具有一定影响力的网站和论坛每周进行浏览,收集有关对本市社区矫正和安置帮教工作报道和论坛中出现的一些敏感的话题。

4.3.2 利用百度等搜索引擎,通过社区矫正等关键词全网搜索国内各个知名的门户网站有关对本市社区矫正和安置帮教工作报道和论坛中出现的一些敏感的话题。

4.4 监测形式

4.4.1 每周至少1次对相关指定网站、论坛和贴吧进行浏览和搜索,并做好监测记录。

4.4.2 在社区矫正执法工作人员具体执法行为和个人行为引发特定舆情事件时,要对舆情产生的相关网站、论坛进行高频度的浏览和搜索。

5 网络舆情应对

5.1 工作原则

5.1.1 按照"谁主管、谁负责"的原则将监测到的舆情信息进行分转交办。

5.1.2 按照"快速反应、确认事实、妥善处置"的原则及时对网络舆情进行分析、判断、评估,准确查找舆情信息产生的原因,认真核实舆情反应的问题,对舆情走向作出正确的判断,对舆情可能产生的影响进行客观、全面评估,及时准备好跟(回)帖材料。

5.2 回应期限

5.2.1 被网络媒体报道转载的社区服刑人员违法犯罪等一般突发事件和申诉建议的负面报道,应在发现该报道或帖子的1个工作日内向具体业务主管领导汇报,3个工作日内进行初步处置并回应。

5.2.2 被网络媒体报道转载的社会影响较大的、社区服刑人员发生群体性案件等重大突发事件、行政违法等问题的网上投诉举报,虚假信息和不良信息引发的错误舆论导向,有关负面报道、跟帖被市级领导批示的,舆情信息与现实情况互动可能出现信访的等问题,应在发现该报道或帖子的1天内向主要领导汇报,2个工作日内作出初步处置并回应。

5.2.3 被网络媒体报道转载的负面报道,被局领导批示的,舆情信息与现实情况互动可能出现信访的,可能成为网络或现实群体事件的,应在发现该报道或帖子的3小时内向主要领导汇报,1个工作日内作出初步处置并回应。

5.3 宣传策略

5.3.1 根据某一重大舆情事件的发展态势和走向,最大程度地争取媒体的支持,利用电视台等媒体的公信力和权威性,适时转移目标,发布最及时权威的信息,左右舆论舆情的走向,把噪音杂音压下来,使该网络舆情信息关注度逐渐转冷。

5.3.2 要加强正面宣传,在论坛和贴吧上主动发布反映社区矫正机构服务地方经济发展、维护社会安定稳定、建设高素质队伍等方面的决策、举措、成效、亮点和各类先进典型等方面的舆情信息,让更多人了解社区矫正工作、客观看待并正面热议社区矫正机构的积极工作成效和良好形象。

5.4 协调沟通

5.4.1 要形成网络舆情大监控格局,加强舆情信息防控工作的沟通、汇报,及时交流工作中的方式方法,共同研究解决工作中的难点、弱点问题,提升舆情信息防控水平。

5.4.2 要采取各种形式,加强与宣传、通信、公安等部门的联系协调,拓宽与网络媒体的沟通渠道,特别要加强与有关论坛的沟通,争取其理解、支持和配合社区矫正工作,建立良好的合作关系。

5.4.3 每年不定期通过2—3次网民座谈会、在线交流、网上讨论等形式与网民进行互动交流,查找问题,听取意见和建议。

5.5 处理结果

5.5.1 对与事实不符的舆情,通过媒体发布会、微信公众号等网络平台予以澄清,通过法律手段追究相关单位和人员的法律责任。

5.5.2 对确有发生的舆情,及时向公众公布调查事实和后续处理方式。

5.6 舆情管控

各单位、各部门网络舆情观察员发现涉及本单位的网上舆情,应作出初步知晓性回应,并下载、整理、初步研判,提出办理意见交部门负责人。部门负责人根据舆情涉及事项批转相关领导,如舆情重大负责,需报当地政府和上级部门。

附录 A(规范性附录)

网络发言工作办理情况登记表

填写时间：

单位名称		
网络发言人		
舆情情况	网络主题	
	发现时间	
	网　　址	
	主要内容	
	办理情况及效果	

附录 B(规范性附录)

舆情监测记录表

监测日期	舆情监测情况 (是否有有关社区矫正安置帮教工作的负面信息)	监测人	备注

Q/SQJZ

上 海 市 社 区 矫 正 管 理 标 准

Q/SQJZ TG3.4—2016

信息公开规范

2016-09-14 发布   2016-10-01 实施

上海市社区矫正管理局　发布

目　次

前　言

本标准按照 GB/T 1.1-2009 给出的规则起草。

本标准由上海市社区矫正管理局标准化工作办公室提出并归口。

本标准起草单位：上海市社区矫正管理局标准化工作办公室。

本标准主要起草人：田航军、乔明强、陆芸。

本标准为首次发布。

信息公开规范

1 范围

本标准规定了上海市社区矫正管理局（以下简称矫正局）政府信息公开工作的主管部门、公开原则、主动公开范围、信息公开受理、答复处理以及考核、责任追究等要求。

本标准适用于矫正局政府信息公开工作的规范化管理。

2 规范性引用文件

下列文件对于本文件的应用是必不可少的。凡是注日期的引用文件，仅注日期的版本适用于本文件。凡是不注日期的引用文件，其最新版本（包括所有的修改单）适用于本文件。

Q/SQJZ BZ6.3 绩效考核管理规范。

Q/SQJZ BZ6.4 责任追究规范。

Q/SQJZ BZ3.5 公文处理规范。

Q/SQJZ BZ3.8 保密工作规范。

Q/SQJZ BZ3.9 信息工作规范。

Q/SQJZ BZ3.10 门户网站建设运行管理规范。

Q/SQJZ BZ3.11 网络公众平台运行规范。

3 术语和定义

下列定义适用于本文件。

政府信息是指矫正局在履行行政管理职能或提供公共服务过程中制作或者获取的，以一定形式记录、保存的信息。

4 管理部门及权限

综合处是政府信息公开工作的主管部门，负责组织、协调矫正局政府信息公开工作，并实施政府信息公开的保密审查工作。

5 公开原则

按照把上海建设成为"行政效率最高、行政透明度最高、行政收费最少的行政区之一"的要求，各处室应当及时、准确地公开政府信息。除依法不予公开的政府信息外，凡需公众周知并与公共利益和服务等相关的政府信息，均应当予以公开。

6 公开范围

6.1 主动公开

下列政府信息应当主动公开：

a）矫正局的机构设置、职能、权限、办事程序、办公地点、联系方式、领导干部任免的情况；

b）本机关负责政府信息公开事务的机构名称、办公地址、办公时间、联系电话、传真号码、电子邮箱等；

c）矫正局重大活动和事项的协调、落实、检查等情况；

d）区社区矫正目标管理考核工作情况；

e）社区矫正管理等执法工作的管理制度及规范性文件；

f）矫正局制定的财务管理、执法执勤用车管理、装备管理、内部审计等制度和规范性文件；

g）其他依照法律、法规应当主动公开的政府信息。

6.2　依申请公开

依据申请人的申请可以向社会公众公开的社区矫正政务信息应当向申请人公开。

6.3　不予公开的范围

6.3.1　涉及国家秘密、商业秘密、个人隐私的政府信息不得公开（见 Q/SQJZ BZ3.8）。

6.3.2　但是，经权利人同意或者不公开可能对公共利益造成重大影响的涉及商业秘密、个人隐私的政府信息，可以予以公开。

7　公开方式

7.1　主动公开方式

7.1.1　矫正局应当将主动公开的政府信息，通过门户网站、微博、微信、新闻发布会、报纸、期刊、广播、电视以及信息公告栏等便于公众知晓的方式公开（见 Q/SQJZ BZ3.10、Q/SQJZ BZ3.11）。

7.1.2　属于主动公开的政府信息，应当自该政府信息发布之日起 20 个工作日内予以公开。

7.1.3　涉及社会公众利益的重大公共政策和重要事项，综合处应在门户网站同步公开政策文件、政策解读、新闻发布稿。

7.1.4　矫正局在履行职责过程中产生的公文类政府信息，在公文制发的过程中，应当同时确定文件的公开属性（见 Q/SQJZ BZ3.5）。

7.2　依申请公开方式

依据申请人的申请方式，可以采用书面、传真、邮件、当面、电话等方式予以回复。

8　公开程序

8.1　主动公开程序

见 Q/SQJZ BZ3.9。

8.2　依申请公开程序

8.2.1　申请

公民、法人或者其他组织通过书面、传真、邮件、当面、电话等形式向矫正局申请获取政府信息。

申请人采用书面形式确有困难，口头提出的，由综合处代为填写政府信息公开申请。

8.2.2　受理

综合处收到信息公开申请的，应当核对申请内容进行审查：

a）申请人的姓名或者名称、联系方式；

b）申请公开的政府信息的内容描述；

c）申请获取政府信息的形式要求。

申请不符合要求的，综合处应于 2 个工作日内告知申请人，不予受理的原因和依据；申请信息缺失的，应于 2 个工作日内告知申请人需补充的信息内容。

8.2.3 处理

综合处收到当事人的申请后,应当在 2 个工作日内根据当事人申请信息送相关职能处室,相关职能处室应当在 3 个工作日内提出答复意见:

——职能处室认为属于可以公开的,应当根据当事人的要求提供公开信息的纸质文本或电子文本给综合处;

——当事人申请的信息,属于矫正局已经发布的依申请公开信息目录的,综合处可以直接将相关信息提供给当事人(对于同一申请人就同一内容反复提出公开申请的,可以不再提供申请的信息);

——属于不予公开的,应当说明不予公开的理由;

——属于申请内容不明确的,应当对当事人的申请补正进行指导;

——申请公开的政府信息中含有不应当公开的内容,但是能够作区分处理的,职能处室应当提供可以公开的信息内容;

——职能处室认为申请公开的政府信息涉及商业秘密、个人隐私,公开后可能损害第三方合法权益的,职能处室应当书面征求第三方的意见;第三方不同意公开的,不得公开;但是,职能处室认为不公开可能对公共利益造成重大影响的,应当予以公开,并将决定公开的政府信息内容和理由书面通知第三方。

8.2.4 答复意见审核

综合处应当对相关职能处室提出的答复意见进行法律法规符合性审核,当综合处的审核意见与职能处室的意见不一致时,应当提交矫正局分管领导进行复核。

8.2.5 答复意见审签

综合处应当将经过审核或经过分管领导复核的答复意见,送局领导审签。综合处按照局领导审签的答复意见,在 5 个工作日内答复当事人。

8.2.6 答复

按照以下形式予以答复:

——依申请公开政府信息,应当按照申请人要求的形式予以提供;

——无法按照申请人要求的形式提供的,可以通过安排申请人查阅相关资料、提供复制件或者其他适当形式提供。

9 费用收取和减免

9.1 费用收取

9.1.1 依申请提供政府信息,除可以收取检索、复制、邮寄等成本费用外,不得收取任何费用,不得通过其他组织、个人以有偿服务方式提供政府信息。

9.1.2 收取成本费用的标准,按照《财政部、国家发展改革委员会关于提供政府公开信息收取费用等有关问题的通知》执行。

9.2 费用减免

申请公开政府信息的公民确有经济困难的,经本人申请,报经局领导同意,可以减免全部费用。

10 考核

应当建立健全政府信息公开工作考核制度和责任追究制度,信息公开工作情况应当纳入对各职能处室及工作人员的年度考核,见 Q/SQJZ BZ6.3 的规定。

本单位各部门违反信息公开有关法律法规以及本标准的规定,应当按照《政府信息公开条例》及《上海市政府信息公开规定》的相关规定,追究责任,见 Q/SQJZ BZ6.4 的规定。

附录 A(规范性附录)

政府信息公开申请表（个人）

<table>
<tr><td rowspan="5">申请人信息</td><td>姓名</td><td></td><td>工作单位</td><td></td></tr>
<tr><td>证件名称</td><td></td><td>证件号码</td><td></td></tr>
<tr><td>联系电话</td><td></td><td>邮政编码</td><td></td></tr>
<tr><td>电子邮箱</td><td></td><td>申请时间</td><td></td></tr>
<tr><td>通信地址</td><td colspan="3"></td></tr>
<tr><td>被申请人信息</td><td>单位名称</td><td colspan="3"></td></tr>
<tr><td rowspan="5">所需信息情况</td><td>所需信息内容描述</td><td colspan="3"></td></tr>
<tr><td colspan="4">选填部分</td></tr>
<tr><td>信息用途</td><td colspan="3">具体用途_____
类型:□生产　□生活　□科研　□查验自身相关信息　□其他</td></tr>
<tr><td colspan="2">是否申请减免费用：
□申请。请提供相关证明
□否
(仅限申请人申请)</td><td>获取政府信息的方式：
□书面
□电子邮件
(单选)</td><td>政府信息的载体形式：
□邮寄
□传真
□自行领取/当场阅读、抄
(单选)</td></tr>
<tr><td colspan="4">□若本机关无法按照指定方式提供所需信息,也可接受其他方式</td></tr>
<tr><td>备注</td><td colspan="4"></td></tr>
</table>

申请人签名

附录B(规范性附录)

政府信息公开申请受理告知书样张

(申请人姓名或者名称)：

你(单位)于＿＿＿年＿＿＿月＿＿＿日通过电子邮件/信函/电报/传真/当面方式提出政府信息公开申请，申请获得＿＿＿＿＿＿＿＿＿＿＿＿＿信息。

经审查，你(单位)的申请行为符合《政府信息公开条例》第20条规定，本机关予以受理。

根据《政府信息公开条例》第24条，对你(单位)的申请，本机关将：

□当场予以答复；

□于＿＿＿年＿＿＿月＿＿＿日前作出书面答复。如果本机关在该期限内未能答复，

于＿＿＿年＿＿＿月＿＿＿日前作出书面答复。

(机关印章)

年 月 日

Q/SQJZ

上 海 市 社 区 矫 正 管 理 标 准

Q/SQJZ TG3.5—2016

社区矫正执法公开规范

2016-09-14 发布   2016-10-01 实施

上海市社区矫正管理局   发布

目　次

前　言

本标准按照 GB/T 1.1-2009 给出的规则起草。

本标准由上海市社区矫正管理局标准化工作办公室提出并归口。

本标准起草单位:上海市社区矫正管理局标准化工作办公室。

本标准主要起草人:张国华、乔明强、沈雨潮。

本标准为首次发布。

社区矫正执法公开规范

1 范围

本标准规定了关于社区矫正执法公开工作的指导思想、基本原则、公开内容、公开范围等要求。

本标准适用于本市社区矫正执法公开工作的规范化管理。

2 术语和定义

下列定义适用于本文件。

2.1 社区矫正执法公开

司法行政机关依照法律、法规、规章和其他规范性文件规定,向社会公众或者特定对象公开社区矫正执法的依据、程序、结果等相关信息的活动。

2.2 依职权公开

依照有关法律法规和规章规定的内容和程序,采用方便、快捷的方式,向社会公众、罪犯及其近亲属及时、准确公开相关执法事项和信息。

2.3 依申请公开

对涉及罪犯个人服刑情况的有关信息,依据罪犯及罪犯近亲属的申请,依法予以公开。

3 基本原则

3.1 依法合规

严格依据相关法律、法规、规章和规范性文件规定,向社会公众、社区服刑人员等各类对象公开社区矫正的执法工作信息及相关内容。

3.2 公平公正

以公开为原则、不公开为例外,除涉及国家秘密、可能妨害正常执法活动或影响社会稳定的工作信息、未成年人犯罪信息等,应统一公开社区矫正的执法内容、程序和相关要求,确保公平公正性。

3.3 适时准确

要适时向社会公众公开涉及社区矫正执法公开的内容、程序和相关要求。公开内容真实准确,公开程序清晰透明。

3.4 便民利民

社区矫正执法公开事项,要充分利用方便、快捷的方式予以公开,便于社会公众及社区服刑人员及其家属获取相关信息。

4 管理部门及权限

4.1 市社区矫正管理局

刑罚执行处是市矫正局社区矫正执法公开的归口部门,负责制定、发布社区矫正执法公开的相关信息,监督区社区矫正机构关于执法公开的落实情况。

4.2 区司法局

区矫正中心是区司法局社区矫正执法公开的具体落实部门,负责制定、发布社区矫正执法公开的相关信息,受理社会公众对执法公开的有关咨询和投诉。

5 执法公开内容

5.1 向社会公开的信息

向社会公开的信息包括:

a) 关于社区矫正工作的法律法规和规章;

b) 社区矫正机构的性质、任务和职责权限;

c) 社区矫正工作人员的法定权利、义务和纪律要求;

d) 对社区矫正机构工作人员执法、管理工作进行举报投诉的方式和途径;

e) 社区服刑人员的基本权利和义务;

f) 社区服刑人员入矫执行、解除矫正的法定条件和程序;

g) 社区服刑人员申诉、控告、检举的方式和途径;

h) 司法行政机关提请减刑、假释的法定条件、程序和结果;

i) 司法行政机关提请撤销缓刑、假释、暂予监外执行并收监执行的法定条件、程序和结果;

j) 社区服刑人员在社区矫正期间应当遵守的监督管理、教育学习等规定;

k) 社区服刑人员获得表扬、社区矫正积极分子等奖励的条件和程序;

l) 社区服刑人员受到警告、治安管理处罚、司法惩处等处罚的条件和程序;

m) 对社区服刑人员执行禁止令的相关规定;

n) 法律、法规和其他规范性文件规定应当向社会公开的内容。

5.2 向社区服刑人员及其亲属公开的信息

除上述公开内容外,社区矫正机构还应当向社区服刑人员及其亲属公开下列事项:

a) 社区服刑人员纳管社区矫正机构的名称、地址、联系方式;

b) 社区矫正机构对社区服刑人员实行考核、奖惩的结果,以及对结果有异议的处理方式;

c) 社区矫正机构批准社区服刑人员进入特定区域(场所)的结果,以及对结果有异议的处理方式;

d) 社区矫正机构批准社区服刑人员外出、居住地变更的结果;

e) 社区服刑人员接受电子实时监督管理的情况;

f) 社区服刑人员接受教育学习的情况;

g) 社区服刑人员参加社区服务的情况;

h) 社区服刑人员接受适应性帮扶的情况;

i) 社区矫正机构认为需要向社区服刑人员及亲属公开的其他事项。

5.3 不予公开的信息

各级社区矫正机构对下列信息依法不予公开:

a) 涉及国家秘密的信息;

b) 涉及工作秘密的信息;

c) 涉及社区服刑人员个人隐私、未成年社区服刑人员服刑的相关信息;

d) 公开后可能会损害公共利益或者公民、法人、其他组织合法权益的信息;

e) 法律、行政法规、部门规章规定不予公开的其他情形。

5.4 依申请公开事项

社区矫正机构可以根据社区服刑人员及其亲属的申请依法公开下列事项：

a) 社区矫正机构受理社区服刑人员申诉、控告、检举的结果；

b) 社区服刑人员接受警告、治安管理处罚以及司法惩处的具体情况；

c) 社区矫正机构认为可以依社区服刑人员及其亲属申请公开的其他信息。

6 信息公开方式

6.1 信息公开途径

6.1.1 落实新闻发言人制度，充分利用报纸、期刊、电视、广播等新闻媒体。

6.1.2 设立 12348 公开服务热线，及时解答社会公众对社区矫正执法管理工作提出的疑问。

6.1.3 通过门户网站、政务微博、微信公众平台等新媒体，向社会发布公开信息。

6.2 对罪犯近亲属公开

6.2.1 印发《上海市社区服刑人员入矫须知》，主动向社会介绍社区矫正执法管理及保障罪犯合法权益的情况。

6.2.2 社区矫正中心及执法管理场所设置电子显示屏、政务公开信息查询终端等，为其提供信息查询服务。

6.3 宣传媒介

通过信息简报、互联网门户网站、微博、微信等，建立专门的社区矫正执法公开模块或板块。各级社区矫正机构通过社区矫正信息管理平台，发布有关社区矫正的执法公开信息。

6.4 新闻发布

市社区矫正管理局、区司法行政机关新闻发言人要发布市、区社区矫正执法公开信息及工作情况。

6.5 执法公开清单

各级社区矫正机构要制定社区矫正执法公开的权力清单、社区服刑人员义务清单等执法公开清单，及时予以公开，并适时进行调整完善。

6.6 公示

6.6.1 各级社区矫正机构对涉及社区矫正奖惩、电子监控等事项要进行公示。

6.6.2 明确公示的区域、方式、期限等各类事项。

6.7 投诉及监督平台

6.7.1 各区司法局通过公布投诉监督热线电话、邮箱等方式，接受社会公众对社区矫正执法工作的投诉及监督，包括监督执法内容及程序的合法性、执法人员的违法违规行为等。

6.7.2 各区司法局应对投诉监督的行为及时依法进行处置，并将处置结果予以通报。

7 公开程序

7.1 依职权公开

7.1.1 由社区矫正管理局或区社区矫正职能部门拟定相关内容，需要通过公众网站、微信平台、媒体等公开或宣传社区矫正政务公开重点工作的，应填写《政务公开信息发布审批表》（见附录 A）。

7.1.2 由社区矫正管理局或区社区矫正职能部门领导审查信息内容真实、准确，符合法律、法规的要求。

7.1.3　凡需要主动公开的政务信息，在正式公开前，都必须按照要求预先进行保密审查，按照分级负责的原则层层把关，确保公开信息的真实性、全面性、合法性和实效性。

7.1.4　对可能涉及国家秘密和法律、法规禁止公开的政务信息，应会同同级保密工作部门确定是否公开；对可能涉及工作秘密的政务信息，应会同同级业务部门确定是否公开；对可能涉及个人隐私的政务信息，应在公开前征求权利人的意见，确定是否公开；对一些重大、敏感信息，由市司法局政务（执法）公开工作领导小组确定是否公开。

7.1.5　审核完成后通过公众网站、微信平台、媒体等公开或宣传社区矫正政务公开发布。

7.2　依申请公开

7.2.1　罪犯近亲属申请获取社区矫正执法公开信息的，应当填写《政府信息公开申请表》（参见 Q/SQJZ TG3.4　信息公开规范），并提供身份证明、证明与罪犯存在近亲属关系的户口簿（或地方派出所出具的与罪犯存在亲属关系的证明）。

7.2.2　社区矫正管理局或区司法局对申请应及时登记并审查信息符合本文件规定的要求。

附录 A(规范性附录)

政务信息公开发布审批表

信息标题			
信息生成时间		信息发布时限	
信息生成机构		采编人	
公开形式	□主动公开　□依申请公开　□免于公开		
信息格式	□文本　□表格　□图片　□视频　□其他		
信息编制文号		责任人	
处室负责人审核意见： 年　月　日			
分管领导审核意见： 年　月　日			

Q/SQJZ

上 海 市 社 区 矫 正 管 理 标 准

Q/SQJZ4.1—2016

标准化工作评价与改进

2016-09-14 发布   2016-10-01 实施

上海市社区矫正管理局   发布

目　次

前　言

本标准按照 GB/T 1.1-2009 给出的规则起草。

本标准由上海市社区矫正管理局提出并归口。

本标准起草单位：上海市社区矫正管理局标准化办公室。

本标准主要起草人：陈耀鑫、田航军、乔明强。

本标准为首次发布。

标准化工作评价与改进

1 范围

本标准规定了社区矫正管理标准实施及其监督检查、标准体系及标准化工作评价与改进的规定和要求。

本标准适用于上海市社区矫正系统各级各类司法行政机关及其直属机构标准化工作评价与改进的规范化管理。

2 规范性引用文件

下列文件对于本文件的应用是必不可少的。凡是注日期的引用文件,仅注日期的版本适用于本文件。凡是不注日期的引用文件,其最新版本(包括所有的修改单)适用于本文件。

GB/T 24421(所有部分) 服务业组织标准化工作指南。

Q/SQJZ 1.1 标准化管理办法。

3 标准实施

3.1 标准实施的原则

3.1.1 依法原则

依照社区矫正管理工作的相关法律、法规、规章等,运用标准化的手段将社区矫正管理工作标准化,以"标准"形式实施,从而使社区矫正管理标准化工作不断适应法治化、规范化、社会化发展的需要。

3.1.2 统一原则

按照标准化思想和理论,通过制定标准、实施标准,使上海市各级矫正机构实现统一管理和建设标准,统一办事依据,统一工作流程、方法和质量要求,统一考核奖惩等。

3.1.3 简化原则

将复杂、烦琐的工作简单化,需要重复操作的事项信息化,在保持结构完整的前提下合理精简,归并重复的、低效能的、可替换的环节,精练出高效的、能满足法律要求的必要环节。

3.1.4 协调原则

标准体系结构的完整性,系统内各管理执法事项之间、与系统外相关要素之间,标准与法律规定之间,都要相互协调一致,实现"无缝对接",达到协调、平衡、最优,由此建立起合理的秩序或相对平衡的关系。

3.1.5 优化原则

从标准化的目的出发,优化标准体系的构成要素,优化标准化方案设计,优化推行过程中的组织实施,达到推行标准化稳健、节约、高效的理想效果。

3.1.6 渐进原则

社区矫正管理标准化过程中,当新的法律法规出台、上级组织新要求的提出,新技术、新方法的应用等,社区矫正管理标准化需要不断完善推进。

3.2 标准实施的职责和分工

3.2.1 标准化工作领导小组负责社区矫正管理标准化重大问题的决策和审批、确定社区矫正管理标准化工作任务和目标与建立社区矫正管理标准化工作机构、人员及其职责。

3.2.2 标准化工作办公室业务上受标准化工作领导小组的领导,具体落实各项标准化工作,统一组织社区矫正管理标准体系的宣传、培训、监督工作,并组织各部门开展标准的实施。

3.2.3 各部门负责人及标准化工作兼职人员负责对本部门工作人员进行与本部门相关标准的宣贯、培训工作,并组织本部门的相关标准实施工作。

3.3 标准实施程序和要求

3.3.1 标准实施前,标准化工作领导小组和标准化工作办公室应制定标准实施计划,内容包括:实施标准的范围、方式、内容、步骤、负责人员、时间安排、应达到的要求和目标等。

3.3.2 标准化工作办公室及其他各部门应按计划组织标准的实施,使标准规定的各项要求在社区矫正管理工作的各个环节上加以实现。并满足以下要求:

a) 社区矫正管理工作涉及的设施设备、用品等,确认其达到政府采购标准后投入使用;

b) 安全、环保、信息等方面的标准要求,应落实到具体关键点上,并有相应的保障措施;

c) 社区矫正管理各岗位工作人员,应确认其达到岗位工作标准要求后,准予上岗;

d) 标准中规定的服务质量要求、服务提供要求等应转化为各岗位的具体工作要求,并严格按照操作规范标准加以实施。

3.3.3 在实施标准的过程中,应认真按标准中的规范性附录做好相关记录,除涉及执法工作需要的纸质台账外,其余可电子存档。当发现标准中存在问题时,应及时向标准化工作办公室反馈,以便及时改进标准。

4 标准实施的监督检查

4.1 职责和分工

标准化工作办公室统一负责全局社区矫正管理标准实施的监督检查工作。各部门的负责人及标准化工作兼职人员负责对本部门实施标准的情况进行监督检查。

4.2 制定监督检查工作计划

开展标准实施监督检查前,标准化工作办公室应制定标准实施监督检查工作计划。

4.3 监督检查的内容

标准实施情况的监督检查包括以下三方面的内容:

a) 是否按照标准中的规定要求开展社区矫正管理工作;

b) 是否对标准实施中存在的问题进行处理和改正;

c) 是否有标准实施记录。

4.4 监督检查结果的处理

检查结束后,应及时对监督检查结果进行分析,找出存在的主要问题,提出相应的整改建议。

5 标准体系及标准化工作评价与改进

5.1 评价依据

标准体系及标准化工作的评价依据为:

a) 关于推进服务标准化试点工作的意见；

b) 国家级社会管理和公共服务综合标准化试点评估积分表；

c) GB/T 24421.1-24421.4。

5.2 评价人员

评价人员由标准化工作领导小组及标准化工作办公室相关成员组成，必要时可聘请外部专业人员参加评价工作。

5.3 评价程序

应按以下程序开展评价工作：

a) 制定评价方案，包括：评价目的、评价依据、评价方法、评价内容和要求、任务分工、时间、地点等；

b) 确定评价方法，包括：查看记录和报告、过程验证、观察、提问等；

c) 确定评价内容（包括机构、人员、制度、信息化手段等标准化工作基本要求，标准体系要求，标准实施与监督检查，标准化工作绩效等），并确定评价指标体系和评分标准，按《标准体系及标准化工作评估计分表》（见附录 A)进行；

d) 按照评价方案实施评价工作；

e) 数据分析和编写评价报告，评价报告内容包括：评价的时间、地点、参加人员；评价的目的、范围；评价的简要过程；存在问题及改进建议；评价结论。

注 1：《标准体系及标准化工作评估计分表》按照《服务业标准化试点评估计分表（试行）》编制。

5.4 改进措施

针对评价中发现的问题，制定改进措施，进一步完善上海市社区矫正管理标准体系及标准化工作，提高标准化实施效果。

附录 A(规范性附录)

标准体系及标准化工作评估计分表

项目	分项	内容和要求	评分标准	得分	评估记录
一、标准化工作基本要求(10分)	1.1 机构管理	领导机构(2分)	a) 成立了有主管领导负责的标准化领导机构; b) 规定了领导小组的主要任务,工作有效。		
		工作机构(1分)	a) 有标准化专(兼)职工作机构,规定了标准化工作职责; b) 提供了必要的工作条件。		
	1.2 人员管理	专(兼)职工作人员配备及职责,标准化教育和培训(2分)	a) 任命了专(兼)职标准化人员,并明确其职责; b) 有专(兼)职标准化人员接受标准化教育和培训的证明资料,人员能力满足工作需求。		
	1.3 工作管理	制定与本组织相适应的标准化工作制度,并形成规范性文件(1分)	a) 有标准化管理办法(标准); b) 建立了明确的监督检查制度。		
		对组织所开展的标准化活动进行策划、安排以及加强对各环节的管理(3分)	a) 有工作规划,明确试点工作内容、目标和总体要求,试点各部门有相应的工作计划,任务明确,责任到人; b) 有试点实施方案,对总体目标进行分解,明确阶段目标、工作步骤和保障措施,方案中包括了标准实施计划; c) 召开动员大会或采用其他形式进行广泛动员,组织有关部门(或单位)有计划、有步骤地开展标准化活动。		
	1.4 信息管理	信息收集、整理、更新、分析和综合利用以及记录和保存(1分)	a) 有信息的收集渠道,建立标准化信息库并及时更新,利用信息化手段开展标准化工作; b) 对标准信息进行了综合利用,提出结合组织实际的标准化措施建议。建立并保持了标准体系重要事项的记录。		
二、标准体系(40分)	2.1 基本要求	标准体系总体要求(1分)	符合国家安全、卫生和环境等有关法律法规的要求,符合上海监狱特点和社区矫正管理工作实际。		
		体系规范性(2分)	a) 标准体系框架、标准体系表、标准明细表、标准汇总表和标准文本符合 GB/T 24421 和 GB/T 13016、GB/T 13017、GB/T 1.1 的规定; b) 标准文本结构合理、层次分明、内容具体,文字表达准确、严谨、简明、易懂,术语、符号统一。		

项目	分项	内容和要求	评分标准	得分	评估记录
二、标准体系（40分）	2.1 基本要求	体系完整性（3分）	a）标准体系构成合理、结构完整，包括通用基础、服务保障和服务提供子体系； b）结合试点实际覆盖了主要标准化工作的各个环节，包括服务质量、安全、环境保护等重要标准以及有关法律法规要求必须具备的标准； c）覆盖了社区矫正管理试点工作提供过程的各环节，标准覆盖率要达到80%以上。		
		体系协调性（2分）	a）标准与相关法律法规协调； b）标准体系内各标准之间协调。		
		体系有效性（3分）	a）标准体系体现上海监狱工作特点，满足试点发展实际； b）标准体系能满足试点目标任务的完成； c）标准体系文件具有可操作性和可检查性，能对社区矫正管理各项活动（保障安全、保护环境、保证服务质量、提高工作效率、降低成本等）起到支撑作用，能保证体系正常运行及持续改进的措施有效。		
	2.2 服务通用基础标准	具有标准化导则、术语和缩略语、符号与标志等标准（1分）	有适用的符号与标志、标准化导则、术语和缩略语等通用基础标准，能满足服务组织需要。		
	2.3 服务保障标准	环境标准（2分）	环境条件和环境保护标准充分适宜。		
		能源标准（2分）	能源的管理以及用能和节能工作措施标准充分适宜。		
		安全与应急标准（4分）	在发生突发事件时能有效降低损失而制定的标准充分适宜。		
		职业健康标准（1分）	针对工作人员从事职业活动中的健康损害、安全危险及其有害因素制定的标准充分适宜。		
		信息标准（1分）	信息通用、信息应用和信息管理标准充分适宜。		
		财务管理标准（1分）	财务活动中的成本核算和收支等方面制定的标准充分适宜。		
		设施、设备及用品标准（1分）	设施设备及用品配置、使用、停用和报废等制定的标准充分适宜。		
		人力资源标准（1分）	员工资质、聘用、培训和考核等制定的标准充分适宜。		
		合同管理（1分）	合同实施管理的标准充分适宜。		
		其他适用标准（1分）	结合试点单位实际应具备的其他服务保障标准。		
	2.4 服务提供标准	服务规范（2分）	规定了从功能性、安全性、时间性、舒适性、经济性、文明性等六个方面服务应达到的水平和要求。		

项目	分项	内容和要求	评分标准	得分	评估记录
二、标准体系（40分）	2.4　服务提供标准	＊服务提供规范(5分)	a）提供服务的方法和手段； b）服务流程和环节划分的方法和要求，以及各环节的操作规范等； c）岗位职责； d）服务提供过程中预防性及特殊性措施要求； e）其他适用的标准。		
		服务质量控制规范(3分)	a）服务提供控制措施标准； b）对社区矫正管理对象抱怨等不满意的处置标准； c）对不合格服务的纠正与管理标准； d）预防性及特殊性措施的要求； e）质量争议处置的管理标准； f）其他适用的标准。		
		运行管理标准(2分)	试点单位的战略要求，对运行过程的规划、实施和控制的标准充分适宜。		
		服务评价和改进标准(1分)	对体系有效性、适宜性和社区矫正管理对象满意度评价和体系改进的标准充分适宜。		
三、标准实施与持续改进（30分）	3.1　标准实施	标准宣贯和培训(2分)	a）实施了标准宣贯和培训； b）各岗位人员掌握相关标准，具有一定的标准化知识情况。		
		标准实施准备(2分)	a）有标准实施的措施； b）具备标准实施的必要条件。		
		＊标准实施情况(10分)	a）有标准实施记录，并将各环节形成的数据和有关情况及时反馈； b）检查服务过程中标准的执行情况，确认实施过程中的各个环节和岗位是否达到标准的要求； c）服务行为规范，服务质量满足标准要求； d）试点区域50％以上服务组织参与标准实施； e）标准实施率90％以上。		
		标准实施检查(8分)	a）有标准实施检查的制度； b）确定了标准实施检查的机构和人员职责、权限明确； c）制定了开展标准实施检查工作计划（或日常检查程序）； d）定期组织检查，实施检查记录和问题处理记录的保持完整。		
	3.2　自我评价和持续改进	自我评价(2分)	a）对评价工作进行了必要的准备，确定了评价方案，明确了评价方法和评价指标体系； b）对标准实施的符合性和实施效果进行了评价，形成了评价报告。		

项目	分项	内容和要求	评分标准	得分	评估记录
三、标准实施与持续改进(30分)	3.2 自我评价和持续改进	持续改进定期总结试点工作中的方法、经验并在此基础上加以推广,在不断完善标准中改进和提升服务质量(6分)	a) 建立了服务标准化工作持续改进的程序或制度,有持续改进的工作方案或计划; b) 针对标准实施检查和自我评价等发现的问题实施了持续改进,及时提出修订标准的建议; c) 有持续改进的记录。		
四、绩效评估(20分)	4.1 社区矫正管理对象满意度测评	通过内外部社区矫正管理对象满意度测评,结合《意见》附件3进行测评(8分)	综合社区矫正管理对象满意度: 95%以上得8分; 90%—95%得5分。		
	4.2 效益	经济效益[a](4分)	比试点前提高10%以上得4分,提高5%得2分。		
		社会效益(4分)	有证据表明社会效益在全国显著提高的得4分,全省显著提高的得3分,全市显著提高的得2分。		
	4.3 品牌效应	品牌效应[b](2分)	获国家级知名品牌得2分,省级知名品牌得1分。		
	4.4 标准化创新	标准化创新(2分)	试点在如下方面取得业绩: a) 承担全国标准化技术委员会/分技术委员会/工作组秘书处工作; b) 获标准创新贡献奖; c) 参与省级以上标准制定; d) 参与省级以上标准化科研; e) 获市级以上标准化工作表彰。		

注1:评估依据《关于推进服务标准化试点工作的意见》(简称《意见》)、《服务业标准化试点实施细则》(简称《细则》)、GB/T 24421-2009《服务业组织标准化工作指南》系列国家标准等。

注2:本评估计分表包括四部分38个分项目,每项均规定了评分标准。评估组应按照评分标准和实际情况逐项填写评估得分,"评估记录"栏应填写评估中相关说明,未达满分项的须记录存在问题。

注3:表中前三部分各项应具备而不具备的,不得分;不完善的可酌情扣分;因行业的不同,确属不需具备的项目,不扣分。

注4:重点项(﹡)原则上要求得分应在该项目满分值的80%以上,评估总得分达80分以上为合格。

a 属不需具备的项目,不扣分。

b 可按在国家社会保障主管部门或上海市所获荣誉进行评分。

Q/SQJZ

上海市社区矫正管理标准

Q/SQJZ BZ1.1—2016

社区矫正机构环境和能源管理规范

2016-09-14 发布   2016-10-01 实施

上海市社区矫正管理局　发布

目　次

前　言

本标准按照 GB/T 1.1-2009 给出的规则起草。

本标准由上海市社区矫正管理局提出并归口。

本标准起草单位:上海市社区矫正管理局标准化办公室。

本标准主要起草人:田航军、乔明强、李振宇。

本标准为首次发布。

社区矫正机构环境和能源管理规范

1 范围

本标准规定了上海市社区矫正管理局的办公场所环境管理、公共场所环境管理、办公用电管理、用水管理、办公用品管理和检查制度等要求。

本标准适用于上海市社区矫正管理局的环境保护、节能与节资管理。各区矫正中心、司法所矫正办公室可参照应用。

2 办公场所环境管理

2.1 责任部门及责任人

2.1.1 上海市社区矫正管理局各处室为所属办公场所环境管理的责任部门,处室负责人为责任人,负责组织做好本部门环境卫生工作,检查落实本处室的执行情况。

2.1.2 上海市社区矫正管理局局长、副局长办公场所的管理由物业勤务人员负责打扫。

2.1.3 工作人员负责保持自己办公场所的环境卫生,每天扫除1次,包括清扫地面、办公桌椅等。

2.2 管理要求

2.2.1 办公场所的门窗

办公场所门窗的管理要求如下:

a) 保持门窗的整洁,其中窗户玻璃由保洁人员每季度擦拭1次;

b) 窗台外不得放置物品,房间内窗台上可以摆放植物,但在下雨刮风天应搬进屋内;

c) 室内无人时,最后离开的人应将门窗关闭锁好。

2.2.2 办公场所的地面和墙面

办公场所地面和墙面的管理要求如下:

a) 应保持地面、墙面的整洁;

b) 地面无纸屑、垃圾及污迹,墙面无污迹;

c) 每日上班前清洁地面;

d) 每年外购专业服务机构进行1次墙面清洁。

2.2.3 办公场所的桌椅和隔栏

办公场所桌椅和隔栏的管理要求如下:

a) 保持桌椅的整洁,桌面上放置的资料、物品应当简洁,不得随意堆放资料、杂物以及与办公无关的物品;

b) 可以在办公桌上放置1至2件个人纪念物品;

c) 下班时应当完成桌面清理后离开;

d) 办公桌隔栏上不得随意粘贴,可以少量、整齐地粘贴通讯录等备忘纸条;

e) 办公座椅不得随意摆放,长时间离开办公桌时或下班时应将座椅推入办公桌。

2.2.4 办公场所的文件柜

办公场所文件柜的管理要求如下：

a) 保持办公场所内文件柜及货架的整洁，柜(架)内的资料、物品应当摆放整齐，相关文件资料应统一整理在文件夹内，并标注明处室、上级文件、本局制度等内容；

b) 每年年初清理柜内资料、物品，并按 Q/SQJZ BZ3.5 公文处理规范作归档、报废、销毁等处理。

2.2.5 办公场所的资料、杂物等

办公场所资料和杂物的管理要求如下：

a) 办公场所的资料、杂物，应当尽可能放入柜内；

b) 无法放入文件柜的，也应摆放整齐，或统一放入可使用储物箱并标注处室、主题等内容；

c) 办公场所垃圾筒内的垃圾应当每日清倒。

2.2.6 办公场所物品的保管

办公场所物品的管理要求如下：

a) 各类办公设施、设备发生损坏时，应当及时向综合处报修；

b) 报废的办公设施、设备应当在 3 个工作日内清理出办公场所，交办公室处理；

c) 下班时，应关闭所有用电设备。

2.2.7 办公场所绿化植物的保养

办公场所绿化植物的管理要求如下：

a) 综合处负责日常管理、考核督导；

b) 勤务人员(保洁公司等第三方)负责日常保养和更换，并按需提出购买申请；

c) 保洁公司等第三方负责具体购买和摆放工作。

3 公共场所环境管理

3.1 责任部门及责任人

3.1.1 公共场所包括会议室、厕所、电梯、楼梯、走廊及其他公共部位。

3.1.2 由综合处负责每月检查公共场所各类设施、设备的完好情况，及时进行维护。

3.1.3 委托物业公司统一保洁。

3.1.4 会议室由勤务人员(保洁公司等第三方)负责打扫。

3.1.5 当天值班人员负责检查非上班时间公共场所的电器关闭情况及门窗锁闭情况并记录。

3.2 管理要求

3.2.1 全体工作人员应维护公共场所的整洁，不得乱扔垃圾、烟头；不得随地吐痰；不得随意涂划、涂抹(墙面)；不得损坏公共设施、设备；不得损坏绿化。

3.2.2 使用会议室应当保持各种设施、设备的完好，使用完毕应当关闭电器设备、空调及门窗，并及时通知办公室勤务人员完成清理。

3.2.3 保持厕所及洁具的清洁，节约使用厕所内提供的卫生纸及洗涤用品。

4 办公用电管理

4.1 办公环境室内空调夏季温度设定不低于 26 ℃，冬季温度设定不高于 20 ℃。下班或长时间离开办公场所前应及时关闭空调开关。

4.2 办公楼层公共部位，如走廊和空闲的休息室等处的空调应予关闭，会议室空调随用随开。

4.3 节约照明用电,办公环境(除特殊要求外)一律采用节能灯替代白炽灯。

4.4 午休或长时间离开办公室期间应关闭照明设备。

4.5 电器设备(尤其是电热水壶、电热器、空调等大功率用电设备)长时间不用应及时切断电源,每天下班切断办公场所电源,降低设备待机能耗。

5 用水管理

5.1 加强用水设备日常维护保养,杜绝滴漏,避免"长流水"现象发生。

5.2 卫生保洁用水,不得将阀门长时间处于打开状态,导致水浪费;卫生洁具、地面的保洁尽可能不用自来水直接冲洗。

5.3 所有工作人员要认真遵守本市出台的自来水管理制度,有责任对违规使用水设施设备的行为进行指正、劝阻。

5.4 发现设施设备有故障,应及时向综合处报修,并采取关闭水阀等防止浪费的有效措施。

5.5 每年对不合理用水设备,开展针对性的节能改造。

6 办公用品管理

6.1 推进电子政务建设,倡导无纸化办公,减少纸质文件的印发。

6.2 提倡使用双面纸,避免使用一次性办公用品,努力做到办公用品的循环利用。

6.3 合理配置,降低办公用品消耗,限制高能耗设备的使用。

6.4 各部室合理申请日常用品采购,填写《上海市社区矫正管理局日常用品采购申请表》(见附录 A)。

7 检查制度

7.1 综合处为检查主体部门,负责对各区域的环境保护与节能情况,以及各处室资产情况,进行定期检查,周期为每月 1 次,填写《上海市社区矫正管理局环境保护与节能情况检查表》(见附录 B)。

7.2 各处室责任区域的检查状况作为各部门目标责任考核的依据。

附录 A(规范性附录)

上海市社区矫正管理局日常用品采购申请表

年　月　日

申请部门：				申请人：		
用　　途：						
序号	物品名	型号	数量	单价	金额(元)	备　注
1						
2						
3						
4						
5						
6						
7						
8						
9						
10						
本次采购总金额(预估)：						
分管领导 审核意见：		审批领导 意　　见：				

附录 B（规范性附录）

上海市社区矫正管理局环境保护与节能情况检查表

检查位置 / 检查项目		办公场所					公共场所			信息指挥中心	备注
		综合处	刑罚执行处	教育矫正处	安帮处	局长、副局长办公室	会议室	茶水间	走廊		
环境检查	室内外是否整洁										
	绿化是否有枯萎现象										
设备设施	是否定期进行维护										
	是否存在故障										
用电情况	空调是否及时关闭										
	大屏是否及时关闭										
	其他电源是否及时关闭										
办公用品	文印资料是否做到降低消耗										
其他	下班后值班人员是否进行例行检查										

检查日期：　　　　　　检查时间：　　　　　　检查人：

填表说明：

1.检查周期为每月 1 次，责任部门为综合处；2.检查项目符合要求，在对应栏内填"✓"；3.检查项目不符合要求，应立即提出整改，并用文字在表中表述。

Q/SQJZ

上 海 市 社 区 矫 正 管 理 标 准

Q/SQJZ BZ2.1—2016

安全防范管理规范

2016-09-14 发布   2016-10-01 实施

上海市社区矫正管理局　发布

目　次

前　言

本标准按照 GB/T 1.1-2009 给出的规则起草。

本标准由上海市社区矫正管理标准化领导小组提出并归口。

本标准起草单位:上海市社区矫正管理局标准化工作办公室。

本标准主要起草人:田航军、宋军民、李振宇。

本标准为首次发布。

安全防范管理规范

1 范围

本标准规定了上海市社区矫正管理局、区矫正中心关于社区矫正安全防范管理的职能部门及职责、安全防范范围、安全防范措施等基本要求。

本标准适用于上海市社区矫正管理局及各矫正中心。

2 规范性引用文件

下列文件对于本文件的应用是必不可少的。凡是注日期的引用文件，仅注日期的版本适用于本文件。凡是不注日期的引用文件，其最新版本(包括所有的修改单)适用于本文件。

GB/T 23809 应急导向系统 设置原则与要求。

GB 13495.1 消防安全标志 第1部分:标志。

GB 15630 消防安全标志设置要求。

GB 50140 建筑灭火器配置设计规范。

GB 2894 安全标志及其使用导则。

GA 654 人员密集场所消防安全管理。

Q/SQJZ BZ3.3 计算机信息系统安全管理规范。

Q/SQJZ BZ2.3 外来人员管理规范。

Q/SQJZ JC3.1 社区矫正视觉识别规范。

Q/SQJZ BZ2.2 突发事件应急预案。

3 职能部门及职责

3.1 市社区矫正管理局

3.1.1 综合处是矫正局安全防范管理的归口管理部门。

3.1.2 各职能处室负责本条线安全防范工作。

3.2 区矫正中心

各区矫正中心具体落实本区社区矫正安全防范工作。

4 安全防范范围

4.1 场所安全

4.1.1 各级社区矫正中心负责人对社区矫正中心的安全防范负总责。

4.1.2 各级社区矫正机构以及社区矫正中心的场所应保持办公秩序正常，确保执法监管、教育矫正等活动的正常开展。

4.2　人身安全

4.2.1　工作人员在工作期间或社区矫正执法过程中的人身安全保障,防范社区服刑人员或其他人员对工作人员的人身意外攻击或伤害。

4.2.2　在具体的执法活动中,负责执法的民警或专职干部对社区服刑人员的安全负责。

4.2.3　社区服刑人员在履行社区服刑人员义务或服从监管、参加教育学习、社区服务等活动的人身安全。

4.3　信息安全

有关社区服刑人员的基本信息以及涉密的计算机信息的安全管理,以防电脑病毒的入侵(具体参见 Q/SQJZ BZ3.3　计算机信息系统安全管理规范)。

4.4　器械安全

器械安全包括:

a) 电子监控设备等执法装备的安全;

b) 教育学习器具或相关物品的安全;

c) 社区服务的劳动工具或用具的安全;

d) 执法车辆的安全。

5　安全防范措施

5.1　安检

5.1.1　社区矫正执法场所应配备必要的安检设备。

5.1.2　安检设备的使用、安装应符合国家的相关标准。

5.1.3　社区服刑人员或其他社会人员进入社区矫正中心,应按照 Q/SQJZ BZ2.3　外来人员管理规范的要求经过安检合格后,方可进入社区矫正中心。

5.2　视觉识别

按照 GB 2894　安全标志及其使用导则、Q/SQJZ JC3.1 社区矫正视觉识别规范设置清晰、明确的视觉识别系统。

5.3　消防安全

5.3.1　按照 GB 13495.1　消防安全标志　第 1 部分:标志、GB 15630　消防安全标志设置要求的标准制定消防安全标志。

5.3.2　按照 GB 50140　建筑灭火器配置设计规范的要求配置灭火器。

5.3.3　按照 GA 654　人员密集场所消防安全管理的要求进行消防演练,按要求配备安全消防员,设置疏散门、疏散通道等的要求。

5.4　值班制度

各社区矫正中心应建立值班制度,实行全天候 24 小时值班。

5.5　安全员制度

社区矫正中心应建立安全员制度,每日检查各项安全管理工作是否落实到位。

5.6　检查制度

市矫正局对区矫正中心的安全防范工作每半年进行检查,发现问题和隐患的,及时提出工作提示,并要求加以整改(见附录 A 和 B)。

5.7　应急处置

按照 Q/SQJZ BZ2.2　突发事件应急预案的要求对因安全防范造成的突发事件进行妥善处置。

5.8　责任追究

因责任不落实或者措施不当造成严重后果的,按照有关法律、法规和规定处理。

附录 A(规范性附录)

工作提示单

工作提示单
(存根联)

编号:＿＿＿＿＿＿＿＿＿＿

交办日期:＿＿＿＿＿＿＿＿

被提示单位:＿＿＿＿＿＿＿

提示事项:＿＿＿＿＿＿＿＿

＿＿＿＿＿＿＿＿＿＿＿＿＿

＿＿＿＿＿＿＿＿＿＿＿＿＿

＿＿＿＿＿＿＿＿＿＿＿＿＿

＿＿＿＿＿＿＿＿＿＿＿＿＿

＿＿＿＿＿＿＿＿＿＿＿＿＿

反馈日期:＿＿＿＿＿＿＿＿

市社区矫正管理局处(室)

承办人:＿＿＿＿＿＿＿＿＿

负责人:＿＿＿＿＿＿＿＿＿

年 月 日(盖章)

工作提示单
(提示联)

编号:＿＿＿＿＿＿＿＿＿＿

交办日期:＿＿＿＿＿＿＿＿

被提示单位:＿＿＿＿＿＿＿

提示事项:＿＿＿＿＿＿＿＿

＿＿＿＿＿＿＿＿＿＿＿＿＿

＿＿＿＿＿＿＿＿＿＿＿＿＿

＿＿＿＿＿＿＿＿＿＿＿＿＿

＿＿＿＿＿＿＿＿＿＿＿＿＿

＿＿＿＿＿＿＿＿＿＿＿＿＿

反馈日期:＿＿＿＿＿＿＿＿

市社区矫正管理局处(室)

年 月 日(盖章)

工作提示单
(反馈联)

编号:＿＿＿＿＿＿＿＿＿＿

交办日期:＿＿＿＿＿＿＿＿

被提示单位:＿＿＿＿＿＿＿

提示事项:＿＿＿＿＿＿＿＿

反馈日期:＿＿＿＿＿＿＿＿

情况回复(具体措施可另附页):

＿＿＿＿＿＿＿＿＿＿＿＿＿

＿＿＿＿＿＿＿＿＿＿＿＿＿

＿＿＿＿＿＿＿＿＿＿＿＿＿

区县司法局矫正处、科

处(科)室负责人:＿＿＿＿

年 月 日(盖章)

附录 B(规范性附录)

工作整改通知单

工作整改通知单
(存根联)

编号:＿＿＿＿＿＿＿＿＿＿＿＿＿＿

整改单位:＿＿＿＿＿＿＿＿＿＿＿

整改依据:＿＿＿＿＿＿＿＿＿＿＿

＿＿＿＿＿＿＿＿＿＿＿＿＿＿＿＿＿

整改事项:＿＿＿＿＿＿＿＿＿＿＿

＿＿＿＿＿＿＿＿＿＿＿＿＿＿＿＿＿

＿＿＿＿＿＿＿＿＿＿＿＿＿＿＿＿＿

整改要求:＿＿＿＿＿＿＿＿＿＿＿

＿＿＿＿＿＿＿＿＿＿＿＿＿＿＿＿＿

＿＿＿＿＿＿＿＿＿＿＿＿＿＿＿＿＿

交办日期:＿＿＿＿＿＿＿＿＿＿＿

反馈日期:＿＿＿＿＿＿＿＿＿＿＿

承办人:＿＿＿＿＿＿＿＿＿＿＿＿

处室负责人:＿＿＿＿＿＿＿＿＿＿

局领导:＿＿＿＿＿＿＿＿＿＿＿＿

年 月 日(盖章)

工作整改通知单
(通知联)

编号:＿＿＿＿＿＿＿＿＿＿＿＿＿＿

整改单位:＿＿＿＿＿＿＿＿＿＿＿

整改依据:＿＿＿＿＿＿＿＿＿＿＿

整改事项:＿＿＿＿＿＿＿＿＿＿＿

＿＿＿＿＿＿＿＿＿＿＿＿＿＿＿＿＿

＿＿＿＿＿＿＿＿＿＿＿＿＿＿＿＿＿

整改要求:＿＿＿＿＿＿＿＿＿＿＿

＿＿＿＿＿＿＿＿＿＿＿＿＿＿＿＿＿

交办日期:＿＿＿＿＿＿＿＿＿＿＿

反馈日期:＿＿＿＿＿＿＿＿＿＿＿

市社区矫正管理局(盖章)

年 月 日

工作整改通知单
(反馈联)

编号:＿＿＿＿＿＿＿＿＿＿＿＿＿＿

交办日期:＿＿＿＿＿＿＿＿＿＿＿

整改单位:＿＿＿＿＿＿＿＿＿＿＿

整改事项:＿＿＿＿＿＿＿＿＿＿＿

＿＿＿＿＿＿＿＿＿＿＿＿＿＿＿＿＿

＿＿＿＿＿＿＿＿＿＿＿＿＿＿＿＿＿

反馈日期:＿＿＿＿＿＿＿＿＿＿＿

整改状态:正在整改 □

整改完毕 □

情况回复(具体整改方案可另附页):

＿＿＿＿＿＿＿＿＿＿＿＿＿＿＿＿＿

处(科)室负责人签名:＿＿＿＿＿

分管领导签名:＿＿＿＿＿＿＿＿＿

年 月 日(盖章)

Q/SQJZ

上 海 市 社 区 矫 正 管 理 标 准

Q/SQJZ BZ2.2—2018
代替 Q/SQJZ BZ2.2—2016

突发事件应急预案管理规范

2018-03-27 发布   2018-03-30 实施

上海市社区矫正管理局　发布

目　次

前　言

本标准按照 GB/T 1.1-2009 给出的规则起草。

本标准由上海市社区矫正管理局标准化工作办公室提出并归口。

本标准起草单位：上海市社区矫正管理局标准化工作办公室。

本标准主要起草人：张国华、李月锋、沈雨潮、朱斐。

本标准比照 Q/SQJZ BZ2.2-2016 对标准名称作了修改，并增加了资料性附录。

突发事件应急预案管理规范

1 范围

本标准规定了上海市社区矫正管理局和各区矫正中心的突发事件的工作原则、工作机构及职责、处置流程、一般要求等要求。

本标准适用于上海市社区矫正管理局、各区矫正中心、司法所关于在册社区服刑人员发生突发事件预防、预警和应急处置工作的规范化管理。

2 规范性引用文件

下列文件对于本文件的应用是必不可少的。凡是注日期的引用文件，仅注日期的版本适用于本文件。凡是不注日期的引用文件，其最新版本（包括所有的修改单）适用于本文件。

Q/SQJZ BZ2.1 安全防范管理规范。

3 术语与定义

下列定义适用于本文件。

社区矫正突发事件是指社区服刑人员发生重大刑事案件、参与群体性事件，非正常死亡、脱管、漏管等，造成社会危害和负面社会影响，需要采取应急处置措施予以应对的事件。

4 工作原则

a）预防为主，预防与应急相结合的原则；

b）及时、平稳、化解、控制的原则；

c）坚持"边处置边报告、边核实边报告"原则；

d）属地管理，协同配合的原则。

5 工作机构及职责

5.1 市社区矫正管理局

5.1.1 成立以分管局领导为组长的社区服刑人员突发事件应急处置领导小组。

5.1.2 指导、协调，统一指挥本市社区服刑人员突发事件应急处置工作。

5.2 区司法局社区矫正机构

5.2.1 成立以分管局长为组长的社区服刑人员突发事件应急处置指挥小组。

5.2.2 统一领导，统一指挥本区社区服刑人员突发事件应急处置工作。

5.2.3 组织开展本区社区服刑人员突发事件应急专项培训、演练。

5.2.4 指导基层司法所社区服刑人员突发事件应急处置工作。

5.2.5 在区社区矫正中心组建以社区矫正专职干部、选派民警为主，社工组织、帮教志愿者组织共同参与的应急处置力量。

5.3 司法所

5.3.1 成立以司法所所长为组长,社区矫正专职干部、社工、帮教志愿者共同参与的社区矫正突发事件应急处置小组。

5.3.2 根据社区服刑人员突发事件的实践情况制定应急处置预案。

5.3.3 具体落实社区服刑人员突发事件应急处置工作。

6 处置流程

6.1 范围

社会安全突发事件的范围包括:

a) 社区服刑人员行凶、闹事或从事其他严重违法犯罪活动;

b) 社区服刑人员参与群访、闹访;

c) 社区服刑人员脱管、漏管;

d) 社区服刑人员非正常死亡;

e) 网络媒体高度关注、涉及社区服刑人员的重大事件;

f) 社区服刑人员参与涉外、涉民族宗教事务的事件;

g) 需要司法行政部门参与处置的其他涉及社区服刑人员的重大事件。

6.2 处置流程

社区服刑人员突发事件按照以下程序处置:

a) 矫正小组应及时掌握社区服刑人员动态信息,司法所、矫正中心发现社区服刑人员有发生重大事件倾向的,应及时开展动态分析研判,做好预防预警工作;

b) 及时向上级机关通报突发事件情况;

c) 矫正小组成员第一时间赶赴事发地点或组织调查;

d) 矫正小组提供社区服刑人员的基本情况,日常生活、工作等动态信息;

e) 根据突发事件情况,做好疏导化解、协助调查、舆论引导等相应处置工作;

f) 提交突发事件的书面评估报告。

7 一般要求

7.1 制定预案

7.1.1 市矫正局、区司法局、街镇司法所应结合工作实际,根据社区服刑人员突发事件的实践情况制定应急处置预案。对已有预案,应根据实际情况的变化作出适当的调整与完善。

7.1.2 应急预案应当针对突发事件的性质、特点和可能造成的社会危害,具体规定突发事件应急管理工作的组织指挥体系与职责,突发事件的预防与预警机制、处置程序、应急保障措施等内容。

7.2 培训演练

7.2.1 建立健全预案培训、演练制度,各区司法局矫正机构组织开展针对各类社区矫正突发事件的专项培训、演练,检验预案的操作性和准确性。

7.2.2 各区司法局应至少每半年组织1次突发事件紧急处置演练,市矫正局每年进行组织1至2次专项督导检查。

7.3 处置原则和要求

7.3.1 按照 Q/SQJZ BZ2.1 安全防范管理规范的要求处置。

7.3.2 市矫正局、区司法局、司法所三级应急处置力量应确保通信渠道畅通，密切配合。快报事实，确保突发事件信息及时准确。

7.3.3 社区矫正突发事件处置应本着"宜顺不宜激、宜疏不宜堵、宜解不宜结、宜散不宜聚"的指导思想，综合运用法律、政策、经济、行政等手段和教育、协商、调解等方法加以处置。

7.4 评估报告

突发事件处置后，应组织总结评估，形成报告。报告内容包括以下四个基本要素：

a) 突发事件发生时间、地点、简要过程等基本情况；

b) 涉及社区服刑人员个人基本情况；

c) 已经或可能造成的社会影响、危害程度；

d) 事件是否可控的态势预测。

7.5 保障措施

各级司法行政机关应制定相应的保障措施，做好处置工作的交通保障、通信保障、人力资源保障，加强对选派民警、专职干部、社工的业务培训，提高突发案(事)件处置能力和水平。

7.6 责任追究

不及时处置社区矫正突发事件或者处置不当，造成后果的，内部通报批评；造成严重后果或社会影响的，按照有关法律、法规和规定处理。

附录 A(资料性附录)

社区服刑人员行凶、闹事应急处置预案

A.1 区应急处置指挥小组

组长：区司法局分管副局长

副组长：区矫正科(处)科(处)长

组员：司法局职能科室工作人员、司法所所长、专职干部、矫正民警、新航社区服务总站区站站长、区社会帮教志愿者协会会长。

A.2 应急处置

A.2.1 适用范围

社区服刑人员行凶、闹事的突发事件。

A.2.2 处置原则

遇有社区服刑人员突发行凶、闹事时，必须及时启动应急处置预案，遵循及时、平稳、化解、控制的原则，及时采取措施，果断应对处置。

A.2.3 应急措施

A.2.3.1 任何相关人员一遇有或接到社区服刑人员突发行凶、闹事时，应立即将所了解到的社区服刑人员的姓名、所属司法所、起因等情况报告给区应急处置指挥小组。区应急处置指挥小组迅速将突发情况传达给各成员，并发布启动应急处置预案命令。

A.2.3.2 矫正小组立即向区应急处置指挥小组提供社区服刑人员的基本情况和日常动态信息。

A.2.3.3 矫正中心和各司法所应急处置小组成员迅速赶赴事发地点，了解社区服刑人员行凶、闹事的原因、事态发展控制情况、被害人或单位被害情况，协助公安机关调查，做好疏导化解、舆论引导等相应处置工作，同时做好记录和证据保全。

A.2.3.4 区应急处置指挥小组将突发情况电话报告市社区矫正突发事件应急处置领导小组，接受相关命令。

A.2.3.5 区司法局与区检察院监所科、社区检察室、区公安分局基层指导科、人口办保持联系，跟踪案件的进展，根据情况采取相应措施。

A.2.3.6 区司法局根据情况对社区服刑人员启动治安处罚和收监程序。

A.2.3.7 相应处置工作完成后，区应急处置指挥小组召集全体成员召开评议会，评议此次突发案(事)件，评议内容包括：突发案(事)件发生的时间、地点、过程；涉案社区服刑人员的基本情况和日常监管情况；已经或可能造成的社会影响、危害程度、案(事)件是否可控的态势预测等，形成会议纪要并提交书面报告。

A.2.4 处置要求

各应急处置力量必须确保通讯畅通，本着"宜顺不宜激、宜疏不宜堵、宜解不宜结、宜散不宜聚"的指导思想，坚持"边处置边报告、边核实边报告"，综合运用法律、政策、经济、行政等手段和教育、协商、调解等方法加以处置。

A.3　责任与责任追究

A.3.1　突发案(事)件发生,区应急处置指挥小组发布启动应急处置预案命令后,打破原有隶属关系,各应急处置力量一切行动听从区应急处置指挥小组指挥,按照预案开展工作。

A.3.2　按照处置原则和要求,各应急处置力量边处置边核实,随时将情况报告区应急处置指挥小组。

A.3.3　各人员、各应急处置力量不得推诿躲避、不得敷衍,或因处置不当,造成后果的,按照有关法律法规和规定处理。

A.4　通讯名录

附件一:《区应急处置指挥小组成员通讯名录》。

附录 B(资料性附录)

社区服刑人员参与群访、闹访应急处置预案

B.1 区应急处置指挥小组

组长:区司法局分管副局长

副组长:区矫正科(处)科(处)长

组员:司法局职能科室工作人员、司法所所长、专职干部、矫正民警、新航社区服务总站区站站长、区社会帮教志愿者协会会长。

B.2 应急处置

B.2.1 适用范围

B.2.1.1 社区服刑人员因群访严重影响相关部门正常工作秩序的行为。

B.2.1.2 社区服刑人员因上访时情绪激动,不听劝阻的。

B.2.1.3 社区服刑人员违反上访程序,聚众闹事的。

B.2.2 处置原则

B.2.2.1 坚持统一领导、统一指挥、快速反应、妥善处置的原则,尽一切努力将可能发生的不安定因素,解决在萌芽状态。

B.2.2.2 发生社区服刑人员群体性突发事件、事故时,区司法局社区矫正应急处置指挥小组(以下简称区应急处置指挥小组)必须派人赶往现场了解情况,并协助相关部门妥善处置,同时向区司法局主要领导、市社区矫正管理局及相关部门汇报,保持联系。

B.2.2.3 坚持"可疏不可堵、可散不可聚、可顺不可激"的原则,讲究策略、把握时机,采取教育和疏导为主,化解和处置相结合措施,千方百计防止事态扩大。

B.3 应急措施

B.3.1 任何相关人员一遇有或接到社区服刑人员突发参与群访、闹访时,应立即将所了解到的社区服刑人员的姓名、所属司法所、起因等情况报告给区应急处置指挥小组。区应急处置指挥小组迅速将突发情况传达给各成员,发布启动应急处置预案命令。按照区应急处置指挥小组的职责,明确分工、各尽其能、步调一致、统一行动。由区应急处置指挥小组副组长协助组长保持与各街镇、区内其他政法部门、市矫正工作管理局的联系,使防范与处置有机结合。

B.3.2 矫正小组立即向区应急处置指挥小组提供社区服刑人员的基本情况和日常动态信息。

B.3.3 发生社区服刑人员群体上访时,第一时间与社区服刑人员监管地司法所取得联系,并责成相关人员立即赶赴现场进行疏导,了解社区服刑人员参与群访闹访的原因诉求、群访闹访规模、事态发展控制情况,协助公安、城管、保安等单位维持秩序,做好疏导化解、舆论引导等相应处置工作,同时做好记录和证据保全,并将人员带回。

B.3.4 经劝阻和解释仍不听,不肯回家的上访社区服刑人员,由区应急处置指挥小组安排派驻社区矫正民警赶赴现场维持秩序,采取人盯人的战术,并及时将现场的动态情况向应急指挥小组组长报告。矫正科的其他人员做好后勤保障工作。

B.3.5 如有群访的社区服刑人员因自身原因在现场突发高血压、心脏病等紧急情况发生时,由在场的区应急处置指挥小组的负责民警联系120急救电话进行抢救,并保留事发现场,同时向区应急处置指挥小组报告和上级领导及有关部门汇报,写好相关书面材料,并及时报当地公安机关勘察取证。

B.3.6 万一发生突发情况,如出现事态突变、矛盾激化、毁坏公物,局面难以控制,在报告区应急处置指挥小组组长的同时,应向上级有关领导和公安机关报警,现场的矫正民警应采取果断措施,坚决制止违法行为,并对现场情况和证据进行摄影、摄像,协助公安机关进行处置工作,并平息事态。

B.3.7 相应处置工作完成后,区应急处置指挥小组召集全体成员召开评议会,评议此次突发案(事)件,评议内容包括:突发案(事)件发生的时间、地点、过程;涉案社区服刑人员的基本情况和日常监管情况;已经或可能造成的社会影响、危害程度;案(事)件是否可控的态势预测等,形成会议纪要和书面报告。

B.4 应急处置事项要求

B.4.1 所有区应急处置指挥小组成员,接到通知后,必须严阵待命,以最快的速度到达事发地点,并保证24小时通讯联络畅通,有事外出必须得到组长批准方可准假。

B.4.2 所有成员必须按照"呼得应、拉得出、打得响、过得硬"的要求,坚决服从组长的分配任务。

B.4.3 后勤保障组的同志在了解群访事件发生后,按要求准备好提供必要的食品、急救器材及摄影、摄像等的准备和相关资金保障。

B.5 责任与责任追究

B.5.1 突发案(事)件发生,区应急处置指挥小组发布启动应急处置预案命令后,打破原有隶属关系,各应急处置力量一切行动听从区应急处置指挥小组指挥,按照预案开展工作。

B.5.2 按照处置原则和要求,各应急处置力量边处置边核实,随时将情况报告区应急处置指挥小组。

B.5.3 各人员、各应急处置力量不得推诿躲避、不得敷衍,或因处置不当,造成后果的,按照有关法律法规和规定处理。

B.6 通讯名录

附件一:《区应急处置指挥小组成员通讯名录》。

附录 C(资料性附录)

社区服刑人员脱管失控应急处置预案

C.1 区应急处置指挥小组

组长:区司法局分管副局长

副组长:区矫正科(处)科(处)长

组员:司法局职能科室工作人员、司法所所长、专职干部、矫正民警、新航社区服务总站区站站长、区社会帮教志愿者协会会长。

C.2 应急处置

C.2.1 适用范围

社区服刑人员脱离监管下落不明事件。

C.2.2 处置原则

遇有社区服刑人员突发脱管失控时,必须及时启动应急处置预案,遵循及时、平稳、化解、控制的原则,及时采取措施,果断应对处置。

C.2.3 应急措施

C.2.3.1 社区服刑人员脱离监管超过一周,仍无法与其取得联系的,司法所应当及时向区司法局报告,并上门走访要求其亲属协助查找,同时与公安派出所联系请求协助查找,并通过公安信息查询系统查询该对象是否被公安采取治安处罚或刑事处罚。

C.2.3.2 矫正中心和司法所应急处置小组成员迅速赶赴相关公安机关、居住地、户籍地、居委、工作单位、就读学校等地方,查找涉案社区服刑人员,同时做好记录和证据保全。

C.2.3.3 区司法局要将社区服刑人员脱管失控情况报告市社区矫正管理局,接受相关命令。

C.2.3.4 区应急处置指挥小组召集全体成员召开评议会,评议社区服刑人员脱管失控个案情况,评议内容包括:涉案社区服刑人员的基本情况和日常监管情况;已经或可能造成的社会影响、危害程度;脱管个案是否可控的态势预测等,形成会议纪要和书面报告。

C.2.3.5 区司法局制作协查公函送交区公安分局,由区公安分局指定相关派出所协助查找。

C.2.3.6 区司法局矫正科应当及时与区检察院监所科、原审法院刑庭联系,通报情况、请求协助。

C.2.3.7 脱离监管超过1个月的,区司法局应当向原审法院提请收监。收到法院同意收监的裁定后,区司法局制作协助抓捕的公函送交区公安分局,由区公安分局指定相关派出所协助抓捕。

C.2.4 处置要求

各应急处置力量必须确保通讯畅通,本着"宜顺不宜激、宜疏不宜堵、宜解不宜结、宜散不宜聚"的指导思想,坚持"边处置边报告、边核实边报告",综合运用法律、政策、经济、行政等手段和教育、协商、调解等方法加以处置。

C.3 责任与责任追究

C.3.1 突发案(事)件发生,区应急处置指挥小组发布启动应急处置预案命令后,打破原有隶属关系,各应急处置力量一切行动听从区应急处置指挥小组指挥,按照预案开展工作。

C.3.2 按照处置原则和要求,各应急处置力量边处置边核实,随时将情况报告区应急处置指挥小组。

C.3.3 各人员、各应急处置力量不得推诿躲避、不得敷衍,或因处置不当,造成后果的,按照有关法律法规和规定处理。

C.4 通讯名录

附件一:《区应急处置指挥小组成员通讯名录》。

附录 D(资料性附录)

社区服刑人员非正常死亡应急处置预案

D.1　区应急处置指挥小组

组长:区司法局分管副局长

副组长:区矫正科(处)科(处)长

组员:司法局职能科室工作人员、司法所所长、专职干部、矫正民警、新航社区服务总站区站站长、区社会帮教志愿者协会会长。

D.2　应急处置

D.2.1　适用范围

社区服刑人员非正常死亡事件。

D.2.2　处置原则

遇有社区服刑人员突发脱管失控时,必须及时启动应急处置预案,遵循及时、平稳、化解、控制的原则,及时采取措施,果断应对处置。

D.2.3　应急措施

D.2.3.1　任何相关人员一遇有或接到社区服刑人员突发非正常死亡时,应立即将所了解到的社区服刑人员的姓名、所属司法所、非正常死亡时间、原因等情况报告给区应急处置指挥小组。区应急处置指挥小组迅速将突发情况传达给各成员,并发布启动应急处置预案命令。

D.2.3.2　矫正小组立即向区应急处置指挥小组提供社区服刑人员的基本情况和日常动态信息。

D.2.3.3　矫正中心和各司法所应急处置小组成员迅速赶赴事发地点,了解社区服刑人员非正常死亡原因、事态发展控制情况,通知其家属,协助公安机关调查和维持秩序,司法所应当协助社区服刑人员所在的居委会做好亲属的疏导化解、舆论引导等相应处置工作,同时做好记录和证据保全。

D.2.3.4　区应急处置指挥小组将突发情况电话报告市社区矫正突发事件应急处置领导小组,接受相关命令。

D.2.3.5　区司法局应当及时书面通知批准、决定机关,并通报区检察院监所科。

D.2.3.6　区司法局启动该社区服刑人员社区矫正终止程序。

D.2.4　相应处置工作完成后,区应急处置指挥小组召集全体成员召开评议会,评议此次突发案(事)件,评议内容包括:突发案(事)件发生的时间、地点、过程;涉案社区服刑人员的基本情况和日常监管情况;已经或可能造成的社会影响、危害程度;案(事)件是否可控的态势预测等,形成会议纪要并提交书面报告。

D.2.5　处置要求

各应急处置力量必须确保通讯畅通,本着"宜顺不宜激、宜疏不宜堵、宜解不宜结、宜散不宜聚"的指导思想,坚持"边处置边报告、边核实边报告",综合运用法律、政策、经济、行政等手段和教育、协商、调解等方法加以处置。

D.3　责任与责任追究

D.3.1　突发案(事)件发生,区应急处置指挥小组发布启动应急处置预案命令后,打破原有隶属关系,各应急处置力量一切行动听从区应急处置指挥小组指挥,按照预案开展工作。

D.3.2　按照处置原则和要求,各应急处置力量边处置边核实,随时将情况报告区应急处置指挥小组。

D.3.3　各人员、各应急处置力量不得推诿躲避、不得敷衍,或因处置不当,造成后果的,按照有关法律法规和规定处理。

D.4　通讯名录

附件一:《区应急处置指挥小组成员通讯名录》。

附录 E(资料性附录)

网络媒体高度关注的涉及社区服刑人员
重大突发案（事）件应急处置预案

E.1　区应急处置指挥小组

组长：区司法局分管副局长

副组长：区矫正科(处)科(处)长

组员：司法局职能科室工作人员、司法所所长、专职干部、矫正民警、新航社区服务总站区站站长、区社会帮教志愿者协会会长。

E.2　预防预警

E.2.1　调查走访

矫正小组应当定期派人到社区服刑人员的家庭、所在单位、就读学校和居住的社区了解核实社区服刑人员的思想动态和现实表现等情况，并做好记录。

E.2.2　监督管理

矫正小组应当掌握社区服刑人员是否按照要求履行报告、参加教育学习和社区服务等活动，关心其家庭生活、工作、经济来源等情况，关注其言行和动态。

E.2.3　信息反馈和动态分析

E.2.3.1　矫正小组应当将日常监管、教育帮扶中了解、发现的情况向小组成员通报，并进行动态分析，发现或研判社区服刑人员有发生引发网络媒体关注案(事)件倾向的，应及时报告各司法所应急处置小组。矫正中心或各司法所应急处置小组其他成员若发现或研判社区服刑人员有发生引发网络媒体关注案(事)件倾向的，应及时报告区应急处置指挥小组或各司法所应急处置小组。

E.2.3.2　各司法所应急处置小组视情况向区应急处置指挥小组报告情况。

E.2.4　应急准备

区应急处置指挥小组或各司法所应急处置小组根据信息反馈和动态研判分析情况发布应急准备命令，命令相关人员做好化解疏导教育和具体救助，必要时采取夹控措施，并随时将情况报告反馈。区应急处置指挥小组或各司法所应急处置小组根据反馈的情况，指示进一步的行动或发布解除命令。

E.3　应急处置

E.3.1　处置原则

遇有社区服刑人员突发引发网络媒体高度关注案(事)件时，必须及时启动应急处置预案，遵循及时、平稳、化解、控制的原则，及时采取措施，果断应对处置。

E.3.2　应急措施

E.3.2.1　任何相关人员一遇有或接到社区服刑人员突发引发网络媒体高度关注案(事)件时，应立即将所了解到的社区服刑人员的姓名、所属司法所、起因、案(事)件性质等情况报告给区应急处置指挥小组。区应急处置指挥小组迅速将突发情况传达给各成员,并发布启动应急处置预案命令。

E.3.2.2　矫正小组立即向区应急处置指挥小组提供社区服刑人员的基本情况和日常动态信息。

E.3.2.3　矫正中心和各司法所应急处置小组成员迅速赶赴事发地点,了解社区服刑人员发生引发网络媒体高度关注案(事)件的原因诉求、事态发展控制情况,协助公安、城管、保安等单位维持秩序和调查,做好疏导化解、舆论引导等相应处置工作,同时做好记录和证据保全。

E.3.2.4　区应急处置指挥小组将突发情况电话报告市社区矫正突发事件应急处置领导小组,接受相关命令。

E.3.2.5　区应急处置指挥小组根据情况启动相关惩戒措施。

E.3.2.6　相应处置工作完成后,区应急处置指挥小组召集全体成员召开评议会,评议此次突发案(事)件,评议内容包括:突发案(事)件发生的时间、地点、过程;涉案社区服刑人员的基本情况和日常监管情况;已经或可能造成的社会影响、危害程度;案(事)件是否可控的态势预测等,形成会议纪要和书面报告。

E.3.2.7　区应急处置指挥小组向市社区矫正突发事件应急处置领导小组提交此次突发案(事)件的书面报告。

E.3.3　处置要求

各应急处置力量必须确保通讯畅通,本着"宜顺不宜激、宜疏不宜堵、宜解不宜结、宜散不宜聚"的指导思想,坚持"边处置边报告、边核实边报告",综合运用法律、政策、经济、行政等手段和教育、协商、调解等方法加以处置。

E.4　责任与责任追究

E.4.1　突发案(事)件发生,区应急处置指挥小组发布启动应急处置预案命令后,打破原有隶属关系,各应急处置力量一切行动听从区应急处置指挥小组指挥,按照预案开展工作。

E.4.2　按照处置原则和要求,各应急处置力量边处置边核实,随时将情况报告区应急处置指挥小组。

E.4.3　各人员、各应急处置力量不得推诿躲避、不得敷衍,或因处置不当,造成后果的,按照有关法律法规和规定处理。

E.5　通讯名录

附件一:《区应急处置指挥小组成员通讯名录》。

附录 F(资料性附录)

社区服刑人员参与涉外、涉民族宗教
事务案(事)件应急处置预案

F.1 区应急处置指挥小组

组长:区司法局分管副局长

副组长:区矫正科(处)科(处)长

组员:司法局职能科室工作人员、司法所所长、专职干部、矫正民警、新航社区服务总站区站站长、区社会帮教志愿者协会会长。

F.2 预防预警

F.2.1 调查走访

矫正小组应当定期派人到社区服刑人员的家庭、所在单位、就读学校和居住的社区了解核实社区服刑人员的思想动态和现实表现等情况,并做好记录。

F.2.2 监督管理

矫正小组应当掌握社区服刑人员是否按照要求履行报告、参加教育学习和社区服务等活动,关心其家庭生活、工作、经济来源等情况,关注其言行和动态。

F.2.3 信息反馈和动态分析

F.2.3.1 矫正小组应当将日常监管、教育帮扶中了解、发现的情况向小组成员通报,并进行动态分析,发现或研判社区服刑人员有参与涉外、涉民族宗教事务案(事)件倾向的,应及时报告各司法所应急处置小组。矫正中心或各司法所应急处置小组其他成员若发现或研判社区服刑人员有发生引发网络媒体关注案(事)件倾向的,应及时报告区应急处置指挥小组或各司法所应急处置小组。

F.2.3.2 各司法所应急处置小组视情况向区应急处置指挥小组报告情况。

F.2.4 应急准备

区应急处置指挥小组或各司法所应急处置小组根据信息反馈和动态研判分析情况发布应急准备命令,命令相关人员做好化解疏导教育和具体救助,必要时采取夹控措施,并随时将情况报告反馈。区应急处置指挥小组或各司法所应急处置小组根据反馈的情况,指示进一步的行动或发布解除命令。

F.3 应急处置

F.3.1 处置原则

遇有社区服刑人员突发参与涉外、涉民族宗教事务案(事)件时,必须及时启动应急处置预案,遵循及时、平稳、化解、控制的原则,及时采取措施,果断应对处置。

F.3.2 应急措施

F.3.2.1 任何相关人员一遇有或接到社区服刑人员突发参与涉外、涉民族宗教事务案(事)件时,应立即将所了解到的社区服刑人员的姓名、所属司法所、起因、案(事)件性质等情况报告给区应急处置指挥小组。区应急处置指挥小组迅速将突发情况传达给各成员,并发布启动应急处置预案命令。

F.3.2.2 矫正小组立即向区应急处置指挥小组提供社区服刑人员的基本情况和日常动态信息。

F.3.2.3 矫正中心和各司法所应急处置小组成员迅速赶赴事发地点,了解社区服刑人员参与涉外、涉民族宗教事务案(事)件的原因诉求、案(事)件性质、事态发展控制情况,协助公安、城管、保安等单位维持秩序和调查,做好疏导化解安抚、舆论引导等相应处置工作,同时做好记录和证据保全。

F.3.2.4 区应急处置指挥小组将突发情况电话报告市社区矫正突发事件应急处置领导小组,接受相关命令。

F.3.2.5 区应急处置指挥小组根据情况启动惩戒措施或治安处罚或收监程序。

F.3.2.6 相应处置工作完成后,区应急处置指挥小组召集全体成员召开评议会,评议此次突发案(事)件,评议内容包括:突发案(事)件发生的时间、地点、过程;涉案社区服刑人员的基本情况和日常监管情况;已经或可能造成的社会影响、危害程度;案(事)件是否可控的态势预测等,形成会议纪要并提交书面报告。

F.3.3 处置要求

各应急处置力量必须确保通讯畅通,本着"宜顺不宜激、宜疏不宜堵、宜解不宜结、宜散不宜聚"的指导思想,坚持"边处置边报告、边核实边报告",综合运用法律、政策、经济、行政等手段和教育、协商、调解等方法加以处置。

F.4 责任与责任追究

F.4.1 突发案(事)件发生,区应急处置指挥小组发布启动应急处置预案命令后,打破原有隶属关系,各应急处置力量一切行动听从区应急处置指挥小组指挥,按照预案开展工作。

F.4.2 按照处置原则和要求,各应急处置力量边处置边核实,随时将情况报告区应急处置指挥小组。

F.4.3 各人员、各应急处置力量不得推诿躲避、不得敷衍,或因处置不当,造成后果的,按照有关法律法规和规定处理。

F.5 通讯名录

附件一:《区应急处置指挥小组成员通讯名录》。

Q/SQJZ

上 海 市 社 区 矫 正 管 理 标 准

Q/SQJZ BZ2.3—2016

外来人员管理规范

2016-09-14 发布

2016-10-01 实施

上海市社区矫正管理局　发布

目　次

前　　言

本标准按照 GB/T 1.1-2009 给出的规则起草。

本标准由上海市社区矫正管理局标准化工作办公室提出并归口。

本标准起草单位:上海市社区矫正管理局标准化工作办公室。

本标准主要起草人:张国华、沈雨潮、乔明强。

本标准为首次发布。

外来人员管理规范

1 范围

本标准规定了外来人员的管理部门和职责、管理要求、外来人员分类、人员进出管理、检查等内容。

本标准适用于各矫正中心外来人员的管理。

2 规范性引用文件

下列文件对于本文件的应用是必不可少的。凡是注日期的引用文件,仅所注日期的版本适用于本文件。凡是不注日期的引用文件,其最新版本(包括所有的修改单)适用于本文件。

Q/SQJZ BZ2.2-2018 突发事件应急预案。

Q/SQJZ BZ6.4-2016 责任追究规范。

3 术语和定义

下列术语和定义适用于本文件。

3.1 大门

供人员、车辆进出矫正中心区域的大门。

3.2 门卫保安

负责矫正中心行政大门执勤的保安人员。

4 岗位和职责

4.1 矫正科

负责外来人员的接待、身份确认,审批手续的办理,外来人员管理工作的检查、监督,以及外来人员进入矫正中心的陪同。

4.2 矫正中心办证窗口

负责进入矫正中心外来人员的登记、信息采集,以及矫正中心出入证、临时通行证(参见附录 A、B)办证工作。

4.3 责任民警

负责带领外来人员进出监门,并负责外来人员在矫正中心区域内工作、活动的管理和安全防范。

4.4 门卫保安

负责外来人员与矫正科的联系,外来人员证件核对工作。

5 管理要求

外来人员管理,应符合以下要求:

——入办公区应当在大门接受安检,并服从矫正民警的管理;

——除工作人员外,女社区服刑人员出入矫正中心,要由女工作人员陪同;

——未经矫正中心同意,超越规定的活动区域;

——不得与社区服刑人员单独接触,不得使用隐语、暗语与社区服刑人员进行交流;

——未经矫正中心批准,不得将摄像、摄影、录音设备和危险品带入办公区域,不得携带其他与工作无关的物品,严禁将各类违禁品带入矫正中心。

6 外来人员分类

6.1 外单位工作人员

除本矫正中心工作人员以外,上海市社区矫正管理局机关工作人员,各区司法局所管辖的其他矫正中心、司法所的矫正警察、专职干部、社工。

6.2 因公人员

上海市社区矫正管理局以外,各级各类因执行公务或者工作需要到矫正中心的人员,主要包括:

——因执行公务到矫正中心视察、检查和工作的政法机关工作人员;

——因公需要,其他政府机关、社会组织到矫正中心参观、开展帮教活动的志愿者;

——因帮教社区服刑人员需要,经过矫正中心邀约的人员,如给社区服刑人员授课的教师、为社区服刑人员提供法律援助的律师等。

6.3 外协人员

根据合同约定,或因服务协作关系,需要到矫正中心工作的人员,主要包括:

——服务合同单位派出的负责设施设备维护的工作人员;

——为矫正中心提供绿化、保洁等服务的工作人员。

7 人员进出管理

7.1 进出行政区域门

外来人员应出示本人有效身份证件,说明事由后,经门卫保安联系并获得矫正科认可后,方可进入矫正中心。出行政区域门时,应服从门卫保安管理和指挥,有序通行。

7.1.1 外协人员

3个月以上需频繁进出矫正中心的长期外协人员,进出的程序如下:

——申请人凭合同、工作单位的函,向矫正科提出申请,经科室审核、分管局领导批准后,办理《矫正中心出入证》(见附录 A),方可进出。办理《矫正中心出入证》时,应采集人员基本信息、拍照。

7.1.2 社区服刑人员

社区服刑人员进出矫正中心,应当:

——凭身份证明,由矫正中心责任民警带领,在办证窗口留存身份证明,采集人员基本信息、拍照并办理临时通行证(见附录 B);

——办证后,人员持临时通行证,由矫正中心责任民警带领进出矫正中心。

8 检查

8.1 检查

8.1.1 发现外来人员不遵守矫正中心管理规定的,责任民警应予以制止并纠正;涉嫌违法犯罪的,依法移送公安机关处理。

8.1.2 有工作人员违反上述规范的,按照责任追究规范处理。

8.2 应急处置

突发紧急情况时,现场责任民警应有效控制行政门,维护现场秩序,并及时报告指挥中心。具体应急预案见突发事件应急预案。

8.3 考核

对外来人员管理工作纳入单位年终目标管理考核。

附录 A(资料性附录)

矫正中心出入证

A.1 制作材质

PVC 材质,符合矫正中心门禁使用需要的可反复读写的非接触式 IC 卡。

A.2 基本样式

A.2.1 规格尺寸

90 mm×130 mm。

A.2.2 图案图形

a) 竖版两面印制,也可在白色 PVC 材质卡片上以规定颜色的粘纸覆盖方式制作;

b) 矫正中心出入证上端设吊带孔,使用与通行证不同色的证件吊带;

c) 正面印制内容"上海市某某区矫正中心"、"出入证"、"编号 No:××××"内容,反面印制内容为"矫正中心出入证"、"编号 No:××××"。

A.3 内容信息

IC 卡所载信息应有以下内容:

a) 持卡人姓名;

b) 持卡人现场采集的照片;

c) 持卡人身份证号;

d) 持卡人工作单位。

附录 B(资料性附录)

临时通行证

B.1　制作材质

PVC 材质,符合矫正中心门禁使用需要的可反复读写的非接触式 IC 卡。

B.2　基本样式

B.2.1　规格尺寸

90 mm×130 mm。

B.2.2　图案图形

a) 竖版两面印制,也可在白色 PVC 材质卡片上以规定颜色的粘纸覆盖方式制作;

b) 临时通行证上端设吊带孔,使用与出入证不同色的证件吊带;

c) 正面印制内容"上海市某某区矫正中心"、"通行证"、"编号 No:××××"内容,反面印制内容为"矫正中心通行证"、"编号 No:××××"。

B.3　内容信息

IC 卡所载信息应有以下内容:

a) 持卡人姓名;

b) 持卡人现场采集的照片;

c) 持卡人身份证号;

d) 持卡人工作单位。

Q/SQJZ

上 海 市 社 区 矫 正 管 理 标 准

Q/SQJZ BZ3.1—2016

信息化设备管理规范

2016-09-14 发布   2016-10-01 实施

上海市社区矫正管理局   发布

目　次

前　言

本标准按照 GB/T 1.1-2009 给出的规则起草。

本标准由上海市社区矫正管理局标准化工作领导小组提出并归口。

本标准起草单位:上海市社区矫正管理局标准化工作办公室。

本标准主要起草人:田航军、乔明强、符佳华。

本标准为首次发布。

信息化设备管理规范

1 范围

本标准规定了上海市社区矫正管理局(以下简称矫正局)信息化设备采购申请、信息化设备安装、信息化设备使用、维修、报废、违规责任等要求。

本标准适用于矫正局信息化设备管理的规范化操作。

2 部门职责及权限

综合处负责信息化设备的采购申请、安装、维护、更新、报废等使用管理。综合处指定精通信息化设备应用、软件操作的工作人员作为信息化管理员。

3 信息化设备采购申请

各职能处室根据工作需要提出信息化设备采购需求,由综合处汇总后提交局长办公会议,批准后报市司法局提出采购申请。信息化设备由市司法局统一采购,纳入政府采购平台。

4 信息化设备安装

由政府采购平台中标的外包单位负责对信息化设备的安装和调试。

5 信息化设备使用

5.1 使用原则

5.1.1 计算机管理坚持"谁使用,谁负责"和"专机专用"的原则,不得将计算机应用于与工作无关的事务,不得将计算机交给无关人员使用。

5.1.2 各处室负责人应当认真落实所辖计算机及配套设备的使用和保管责任,确保所用的计算机及外设始终处于整洁和良好的状态。

5.1.3 应统一管理计算机及相关设备,完整保存计算机及其相关设备的驱动程序,保修卡及重要随机文件。

5.2 机房要求

5.2.1 服务器、防火墙、路由器、交换机、配线架等设备是网络的关键设备,应放置在计算机机房内,不得自行配置或更换,更不能挪作他用。

5.2.2 机房内应按设备要求保持温度、湿度及室内清洁,未经许可不得随便打开门窗,不得在机房内吸烟,以免灰尘进入设备内部影响设备正常使用。

5.2.3 计算机房内应保持清洁、卫生,并由网络管理员负责管理和维护,无关人员未经批准不得进入机房。

5.2.4 不得将易燃、易爆、腐蚀性、强电磁、辐射性、流体物质等对设备正常运行构成严重威胁的物品及其他与机房工作无关的物品进入机房。

5.3 外接设备要求

外接设备应符合以下要求：

a) 不得带电插拔除 USB 接口以外的电缆和信息线，严禁带电移动计算机设备；

b) 不得使用来历不明或与工作无关的软盘、光盘、U 盘、移动硬盘和其他移动存储介质。未经处室负责人同意，不得把本部门的软盘、光盘、U 盘、移动硬盘和其他移动存储介质外借，不得为本单位以外人员拷贝软件和数据；

c) 接入矫正局专网的笔记本计算机，确因工作需要外带处理文件资料的，不得接入或访问互联网；

d) 与矫正局专网连接的计算机，未经责任人批准不得向计算机拷入与工作无关的软件与文件资料；

e) 除管理员外，其他人员不得随意安装计算机设备电源线。发现电源线破损的，应及时告知管理员，由管理员负责修复或调换。

5.4 使用者要求

5.4.1 使用者应当注意保持计算机使用环境的卫生清洁，饮水、进食时应当远离计算机。

5.4.2 使用者应设置开机密码及屏幕保护密码，并向网络管理员备案，严格按岗位职责权限进行操作，任何人不得越权或以他人名义进行操作。

5.4.3 应严格遵守开机流程（接通电源—打开显示器—打印机等外设—打开计算机主机—在规定权限内对工作任务进行操作）和关机流程（退出所有应用程序及各个子文件目录，如有光盘或软盘的，应当取出—关闭主机—关闭显示器、打印机等外设—切断电源）。

5.4.4 关机后至少 30 秒钟后方能再次开机。

5.4.5 不论计算机是否工作，不能随意搬运与拆卸计算机设备。

5.4.6 因信息化建设工作需要，安装与本部门业务相关的专用软件时，应告知管理员并登记备案。

5.4.7 使用者不得有下列行为：

a) 不得擅自删除或修改系统文件；

b) 不得擅自安装代理服务器软件；

c) 不得擅自安装 IE 浏览器控件；

d) 不得擅自修改计算机名称、IP 地址；

e) 不得擅自重装操作系统；

f) 不得随意拆卸硬件设备；

g) 不得将有用的资料和文件存放在系统盘（一般为 C 盘，如我的文档及桌面上）；

h) 开机后不得用手或其他硬物触碰显示屏。显示器及主机箱内、计算机桌面应用绒布擦拭，不得使用有机溶剂擦拭，防止因液体流入而导致的触电和设备故障。不得将磁性物品、装有液体的器皿靠近计算机。

5.5 网络管理员要求

5.5.1 矫正局内所有计算机均由网络管理员或经管理员授权的熟悉计算机应用知识的工作人员负责安装操作系统及相关软件，确定用户名及网络设置，保证使用软件产生的数据的统一性及互用性。

5.5.2 网络管理员统一制定计算机系统的各种软（包括系统软件与应用软件，如操作系统（WINDOWS），办公软件（OFFICE），计算机辅助设计软件（AUTOCAD）等）、硬件标准（包括计算机及接口设备），每年指定各种常用软件的存档版本（年度存档文件版本规定），只有符合标准的设备及软件才可使用。

5.5.3 其他特殊应用软件因工作需要特别申请,由分管领导批准后由管理员进行安装。

5.5.4 硬件申请需根据工作需要,由使用者本人提出书面申请,由网络管理员统一向信息主管提出申请(购买或本处内部调配),经领导批准后由管理员负责安装、连接、升级。

5.5.5 网络管理员应做好网络安全工作,服务器的各种账号严格保密,监控网络上的数据流,从中检测出攻击的行为并及时响应和处理。

5.5.6 对本地局域网的运行、调整情况,应做好记录。未发现故障或故障隐患时任何人员不得擅自对光纤、网线及各种设备进行调试、插拔。发生故障时,对所发生故障的情况,处理过程和结果等要做好详细记录。对局域网内每台计算机都应统一设置固定的 IP 地址、交换机端口、配线架端口和计算机名,如有变更管理员应及时增删调整。

5.5.7 每月做好操作系统的补丁修正工作。

5.6 安全管理

5.6.1 内部局域网连接的计算机应统一安装指定的网络版防毒软件,由专用服务器负责自动升级和查杀病毒。

5.6.2 未经许可不得擅自卸载或安装其他杀毒软件。软盘、U盘、移动硬盘使用前应确保无病毒,否则不得联入计算机。

5.6.3 未经综合处信息主管许可,任何人不得在服务器上安装新软件,若确需安装的,安装前应进行病毒例行检测。

5.7 网络权限设置

接入矫正局内部网络的计算机网络权限分内部网、Internet 外网及访问市司法局 OA 网三种权限,确因工作需要更改计算机网络权限的,由计算机使用人提出,经分管局领导同意后由管理员负责实施。不得未经批准更改网络权限,安装代理服务器,一经发现,管理员应立即停止其网络接入,以保证全局网络安全正常运行。由此造成的损失由违者全部承担。

5.8 外网使用要求

5.8.1 不得在工作场所(含非上班时间)利用计算机系统上网浏览、发布、下载反动、色情、暴力及污蔑他人等不法信息。

5.8.2 不得在工作场所(含非上班时间)利用计算机系统上网聊天、炒股、玩计算机游戏,禁止下载、安装、运行与工作内容无关的软件。

5.8.3 不得访问非法网站、不安全网页、点击可疑的网页广告及图片。

5.8.4 收到来历不明的电子邮件后应直接删除。

5.9 数据备份

5.9.1 根据数据的保密规定和用途,确定使用人员存取权限、存取方法和审批手续。

5.9.2 不得泄露、外借和转移专业数据信息。

5.9.3 每周应做好服务器数据的备份,每半年应做好服务器数据的异地存储,确保系统一旦发生故障时能够快速恢复,备份数据不得更改。

5.9.4 业务数据应定期、完整、真实、准确地转储到不可更改的介质上,并要求集中和异地保存,保存期限至少 5 年。

5.9.5 备份的数据应指定管理员负责保管,并在数据保管室或档案室进行保管。

5.9.6 备份数据资料保管地点应有防火、防热、防潮、防尘、防磁、防盗设施。

6　维修

6.1　如果发现计算机出现异常情况,使用人员应立即通知网络管理员,不得盲目操作或自行打开主机箱进行维修。

6.2　数据的备份由计算机的使用者负责管理维护,在备份的过程中出现的技术问题可向网络管理员咨询。

6.3　使用矫正局的综合管理软件过程中发现问题应及时报网络管理员,由网络管理员统一联系软件公司进行修改。

6.4　使用市司法局 OA 系统中发现的问题及时报网络管理员,由网络管理员统一联系市司法局信息技术处进行修改。

7　报废

计算机设备报废根据 Q/SQJZ BZ5.2　办公用品管理规范的相关规定执行。

8　违规责任

8.1　发现工作人员存在信息化设备使用违规情况的,由管理员向综合处负责人报告,并责成该工作人员立即改正。

8.2　对两次以上违反制度的工作人员,有权暂停该工作人员使用计算机和网络的权利。

附录 A(规范性附录)

信息化设备硬件申请登记表

序号	部门	申请人	申请的硬件名称、型号	审批意见及负责人签名	领取日期及领取人签名	安装日期及管理员签名

附录 B(规范性附录)

信息化设备应用软件申请登记表

序号	部门	申请人	申请的应用软件名称	审批意见及负责人签名	安装日期	管理员签名

Q/SQJZ

上 海 市 社 区 矫 正 管 理 标 准

Q/SQJZ BZ3.2—2016

网络与信息安全事件专项应急预案

2016-09-14 发布 　　　　　　　　　　　　　　2016-10-01 实施

上海市社区矫正管理局　　发布

目　次

前　言

本标准按照 GB/T 1.1-2009 给出的规则起草。

本标准由上海市社区矫正管理局标准化工作办公室提出并归口。

本标准起草单位：上海市社区矫正管理局标准化工作办公室。

本标准主要起草人：田航军、乔明强、符佳华。

网络与信息安全事件专项应急预案

1 范围

本标准规定了上海市社区矫正管理局（以下简称矫正局）、区矫正中心关于网络与信息安全突发事件的分类、分级、适用范围、工作原则、组织指挥机构和职责、监测、预警和先期处置、应急处置、后期处置、应急保障和监督管理等要求。

本标准适用于矫正局、区矫正中心网络与信息安全突发事件应急工作的规范化管理。

2 规范性引用文件

下列文件对于本文件的应用是必不可少的。凡是注日期的引用文件，仅注日期的版本适用于本文件。凡是不注日期的引用文件，其最新版本（包括所有的修改单）适用于本文件。

Q/SQJZ BZ3.1 信息化设备管理规范。

3 术语和定义

下列定义适用于本文件。

网络与信息安全突发事件是指矫正局信息系统突然遭受不可预知外力的破坏、毁损、故障，发生对国家、社会、公众造成或者可能造成重大危害，危及公共安全的紧急事件。

4 事件分类

4.1 有害程序事件

有害程序事件分为计算机病毒事件、蠕虫事件、特洛伊木马事件、僵尸网络事件、混合程序攻击事件、网页内嵌恶意代码事件和其他有害程序事件。

4.2 网络攻击事件

网络攻击事件分为拒绝服务攻击事件、后门攻击事件、漏洞攻击事件、网络扫描窃听事件、网络钓鱼事件、干扰事件和其他网络攻击事件。

4.3 信息破坏事件

信息破坏事件分为信息篡改事件、信息假冒事件、信息泄露事件、信息窃取事件、信息丢失事件和其他信息破坏事件。

4.4 设备设施故障

设备设施故障分为软硬件自身故障、外围保障设施故障、人为破坏事故和其他设备设施故障。

4.5 灾害性事件

灾害性事件是指由自然灾害等其他突发事件导致的网络和信息系统故障。

5 事件分级

5.1 Ⅰ级(特别重大)

对国家安全、社会秩序、经济建设和公共利益造成特别严重损害的信息安全突发事件。

5.2 Ⅱ级(重大)

重要网络与信息系统发生全局大规模瘫痪,事态发展超出矫正局的控制能力,需要由市网络与信息安全应急协调小组跨部门协调解决。

5.3 Ⅲ级(较大)

涉及社区矫正执法工作的网络与信息系统瘫痪,对国家安全、社会秩序、经济建设和公共利益造成一定损害,但在矫正局控制之内的信息安全突发事件。

5.4 Ⅳ级(一般)

重要网络与信息系统使用效率上受到一定程度的损坏,对公民、法人和其他组织的权益有一定影响,但不危害国家安全、社会秩序、经济建设和公共利益的信息安全突发事件。

6 组织指挥机构与职责

6.1 组织体系

6.1.1 成立矫正局网络与信息安全领导小组。

6.1.2 组长由局长担任,副组长由分管副局长担任。

6.1.3 小组成员包括:各职能处室负责人、系统管理员、业务系统负责人、系统维护人员等。

6.2 工作职责

网络与信息安全领导小组职责包括:

a) 研究制订矫正局网络与信息安全应急处置工作的规划、计划和政策,协调推进矫正局网络与信息安全应急机制和工作体系建设;

b) 发生Ⅰ级、Ⅱ级、Ⅲ级网络与信息安全突发事件后,决定启动本预案,组织应急处置工作。如网络与信息安全突发事件属于Ⅰ级、Ⅱ级的,向市司法局通报并协调市有关部门配合处理;

c) 研究提出网络与信息安全应急机制建设规划,检查、指导和督促网络与信息安全应急机制建设;指导督促重要信息系统应急预案的修订和完善,检查落实预案执行情况;

d) 指导应对网络与信息安全突发事件的科学研究、预案演习、宣传培训,督促应急保障体系建设;

e) 及时收集网络与信息安全突发事件相关信息,分析重要信息并提出处置建议。对可能演变为Ⅰ级、Ⅱ级、Ⅲ级的网络与信息安全突发事件,应及时向局领导提出启动本预案的建议;

f) 负责提供技术咨询、技术支持,参与重要信息的研判、网络与信息安全突发事件的调查和总结评估工作,进行应急处置工作。

7 监测、预警和先期处置

7.1 信息监测与报告

7.1.1 要进一步完善各重要信息系统网络与信息安全突发事件监测、预测、预警制度。

7.1.2 按照"早发现、早报告、早处置"的原则,加强对各类网络与信息安全突发事件和可能引发网络与信息安全突发事件的有关信息的收集、分析判断和持续监测。

7.1.3 发生网络与信息安全突发事件时,在向有关部门报告的同时,按紧急信息报送的规定及时向局领导书面汇报。初次报告最迟不得超过 4 小时,较大、重大和特别重大的网络与信息安全突发事件实行态势进程报告和日报告制度。报告内容主要包括信息来源、影响范围、事件性质、事件发展趋势和采取的措施等。

7.1.4　重要信息系统管理人员应确立 2 个以上的即时联系方式,避免因信息网络突发事件发生后,必要的信息通报与指挥协调通信渠道中断。

7.1.5　信息安全定期汇报。每月应向局信息安全工作领导小组书面汇报网络与信息系统的安全状况,汇报内容包括:

a) 恶意人士利用矫正局网络从事违法犯罪活动的情况;

b) 网络或信息系统通信和资源使用异常,网络和信息系统瘫痪、应用服务中断或数据篡改、丢失等情况;

c) 网络恐怖活动的嫌疑情况和预警信息;

d) 网络安全状况、安全形势分析预测等信息;

e) 其他影响网络与信息安全的信息。

7.2　预警处理与预警发布

7.2.1　对于可能发生或已经发生的网络与信息安全突发事件,系统管理员应立即采取防火墙隔断、断开网络等措施控制事态,并在 2 小时内判定事件等级并发布预警,同时向信息安全领导小组汇报。

7.2.2　领导小组接到汇报后应立即组织现场救援,查明事件状态及原因,技术人员应及时对信息进行技术分析、研判,根据问题的性质、危害程度,提出安全警报级别。

7.3　先期处置

7.3.1　发生网络与信息安全突发事件时,技术人员应做好先期应急处置工作,立即采取物理隔断等措施控制事态,必要时采用断网、关闭服务器等方式防止事态进一步扩大,同时向信息安全领导小组通报。

7.3.2　信息安全领导小组在接到网络与信息安全突发事件发生或可能发生的信息后,应加强与信息化外包单位等有关方面的联系,掌握最新发展态势。

7.3.3　对有可能演变为Ⅲ级网络与信息安全突发事件,技术人员处置工作提出建议方案,并作好启动本预案(暂行)的各项准备工作。信息安全领导小组根据网络与信息安全突发事件发展态势,视情况决定现场指导、组织设备厂商或者系统开发商应急支援力量,做好应急处置工作。

7.3.4　对有可能演变为Ⅱ级或Ⅰ级的网络与信息安全突发事件,要根据市有关部门的要求,上报市司法局有关部门,赶赴现场指挥、组织应急支援力量,积极做好应急处置工作。

8　应急处置

8.1　应急指挥

8.1.1　本预案启动后,领导小组要迅速建立与现场通讯联系。收集相关信息,掌握现场处置工作状态,分析事件发展趋势,研究提出处置方案,调集和配置应急处置所需要的人、财、物等资源,统一指挥网络与信息安全应急处置工作。

8.1.2　需要成立现场指挥部的,局机关立即在现场开设指挥部,并提供现场指挥运作的相关保障。现场指挥部要根据事件性质迅速组建各类应急工作组,开展应急处置工作。

8.2　应急支援

8.2.1　本预案启动后,领导小组可根据事态的发展和处置工作需要,8 小时内向市司法局申请增派专家小组和应急支援单位,调动必需的物资、设备,支援应急工作。

8.2.2 参加现场处置工作的有关人员应在现场指挥部统一指挥下,协助开展处置行动。

8.3 信息处理

8.3.1 信息处理包括现场信息收集、分析和上报。

8.3.2 技术人员应对事件进行动态监测、评估,及时将事件的性质、危害程度和损失情况及处置工作等情况报领导小组,不得隐瞒、缓报、谎报。

8.3.3 符合紧急信息报送规定的,属于Ⅰ级、Ⅱ级信息安全事件的,同时报市司法局相关网络与信息安全部门。

8.4 扩大应急

8.4.1 经应急处置后,事态难以控制或有扩大发展趋势时,应实施扩大应急行动。

8.4.2 应迅速召开信息安全工作领导小组会议,根据事态情况,研究采取召开新闻发布会等有利于控制事态的措施,并向市司法局有关部门请求支援。

8.5 应急结束

网络与信息安全突发事件经应急处置后,得到有效控制,系统管理员将各监测统计数据报信息安全工作领导小组,提出应急结束的建议,经领导批准后实施。

9 后期处置

9.1 善后处置

在应急处置工作结束后,系统管理员要迅速采取措施,抓紧组织抢修受损的基础设施,减少损失,尽快恢复正常工作,统计各种数据,查明原因,对事件造成的损失和影响以及恢复重建能力进行分析评估,认真制定恢复重建计划,迅速组织实施。

9.2 调查和评估

在应急处置工作结束后,信息安全工作领导小组应立即组织有关人员和专家组成事件调查组,对事件发生及其处置过程进行全面的调查,查清事件发生的原因及财产损失状况和总结经验教训,在3个工作日内完成调查评估报告。

10 应急保障

10.1 通信与信息保障

领导小组各成员应确立2个以上的即时联系方式,以确保发生信息安全事故时能及时联系到位。

10.2 应急装备保障

10.2.1 各重要信息系统在建设系统时应事先预留出一定的应急设备(参见 Q/SQJZ BZ3.1 信息化设备管理规范),做好信息网络硬件、软件、应急救援设备等应急物资储备工作。

10.2.2 在网络与信息安全突发事件发生时,由领导小组负责统一调用。

10.3 数据保障

10.3.1 重要信息系统应建立容灾备份系统和相关工作机制,保证重要数据在受到破坏后,可紧急恢复。

10.3.2 各容灾备份系统应具有一定兼容性,在特殊情况下各系统间可互为备份。

10.4 应急队伍保障

10.4.1 按照一专多能的要求建立网络与信息安全应急保障队伍。

10.4.2 选择若干经国家有关部门资质认可的,具有管理规范、服务能力较强的企业作为矫正局网络与信息安全的社会应急支援单位,提供技术支持与服务。

10.4.3 必要时能够有效调动机关团体、企事业单位等的保障力量,进行技术支援。

10.5 交通运输保障

应确定网络与信息安全突发事件应急交通工具,确保应急期间人员、物资、信息传递的需要,并根据应急处置工作需要,由领导小组统一调配。

10.6 经费保障

网络与信息系统突发公共事件应急处置资金,应列入年度财政预算,切实予以保障。

11 监督管理

11.1 宣传教育和培训

11.1.1 要充分利用各种传播媒介,采取专题讲座、培训等多种形式,加强有关网络与信息安全突发事件应急处置的法律法规和政策的宣传,开展预防、预警、自救、互救和减灾等知识的宣讲活动,普及应急救援的基本知识,提高矫正局员工信息安全防范意识和应急处置能力。

11.1.2 将网络与信息安全突发事件的应急管理、工作流程等列入各处室及直属单位主要负责人的培训内容,增强其应急处置工作中的组织能力。

11.1.3 加强对网络与信息安全突发事件的技术准备培训,提高工作人员的防范意识及技能。

11.2 预案演练

建立应急预案培训演练制度。通过演练,发现应急工作体系和工作机制存在的问题,不断完善应急预案,提高应急处置能力。

11.3 责任与奖惩

11.3.1 认真贯彻落实预案的各项要求与任务,建立分级布置、监督检查和奖惩机制。

11.3.2 领导小组按预案的规定不定期进行检查,对各项制度、计划、方案、人员、物资等进行验证,并以演习的评定结果作为是否有效落实预案的依据。

11.3.3 对未有效落实预案各项规定进行通报批评,责令限期改正。

Q/SQJZ

上 海 市 社 区 矫 正 管 理 标 准

Q/SQJZ BZ3.3—2016

计算机信息系统安全管理规范

2016-09-14 发布

2016-10-01 实施

上海市社区矫正管理局　发布

目　次

前　言

本标准按照 GB/T 1.1-2009 给出的规则起草。

本标准由上海市社区矫正管理局标准化工作办公室提出并归口。

本标准起草单位:上海市社区矫正管理局标准化工作办公室。

本标准主要起草人:田航军、乔明强、符佳华。

计算机信息系统安全管理规范

1 范围

本标准规定了上海市社区矫正管理局（以下简称矫正局）有关计算机信息系统安全管理的原则、部门、计算机管理、移动存储介质管理、内部计算机信息网络、公共信息使用网络、监督检查等要求。

本标准适用于矫正局计算机信息系统安全的规范化管理。

2 规范性引用文件

下列文件对于本文件的应用是必不可少的。凡是注日期的引用文件，仅注日期的版本适用于本文件。凡是不注日期的引用文件，其最新版本（包括所有的修改单）适用于本文件。

GB/T 21064 电子政务系统总体设计要求。

GB/T 20272 信息安全技术 操作系统通用安全技术要求。

GB/T 20269 信息安全技术 信息系统安全管理要求。

GB/Z 24294 信息安全技术 基于互联网电子政务信息安全实施指南。

Q/SQJZ BZ3.2 网络与信息安全事件专项应急预案。

3 术语和定义

下列定义适用于本文件。

3.1 计算机信息系统

由计算机及其相关和配套的设备、设施（含网络）构成的，按照一定的应用目标和规则对信息进行采集、加工、存储、传输、检索等处理的人机系统。

3.2 涉密计算机

采集、存储、传输、处理涉及国家秘密信息和工作秘密信息的计算机。

3.3 涉密移动存储介质

采集、存储、管理、处理涉及国家秘密信息和工作秘密信息的移动存储介质。

3.4 公共信息网络

与国际互联网相连接的非涉密计算机网络。

4 部门职责及权限

4.1 综合处负责全局计算机信息系统安全管理的日常工作。

4.2 各处室负责本部门计算机信息系统的安全管理工作，并指定一名信息安全员。

5 计算机管理

5.1 安全等级保护

矫正局的计算机信息系统实行安全等级保护,安全等级划分为涉密计算机和非涉密计算机。参见 GB/T 21064 电子政务系统总体设计要求、GB/T 20272 信息安全技术 操作系统通用安全技术要求、GB/T 20269 信息安全技术 信息系统安全管理要求、GB/Z 24294 信息安全技术 基于互联网电子政务信息安全实施指南。

5.2 备案登记

5.2.1 涉及使用涉密计算机的处室应将使用人员、计算机相关信息上报综合处备案登记。涉密计算机及涉密计算机使用人不得随意变动,如发生变动应立即上报综合处备案登记。

5.2.2 涉密计算机应在明显部位标注有"涉密计算机"及秘密等级的标识。

5.2.3 涉密计算机应当专人专机,定点使用,坚持"谁使用、谁管理、谁负责"的原则,坚持监督管理与技术方法并重。不得将涉密计算机擅自转借(让)他人、挪作他用。

5.3 计算机的使用

计算机的使用应当满足下列要求:

a) 设置开机口令和系统用户口令,口令应当由数字、字符、特殊字符组成,长度不得低于 8 个字符(机密级计算机不得低于 10 个字符),并每季度更换,防止口令被盗;

b) 及时更新操作系统补丁程序,安装防病毒等安全防护软件,并每季度进行升级。

5.4 传输信息

5.4.1 涉密计算机不得处理与工作无关的信息,不得与非涉密计算机信息系统连接。

5.4.2 涉密计算机之间传输信息应使用涉密计算机网络或涉密移动存储介质,不得使用非涉密移动存储介质。

5.4.3 不得将高密级计算机向低密级计算机、涉密计算机向非涉密计算机传输信息。如确有需要,应按照司法局相关规定,采取技术处理后方可进行。

5.5 设备连接

5.5.1 涉密计算机不得使用无线设备,包括无线网卡、无线鼠标、无线键盘等。

5.5.2 涉密计算机不得与连接公共信息网络或非涉密计算机网络的一体机、打印机、调制解调器等具有数据传输功能的设备连接。

5.5.3 非涉密计算机不得采集、存储、传输、处理涉密信息,不得与涉密计算机网络相连接,不得使用涉密移动存储介质。

5.6 携带外出

5.6.1 携带涉密计算机外出应当在本处室登记申请,经本处室主要负责人批准,由信息安全员彻底消除与当次外出工作无关的涉密信息和采取必要的安全防范措施后方可带出,携带涉密计算机外出人员对该计算机负有管理职责。

5.6.2 不得在携带外出的计算机上存储、传输、处理密码电报和绝密级国家秘密信息。

5.7 维修、更换、报废

5.7.1 涉密计算机改变用途(涉密计算机降低密级、涉密计算机改作非涉密计算机)时,应更换存储部件,将原存储部件上交综合处。

5.7.2 涉密计算机软、硬件维修、更换、报废应当符合下列要求：

a) 涉密计算机维修、更换存储部件必须由本处室（单位）负责人批准,并报院保密委员会办公室登记备案；

b) 涉密计算机及相关设备维修,应当在本单位内部现场进行,并指定专人全过程监督,维修人员不得读取和复制涉密信息。确需送修的,应拆除涉密信息存储部件；

c) 涉密计算机存储数据的恢复,应由国家保密工作部门指定的具有涉密数据恢复资质的单位进行；

d) 涉密计算机、涉密计算机存储部件更换或报废后,原存储部件应当交院保密委员会办公室,由院保密委员会办公室按照涉密载体处理、销毁要求进行处置,有关单位、个人不得擅自处置。

6 移动存储介质管理

6.1 管理分类

移动存储介质管理分为涉密移动存储介质和非涉密移动存储介质管理。

6.2 采购登记

6.2.1 涉密移动存储介质采购、管理实行登记制度。

6.2.2 需购置涉密移动存储介质的处室,经各处室申请后,由综合处统一采购,登记、编号,并在醒目位置标注密级。

6.2.3 未经登记、编号、标注密级的移动存储介质一律视为非涉密移动存储介质。

6.3 管理使用要求

6.3.1 涉密移动存储介质按相同密级的国家秘密载体进行管理。

6.3.2 移动存储介质在接入计算机信息系统之前,应当查杀病毒、木马等恶意代码。

6.3.3 涉密移动存储介质不得在非涉密计算机信息系统使用。非涉密移动存储介质不得采集、存储、处理涉密信息。

6.3.4 不得在一切移动存储介质上存储、传输、处理密码电报和绝密级国家秘密信息。

6.4 携带外出

6.4.1 携带涉密移动存储介质外出应当在本处室登记申请,经本处室主要负责人批准,由信息安全员彻底消除与当次外出工作无关的涉密信息和采取必要的安全防范措施后方可带出。

6.4.2 携带涉密移动存储介质外出人员对该涉密移动存储介质负有管理职责。

6.5 损坏、销毁

涉密移动存储介质不得改变密级,不得改作非涉密移动存储介质使用,损坏或不再使用时应上交综合处统一销毁。遇到突发事件按照 Q/SQJZ BZ3.2 网络与信息安全事件专项应急预案的要求处理。

6.6 数据恢复

6.6.1 涉密移动存储介质所保存的信息应当做好备份工作,数据损坏或丢失后一般不得进行数据恢复。

6.6.2 如确需数据恢复,由该涉密移动存储介质使用人申请,经由本处室负责人批准,并在综合处登记备案后,由国家保密工作部门指定的具有涉密数据恢复资质的单位进行。

7 内部计算机信息网络管理

7.1 网络安全保密等级

7.1.1 计算机信息网络安全保密级别由局办公会议讨论决定,并报市司法局备案。

7.1.2 涉密计算机信息网络的使用范围经局办公会议讨论决定,综合处负责实施。

7.2 网络连接

7.2.1 涉密信息网络应与非涉密信息网络实现物理隔离,不得将非涉密信息网络以任何形式(包括逻辑隔离)与涉密信息网络连接。

7.2.2 各处室不得私自改变网络连接方式。

7.2.3 未经院保密委员会办公室允许,各处室(单位)或个人不得在涉密信息网络上连接网络设备(交换机、路由器、调制解调器、网络存储设备等)。

7.3 数据复制

计算机信息系统数据复制操作应当符合下列要求:

a) 严格限制从非涉密计算机信息系统向涉密计算机信息系统复制数据。确需复制的,应当严格按照国家有关保密标准执行,采取严格的技术防护措施,查杀病毒、木马等恶意代码,严防恶意代码传播;

b) 不得使用移动存储设备从涉密计算机信息系统向非涉密计算机信息系统复制数据。确需复制的,应当采取严格的保密措施,防止泄密;

c) 复制和传递涉密信息,应当严格按照复制和传读同等密级纸质文件的有关规定办理。

7.4 离岗离职人员访问权限

计算机信息系统使用人员离岗离职,处室(单位)应及时收回计算机、移动存储介质等相关物品,并报院保密委员会办公室登记备案,取消离岗离职人员计算机信息系统访问权限。

8 公共信息网络使用管理

8.1 登记备案

工作人员使用公共信息网络应当申请,经处室(单位)负责人批准后,报综合处登记备案。

8.2 管理原则

8.2.1 网上信息发布坚持"谁发布谁负责"的管理原则。

8.2.2 坚持公共信息网络信息发布"涉密信息不上网,上网信息不涉密"的原则,严格执行网上信息发布审批程序。

8.2.3 涉及国家秘密确需在网站发布的信息,应进行脱密处理,并经处室主要负责人审核,分管局领导签发后方可发布。

9 监督检查

9.1 日常监督检查

9.1.1 综合处负责对本局计算机信息系统的日常监督检查;各处室信息安全保密员负责对本处室计算机信息系统的日常监督检查。

9.1.2 综合处每半年对全局的计算机信息系统进行1次全面安全保密检查。

9.1.3 任何处室(单位)不得拒绝综合处的检查,否则按严重泄密处理;对检查中发现未严格执行本标准的处室或个人,将中断其与局计算机网络系统的连接,待其整改后,方可重新接入。

9.2 责任追究

各处室应当自觉执行本标准,协助查处泄露国家秘密或工作秘密的行为。一旦发现泄密行为应当向分管领导立即报告。

附录 A(规范性附录)

涉密计算机和移动存储介质登记表

序号	涉密计算机/移动 存储介质名称	编号	密级	使用处室	使用人姓名	备注

登记人： 　　　　　　　　　　　　　　　　登记日期：

附录 B(规范性附录)

涉密移动存储介质申请表

申请处室	
申请型号 和规格	
申请用途	
审核意见	 审核人： 日　期：

附录 C(规范性附录)

涉密计算机和移动存储介质外出携带登记表

序号	涉密计算机/ 移动存储介质名称	编号	密级	携带人签名及 外出携带说明	外出 日期	处室负责 人签字	使用后 审查注销	备注

附录 D(规范性附录)

移动存储介质数据恢复申请表

申请人姓名	
介质名称、 编号和密级	
申请数据 恢复理由	
处室负责人 审核意见	审核人： 日　期：

Q/SQJZ

上 海 市 社 区 矫 正 管 理 标 准

Q/SQJZ BZ3.4—2016

社区矫正信息系统操作规范

2016-09-14 发布　　　　　　　　　　　　2016-10-01 实施

上海市社区矫正管理局　发布

目　次

前　言

本标准按照 GB/T 1.1-2009 给出的规则起草。

本标准由上海市社区矫正管理局提出并归口。

本标准起草单位：上海市社区矫正管理局标准化办公室。

本标准主要起草人：田航军、李振宇、符佳华。

本标准为首次发布。

社区矫正信息系统操作规范

1 范围

本标准规定了社区矫正信息系统操作的环境要求、系统模块、操作要求、数据备份、信息安全和系统维护升级。

本标准适用于司法行政机关社区矫正机构信息系统操作的规范化管理。

2 规范性引用文件

下列文件对于本文件的应用是必不可少的。凡是注日期的引用文件,仅注日期的版本适用于本文件。凡是不注日期的引用文件,其最新版本(包括所有的修改单)适用于本文件。

Q/SQJZ BZ3.3 计算机信息系统安全管理规范。

Q/SQJZ BZ3.2 网络与信息安全事件专项应急预案。

3 术语和定义

下列术语和定义适用于本文件。

信息系统指社区矫正中有关社区服刑人员的信息以及监管、教育矫正等工作数据的管理系统。

4 环境要求

4.1 运行网络

社区矫正信息系统要求在上海市政务网上运行。

4.2 浏览器要求

IE6 及以上版本的浏览器。

5 系统模块

5.1 业务模块

5.1.1 人员情况模块

包括社区服刑人员的基本信息、在册管理情况等。

5.1.2 工作管理模块

主要包括社区服刑人员考勤记录、影音采集、电话报到、调查评估、衔接与交付执行、监督管理、教育矫正、社区服务、心理矫正、社会适应性帮扶、考核与奖惩、文书档案、综合管理等。

5.1.3 移动监管模块

主要包括针对社区服刑人员信息化技术监管、人员定位、短信交互等。

5.1.4 统计查询模块

主要包括统计报表、查询分析、使用分析、智能分析等。

5.2 政策法规模块

含有法律法规、政策文件、执法手册、工作提示等内容。

5.3 培训模块

含有培训信息等内容。

5.4 信息化推进模块

含有问题解答、工作提示、情况通报等内容。

6 操作要求

6.1 人员资格

司法行政机关社区矫正机构工作人员可以使用该信息系统。

6.2 登录方式

操作人员应按照 Q/SQJZ BZ3.3 计算机信息系统安全管理规范的要求凭分派的用户名和登录密码进行登录，如无特殊情况，不得擅自将用户名外借，以及修改登录密码。

6.3 数据备份

信息系统每周进行数据备份工作。

7 信息安全

7.1 保密规定

7.1.1 信息系统托管于市司法局的电子信息系统机房。

7.1.2 定期对服务器进行病毒及木马软件查杀。

7.2 灾备措施

7.2.1 按照 Q/SQJZ BZ3.2 网络与信息安全事件专项应急预案的要求，由第三方运维公司制定灾难恢复计划。

7.2.2 实现双机热备。

7.2.3 信息系统工程师定期对系统进行维护。

8 系统维护

由软件开发公司根据运维合同进行每年的运行维护工作。

Q/SQJZ

上 海 市 社 区 矫 正 管 理 标 准

Q/SQJZ BZ3.5—2016

公文处理规范

2016-09-14 发布   2016-10-01 实施

上海市社区矫正管理局　发布

目　次

前　　言

本标准按照 GB/T 1.1-2009 给出的规则起草。

本标准由上海市矫正管理局标准化工作办公室提出并归口。

本标准起草单位：上海市矫正管理局标准化工作办公室。

本标准主要起草人：田航军、乔明强、钟才成。

本标准为首次发布。

公文处理规范

1 范围

本标准规定了上海市社区矫正管理局(以下简称矫正局)公文的种类、公文格式、行文规则、公文审核、公文管理要求。

本标准适用于矫正局进行公文处理的规范化管理。

2 规范性引用文件

下列文件对于本文件的应用是必不可少的。凡是注日期的引用文件,仅注日期的版本适用于本文件。凡是不注日期的引用文件,其最新版本(包括所有的修改单)适用于本文件。

GB/T 9704-2012 党政机关公文格式。

3 术语和定义

3.1 公文

矫正局实施领导、履行职责、处理公务的具有特定效力和规范体式的文书,是传达贯彻党和国家的方针、政策,公布矫正局系统各类规范性文件,指导、布置和商洽工作,请示和答复问题,报告、通报和交流情况的重要工具。

3.2 公文处理

公文拟制、办理、管理等一系列相互关联、衔接有序的工作。

4 职责和权限

4.1 综合处

管理公文处理工作的职能部门。主要负责公文的拟稿、审核、报批、发文、归档等职责。

4.2 各职能处室

指定专职人员承担本公文处理工作,负责本处室拟发公文的拟稿、校对等职责。

5 公文种类

5.1 决定

适用于对司法行政重要事项作出决策和部署、奖惩有关单位和人员、变更或者撤销下级司法行政机关不适当的决定事项。

5.2 令

适用于批准授予、晋升、降低、取消警衔,嘉奖有关单位和个人。

5.3 公告

适用于宣布依法行使管理职能的重要事项或者法定事项。

5.4 通告

适用于在一定范围内公布应当遵守或者周知的事项。

5.5 意见

适用于对重要问题提出见解和处理办法,传达贯彻落实上级机关的重要指示、批示及重要工作部署。

5.6 通知

适用于发布、传达要求下级机关执行和有关单位周知或者执行的事项,批转、转发公文。

5.7 通报

适用于矫正行政系统表彰先进、批评错误、传达重要精神和告知重要情况。

5.8 报告

适用于向上级机关汇报工作、反映情况、回复上级机关的询问。

5.9 请示

适用于向上级机关请求指示、批准。

5.10 批复

适用于答复下级司法行政机关请示事项。

5.11 函

适用于与有关部门商洽工作、询问和答复问题、请求批准和答复审批事项。

5.12 纪要

适用于记载会议主要情况和议定事项。

6 公文格式

6.1 份号

涉密公文应当标注印制份数的顺序号。

6.2 密级和保密期限

涉密公文应当根据涉密程度,分别标注"绝密"、"机密"、"秘密"和保密期限。

6.3 紧急程度

紧急公文应当分别标注"特急"、"加急"。

6.4 发文机关标志

由发文机关全称或者规范化简称加"文件"二字组成,也可以使用发文机关全称或者规范化简称。联合行文时,发文机关标志可以并用联合发文机关名称,也可以单独用主办机关名称。

6.5 发文字号

由发文机关代字、年份、发文顺序号组成。联合行文时,使用主办机关发文字号。

6.6 签发人

上行文应当标注签发人姓名。

6.7 标题

由发文机关名称、事由、文种等部分组成。标题中除法规、规章名称和转发文件加书名号外,一般不加标点符号。层层转发或者印发公文时,标题中往往出现多个"关于转发的通知"等情况,应当通过缩略文字、重新编写、引用文号等方法,避免标题出现重复和赘述现象。

6.8   主送机关

公文的主要受理机关,应当使用机关全称、规范化简称或者同类型机关统称。

6.9   正文

公文的主体,用来表述公文的内容。

6.10   附件说明

公文如有附件,应当在正文之后、发文机关名称之前标明附件的顺序号和名称。

6.11   发文机关署名

署发文机关全称或者规范化简称。

6.12   成文日期

署会议通过或发文机关负责人签发的日期。联合行文时,署最后签发机关负责人签发的日期。

6.13   印章

公文中有发文机关署名的,应当加盖发文机关印章,并与署名机关相符。有特定发文机关标志的普发性公文和电报可以不加盖印章。联合行文应当按照联合行文机关顺序加盖印章。

6.14   附注

公文印发传达范围等需要说明的事项。公文需要加附注的,应当注在成文时间的左下、抄送机关上方并加括号。

6.15   附件

公文正文的说明、补充或者参考资料。

6.16   抄送机关

除主送机关外,需要执行或者知晓公文内容的其他机关,应当使用机关全称、规范化简称或者同类型机关统称。

6.17   印发机关和印发日期

公文的送印机关和送印日期。

6.18   页码

公文页数顺序号。

6.19   其他格式要求

6.19.1   公文的版式按照 GB/T 9704-2012   党政机关公文格式执行。

6.19.2   公文使用的汉字、数字、外文字符、计量单位和标点符号等,按照有关国家标准和规定执行。

6.19.3   公文用纸幅面采用国际标准 A4 型。特殊形式的公文用纸幅面,根据实际需要确定。

7   行文规则

7.1   一般规则

7.1.1   行文应当确有必要,讲求实效,注重针对性和可操作性。

7.1.2   行文关系根据隶属关系和职权范围确定。一般不得越级行文,社区服刑人员发生影响社会安全稳定的重大事件等特殊情况需要越级行文的,应当同时抄送被越过的机关。

7.2   向上级机关行文规则

7.2.1   原则上主送一个上级机关,根据需要同时抄送相关上级机关和同级机关,不抄送下级机关。

7.2.2   下级机关的请示事项,如需以本机关名义向上级机关请示,应当提出倾向性意见后上报,不得原文转报上级机关。

7.2.3 请示应当一文一事,不得在报告等非请示性公文中夹带请示事项。

7.2.4 除上级机关负责人直接交办事项外,不得以本机关名义向上级机关负责人报送公文,不得以本机关负责人名义向上级机关报送公文。

7.3 向下级机关行文规则

7.3.1 主送受理机关,根据需要抄送相关机关。向下级机关的重要行文,应当同时抄送发文机关的直接上级机关。

7.3.2 矫正局综合处根据局领导指示,可以向下级机关及其部门行文,其他部门不得向下级机关发布指令性公文或在公文中向下级机关提出指令性要求。

7.3.3 涉及多个部门职权范围内的事务,部门之间未协商一致的,不得向下行文。

7.4 对外行文规则

除市矫正局党总支及市矫正局可以对外行文的本局系统单位和部门,各职能处室不得对外正式行文。

7.5 行文数量控制

7.5.1 严格控制行文数量,可发可不发的文件坚决不发。

7.5.2 凡国家法律法规或党内法规已作出明确规定的、上级文件已有明确要求的、现行文件规定仍然适用的,不得层层转发。

7.5.3 内容与已发文件重复、没有新内容、操作性不强的不发。

7.5.4 凡一次发文能解决的,不得重复发。

7.5.5 凡能通过面谈、电话或网络等方式解决问题的,不采用行文方式。

7.6 行文规格控制

7.6.1 能以市矫正局综合处名义行文的,不以市矫正局名义行文。

7.6.2 能以便函形式行文的,不以文件形式行文。

7.6.3 能以"白头"文件下发的,不以红头文件印发。

8 公文拟制程序

8.1 公文起草

8.1.1 起草单位

起草单位要求如下:

a) 局综合组织起草有关矫正行政工作发展中、长期规划,市矫正局年度和半年工作计划、总结,向上级机关、主管部门报送的综合性文件,局党总支会议纪要、局长办公会议纪要等文件;

b) 局各业务部门分别起草有关政治工作和矫正行政业务工作的文件;

c) 文件内容涉及多个部门的,由局领导指定其中一个部门为主起草,或由局综合处根据局领导授权确定主办部门起草;

d) 各类会议结束后需制发公文的,由会议主办部门负责起草;局领导参加的各类专题会议,会议纪要由主办部门负责起草。

8.1.2 公文起草原则

公文起草原则包括:

a) 符合国家法律法规和党的路线方针政策及本市的有关规定,完整准确体现发文机关意图,并同现

行有关公文相衔接;

b) 一切从实际出发,分析问题实事求是,所提政策措施和办法切实可行;

c) 内容简洁,主题突出,观点鲜明,结构严谨,表述准确,文字精练;

d) 文种正确,格式规范;

e) 深入调查研究,充分进行论证,广泛听取意见;

f) 公文内容涉及其他部门职权范围内事项的,起草单位、部门必须征求相关单位、部门意见,力求达成一致;

g) 公文起草部门负责人对公文起草质量负责,重要公文起草工作应当提请局领导主持、指导。

8.2 公文审核

8.2.1 审核流程

审核流程包括:

a) 公文文稿起草完毕,由起草部门负责人签署意见、姓名和日期,送局综合处对文字表述是否规范、内容是否违反上位法律制度等进行审核。涉及执行法律、法规、规章和规范性文件或者可能产生指导冲突等方面的公文文稿,应先送局综合处进行法律制度核查后,再送局综合处审核;

b) 经局综合处审核不宜发文的公文文稿,应当退回起草部门并说明理由;

c) 符合发文条件但内容需要作进一步研究和修改的,由起草部门修改后重新报送。

8.2.2 内容审核

公文审核以下内容要素:

a) 行文理由是否充分,行文依据是否准确;

b) 内容是否符合国家法律法规和党的路线方针政策及本市的有关规定;

c) 是否完整准确体现发文机关意图;

d) 是否同现行有关公文相衔接;

e) 所提政策措施和方法是否切实可行;

f) 涉及有关单位、部门职权范围内的事项是否经过充分协商并达成一致意见;

g) 文种是否正确,格式是否规范;

h) 人名、地名、时间、数字、段落顺序、引文等是否准确;

i) 文字、数字、计量单位和标点符号等用法是否规范。

8.2.3 形式审核

公文审核以下形式要素:

a) 密级和保密期限是否经起草部门定密责任人审核;

b) 信息公开属性是否经起草部门负责人审核;

c) 涉及执行法律、法规、规章、规范性文件和内部管理制度或者可能产生制度冲突等方面的公文文稿是否经局标准化办公室核查同意;

d) 其他内容和形式是否符合公文起草有关要求。

8.3 公文签发

8.3.1 公文文稿经局综合处负责人审核签字,连同送审稿、修订稿及附件一并送局领导签发。签发人签发公文,应当签署意见、姓名和日期;圈阅或者签名的,视为同意。联合发文由所有联署机关的负责人会签。

8.3.2 以矫正局党总支名义制发的公文、党总支会议纪要,由局党总支书记签发。

8.3.3 以矫正局名义制发的重要公文、上行文经局分管领导审核后由局长签发;局长办公会议纪要由局长签发;局长因事离沪时,可以由主持工作的局领导签发,或者经主持工作的局领导同意由局分管领导签发;以矫正局名义制发的下行文、平行文及专题会议纪要,由局长签发,也可以由局分管领导签发。

8.3.4 以矫正局为主办单位,与其他单位联合发文时,由主办部门送请有关单位会签。联合行文应当由主办机关首先签署意见,协办单位依次会签。

8.3.5 局综合处根据局领导授权制发的公文,由处主要负责人签发;以矫正局综合处名义制发的上行文,经局分管领导同意后由局长签发;以矫正局综合处名义制发的下行文、平行文,经局长授权,也可以由局分管领导签发,重要文件必须经局长同意。

8.3.6 已经签发的公文文稿,未经签发人同意,不得改动。

9 公文办理

9.1 收文办理程序

9.1.1 签收

局综合处负责公文签收,对收到的公文应逐件清点,核对无误后签字,并注明签收时间。

9.1.2 初审

对收到的公文应当进行初审。初审的重点包括:

a) 是否应当由本机关办理;

b) 是否符合行文规则,文种、格式是否符合要求;

c) 是否符合公文起草的其他要求;

d) 经初审不符合规定的公文,应当退回来文单位并说明理由。

9.1.3 登记

局综合处对来文机关、文号、标题、密级、紧急程度、来文日期、收文编号等公文的主要信息进行详细登记。

9.1.4 拟办

按照不同类型予以拟办:

a) 阅知性公文,由局综合处根据公文内容、要求和工作需要确定范围后分送有关局领导和部门;

b) 批办性公文,由局综合处摘录内容提要,提出拟办意见后,报局领导批示或转有关部门办理;

c) 需要两个以上部门办理的,应当明确主办部门和协办部门;

d) 一般应于收文当日提出拟办意见,最长不得超过2个工作日,紧急文件应当立即处理;

e) 文件内容涉及刑罚执行、行政执法、矫正审批等事项或紧急公文应当明确办理时限或列入督办。

9.1.5 阅批

按照不同类型予以阅批:

a) 局综合处负责公文送阅,并对公文流转过程进行跟踪、检查,不得漏传、误传、延误;

b) 对上级机关来文,应先送局主要领导、后送局分管领导阅批,并同时送有关部门阅知。局领导批示后送有关部门办理;

c) 对平级机关来文,应根据来文情况处理。对日常性工作的来文,由对口部门在3个工作日内提出意见报局分管领导阅批;对需要立即执行落实的来文,先送局分管领导阅批;对秘密以上级别的来文,先送局主要领导,再送局分管领导阅批,同时送有关部门阅知。局领导批示后送有关部门办理;

d) 对下级机关来文,由对口部门在3个工作日内提出拟办意见报局分管领导阅批;对内容特别重要

或紧急来文,可以先送或同时送局领导;

e) 对上级机关指导性、阅知性文件、同级机关通报性文件、下级机关报告或抄送矫正局的阅知性文件,先送局领导后送主阅部门;需及时传阅的文件,可以分送传阅。阅件经局领导批示要求办理的,作为办件处理。

9.1.6 办理

按照不同类型予以办理:

a) 各部门应指定专人每个工作日到局综合处收取文件。主办部门收到办件后,应根据来文要求、局领导批示及局综合处拟办意见,抓紧办理。需会同其他部门办理的文件,应主动与有关部门协商办理;

b) 来文、局领导批示或督办管理有明确办理时限要求的应当严格在时限内办结;没有明确时限的,一般应在1个月内办理完毕;

c) 因上级重要会议、本单位主要领导和处室负责人调整等特殊情况需延长办理时限的,应向局分管领导报告原因和进展,并向来文单位说明情况,同时告知局综合处;已列入督办的文件不能按时办结的,应提交延期申请,经局分管领导同意后,重新确定办理时限;

d) 对不属于本部门职权范围办理的公文,应当迅速退回交办部门,并说明理由。

9.1.7 督办

局综合处及时了解公文办理进展情况,督促承办部门按期办理,每季度以督办专报的形式向局领导反馈进展情况。

9.1.8 办结

按照不同类型予以办结:

a) 公文办理结果应当在3个工作日答复来文单位,并根据需要告知相关单位;

b) 对市委、市政府、司法部和市委政法委、市司法局领导批办事项的办理结果,应当书面报告局领导;

c) 对局领导批示或局综合处拟办意见要求汇报办理结果的,应当将办理结果报告局领导或告知局综合处;

d) 列入督办的文件办结后,应及时申请督办终结,并详细注明办理情况;

e) 办理情况不符合要求的,应退回重新办理或补充说明。

9.2 发文办理程序

9.2.1 登记

公文经签发后,由局综合处统一确定发文字号,检查、规范文件格式,打印文稿清样。

9.2.2 校对

公文校对实行三校制:

a) 一校、二校由公文起草部门负责,应当按照原稿逐字逐句进行;

b) 三校由综合处负责,应当对整个公文版式进行全面检查;

c) 公文校对时间一般不超过2个工作日,紧急公文应当立即校对;

d) 校对文稿应当按规定的校对符号进行修改,校对完成后应当签署校对人姓名、时间及具体意见。

9.2.3 印制

印刷要求包括:

a) 公文印制必须确保质量和时效,做到清晰、整洁;

b) 涉密公文的印制应当符合保密要求,有密级的公文不得多印,不得擅自留存。

9.2.4　核发

合法要求包括：

a) 公文印制完毕,公文起草部门应当对公文的文字、格式和印刷质量进行再次检查,送局综合处分发或发送;

b) 非涉密公文应当以电子公文传输系统、机要或邮递方式发送;

c) 涉密公文应当通过机要交通、邮政机要通信或机要收发人员进行传递,通过密码电报或者符合国家保密规定的计算机信息系统进行传输。

9.3　整理归档

9.3.1　对外发文、办理或传阅完毕的文件,及在办理过程中形成的文件材料由公文起草部门、主办或主阅部门负责保管、归档。

9.3.2　两个以上部门联合办理的公文,原件由主办部门归档,相关部门保存复制件。

9.3.3　公文归档应当根据有关档案管理法律法规以及矫正局档案管理规定办理。

9.3.4　公文预归档后于第二年第一季度统一移交至局档案管理部门,局档案管理部门应当于每年6月底前完成上一年度的文件材料归档工作。

10　公文管理

10.1　公文确定密级前,办文单位、部门应当按照拟定的密级先行采取保密措施;确定密级后,应当按照所定密级严格管理;绝密级公文应当由专人管理。公文密级需要变更或解除的,由起草部门主要负责人及分管局领导决定。

10.2　公文的印发传达范围应当按照发文机关的要求执行;需要变更的,应当经发文机关批准。涉密公文公开发布前应当履行解密程序。

10.3　复制、汇编机密级、秘密级公文,应当符合有关规定并经局综合处负责人批准。绝密级公文一般不得复制、汇编,确有工作需要的,应当经发文机关或局领导批准。复制、汇编的公文视同原件管理;复制件应当加盖专门戳记,翻印件应当注明翻印的部门名称、日期;汇编本的密级按照编入公文的最高密级标注。

10.4　涉密公文应当由局综合处组织集中销毁,确保不丢失、不漏销。个人不得私自销毁、留存涉密公文。中央、市委文件应当按照规定统一清退涉密公文至局综合处。不具备归档和保存价值的公文,经处室负责人批准后可以销毁。

10.5　机关工作人员离岗离职时,所在单位、部门应当督促其将暂存、借用的公文按照规定移交、清退。

附录 A(规范性附录)

收文处理单

编号：

来文编号			件数			收文日期	
来文单位						办件	
是否督办			应办结时间				
文件名称							
领导批示							
拟办意见							
办文处理	主送						
	分送						
	时间						
落实情况							

附录 B(规范性附录)

来文办理登记单

序号	来文单位	收文日期		标 题	办理要求(完成时间、上报方式、上报部门等)	领导批示	主送处室	签收人	是否统办	是否督办	是否办结	备注
		月	日									

Q/SQJZ

上 海 市 社 区 矫 正 管 理 标 准

Q/SQJZ BZ3.6—2017
代替 Q/SQJZ BZ3.6—2016

社区矫正执行档案管理规范

2017-04-12 发布 2017-04-19 实施

上海市社区矫正管理局 发布

目　次

前　　言

本标准按照 GB/T 1.1-2009 给出的规则起草。

本标准由上海市社区矫正管理局提出并归口。

本标准起草单位：上海市社区矫正管理局标准化办公室。

本标准主要起草人：张国华、李月锋、乔明强。

本标准根据《上海市社区矫正档案内部管理办法》比照 Q/SQJZ BZ3.6-2016 作了修订。

社区矫正执行档案管理规范

1 范围

本标准规定了社区矫正执行档案的管理体制、执行档案的建立、执行档案的内容、执行档案存放、电子执行档案管理、档案签注、归类书写规范、信息表述规定、文字纸张使用、档案装订、档案移交、保管期限、档案利用、未成年人档案、档案信息化以及纪律责任的基本要求。

本标准适用于上海市社区矫正管理局和各区社区矫正机构的档案管理工作。

2 规范性引用文件

下列文件对于本文件的应用是必不可少的。凡是注日期的引用文件，仅注日期的版本适用于本文件。凡是不注日期的引用文件，其最新版本（包括所有的修改单）适用于本文件。

GB/T9704-2012　党政机关公文格式。

Q/SQJZ TG1.13　社区服刑人员调查评估规范。

3 术语和定义

下列术语和定义适用于本文件。

社区矫正档案是社区矫正机构对社区服刑人员实施社区矫正过程中有关调查评估、衔接与交付执行、考核奖惩、监督管理、教育矫正、社会适应性帮扶、矫正终止等工作的执法文书和相关材料，包括社区矫正执行档案和社区矫正工作档案。

4 管理体制

4.1　市社区矫正管理局负责对全市社区矫正档案管理工作的指导和监督。

4.2　区社区矫正机构负责社区矫正执行档案的制作与管理。

5 执行档案建立

区社区矫正机构应当建立社区服刑人员社区矫正执行档案，实行一人一档。

6 执行档案内容

社区矫正执行档案应当包括以下内容：

6.1　社区矫正法律文书

6.1.1　判处管制、宣告缓刑人员的刑事判决书、执行通知书、社区矫正告知书、接受社区矫正保证书、电子监管建议等。

6.1.2　裁定假释人员的刑事判决书、假释裁定书、社区矫正告知书、接受社区矫正保证书等。

6.1.3　人民法院决定暂予监外执行人员的刑事判决书、暂予监外执行决定书、执行通知书、病情鉴定等。

6.1.4 监狱管理机关或公安机关决定暂予监外执行人员的刑事判决书、暂予监外执行具保书、暂予监外执行决定书、社区矫正告知书、接受社区矫正保证书、病情鉴定等。

6.2 调查评估材料

按照 Q/SQJZ TG1.13 社区服刑人员调查评估规范的要求,社会调查评估材料包括:调查评估意见书及相应的调查表、调查笔录、评议会记录、具保人资格审查等材料。

6.3 监督管理材料

社区服刑人员基本信息表,社区矫正宣告书,社区服刑人员报到情况通知单,社区服刑人员进入特定区域(场所)、外出、居住地变更、电子监管、免除社区服务、免除集中教育、重点重要对象列管、重点对象撤管审批表及相关决定书、批准书、证明书、告知书等。

6.4 奖惩材料

表扬、社区矫正积极分子以及警告等社区服刑人员日常行为奖惩审批表、决定书以及相关材料;治安管理处罚建议书,撤销缓刑建议书,撤销假释建议书,撤销监外执行建议书,减刑建议书及随附的卷宗材料和裁定、决定机关的裁定书或决定书。

6.5 矫正终止材料

解除社区矫正证明书(存根),解除社区矫正通知书(存根),社区服刑人员死亡通知书及死亡证明、法医鉴定等材料。

6.6 其他应当归档的材料

其他根据社区矫正法律法规规定应当归档的材料。

7 执行档案存放

7.1 社区矫正执行档案应当存放在专门的档案室内。

7.2 档案室应当具备保密、防盗、防火、防潮、防虫、防霉等基本保管条件。

7.3 档案管理人员应定期对档案进行检查清点,对于损坏的档案要及时采取措施,进行修补或复制。

7.4 社区矫正执行档案管理应当使用专门的计算机。

7.5 计算机不得与互联网等外部网络连接。

8 电子执行档案管理

社区矫正执行档案中含有磁盘、光盘等电子媒介档案材料的,应当妥善保管。

9 档案签注

9.1 社区矫正工作人员或社区服刑人员在材料上签字一律用姓名的全称,不得代签、略写。所有签名均在姓名下方注明时间(年月日)。姓名应签在材料的右下角或适当位置,不得越出装订线。凡盖章或按捺手印应一律使用红色印泥。

9.2 社区服刑人员因客观原因无法签字的,应当采取其他必要形式确认其已知晓材料内容,并由工作人员注明相关情况。

10 归类书写规范

10.1 社区矫正档案材料应当按照材料的不同归类、时间先后顺序整理归档,一律使用蓝黑墨水、碳素墨水书写或使用黑色打印,不得使用纯蓝墨水、圆珠笔、铅笔或复写纸书写。

10.2 同一份材料的内容书写用色应一致,不得出现混用现象。

11 信息表述规定

11.1 归档材料应按项如实填写,不得空项。

11.2 凡没有具体内容的,一律填写"无"。

11.3 用语应当符合语法规范要求,并与所写人身份相符,不得出现编造、假设、事实不清等现象。

11.4 社区服刑人员姓名、年龄、文化程度、籍贯、住址等基本情况及主要犯罪事实,应与本人身份证等有效证件信息、经核实的实际住址信息相一致。

11.5 姓名应当写全名;社区服刑人员的罪名、矫正类别、引用的法律法规等表述应完整准确,不得简写。

12 文字纸张使用

12.1 社区矫正档案的文书印刷格式和纸张使用,应当参照《党政机关公文格式》(GB/T9704-2012)的要求执行。

12.2 卷内材料应采用 A4 型纸张,文件标题字体一般用 2 号小标宋体字,正文字体一般用 3 号仿宋体字。

12.3 栏目较多的执法文书表式或材料,填写时可用小四号仿宋体字;数字应统一使用汉字小写或阿拉伯数字,不得出现混用现象。

13 档案装订

13.1 社区矫正档案卷内的文字材料在右上角(背面左上角)编页号,做到右齐、下齐,并在案卷左侧三孔一线装订。

13.2 所有材料的装订应用线装订,不得使用订书钉、曲别针等金属物品。

14 档案移交

14.1 社区服刑人员变更居住地的,原执行地的区社区矫正机构应当将社区矫正档案移交新执行地的区社区矫正机构。

14.2 移交时,随附《社区服刑人员档案移交清单》。

15 保管期限

15.1 从社区服刑人员解除矫正时间起算,社区矫正执行档案保管期限为 20 年,社区矫正工作档案保管期限为 5 年。

15.2 对已达保管期限的执行档案,应留存社区矫正法律文书和解除社区矫正证明书或撤销缓刑、假释、暂与监外执行的裁定(决定书),并按年份立卷永久保存。

16 档案利用

16.1 查阅社区服刑人员档案,必须履行登记手续。

16.2 外来查阅人必须持有单位介绍信和本人有效证件,经区社区矫正机构社区矫正职能部门批准后,在指定地点阅卷。

16.3 社区矫正工作人员查阅档案,需经部门领导同意。

16.4 社区矫正档案一律不得外借。

16.5 查阅社区矫正执行档案时,不得遗失、涂改、拆散、裁剪、钩划、批注。查阅人摘录档案内容的,需经档案管理人员同意;复印档案材料的,需加盖"社区矫正档案材料专用章"。

16.6 查阅人归还档案时要当面查清。

17 未成年人档案

17.1 未成年社区服刑人员的执行档案应由区社区矫正机构封存。

17.2 除司法机关为办案需要或者有关单位根据国家规定依法查询外,负责未成年人社区矫正的工作人员应当严格履行保密义务,不得向任何单位和个人提供未成年人社区矫正的法律文书、矫正记录等信息。

18 档案信息化

18.1 全市各级司法行政机关应加强社区矫正档案的信息化建设,逐步建立完善的社区矫正档案信息网络和管理平台。

18.2 定期开展档案管理人员的学习培训。

19 纪律责任

社区矫正档案管理人员必须严格遵守国家有关档案管理的相关制度和国家保密制度,不得泄露档案内容,确保档案安全。违反相关规定的,依照《档案法》、《上海市档案条例》等法律、法规追究责任。

附录 A(规范性附录)

社区服刑人员档案封面格式（样本）

编号：

上海市_____区司法局

社区服刑人员

档案

姓名：   案　由：
矫正类别：   司法所：
矫正期限：　　年　月　日至　　年　月　日
档案类别：(执行/工作)
立卷人：   立卷日期：　　年　月　日
保管期限:二十年/五年

附录 B(规范性附录)

社区服刑人员卷宗封面格式（样本）

编号：

上海市_____区司法局

社区服刑人员

卷宗

姓名：   性别：

案由：   居住地：

矫正类别：

矫正期限：   年 月 日至   年 月 日

立卷人：   立卷日期：   年 月 日

附录 C(规范性附录)

社区服刑人员档案（卷宗）目录

序号	内　　容	页数

附录 D(规范性附录)

社区矫正档案（卷宗）相关说明

1. 社区矫正档案、卷宗封面用黄色牛皮纸，纸张规格为 A3 加长版；目录印制在封面背面。"档案"封面用于社区服刑人员归档；"卷宗"封面用于社区服刑人员提请奖惩等制作材料。

2. 档案或卷宗中数字填写一律用阿拉伯数字；文字填写用钢笔或水笔，并使用碳素或蓝黑墨水，字迹端正。档案或卷宗材料可以采用计算机打印，打印应使用黑色墨水打印。目录填写超过一页时，可附加页。

3. 档案编号在区社区矫正机构收到法律文书且社区服刑人员报到时，确定档案编号。编号采用汉字与数字组合式：沪＋区名简称＋矫＋年份＋序号。年份以社区服刑人员进入社区矫正的年份为准，序号直接按阿拉伯数字排序，不用"001"号或"015 号"等形式。以黄浦区为例，2014 年第一个新接收的社区服刑人员，其档案编号："沪黄矫2014 第 1 号"。

4. 卷宗编号在社区服刑人员提请各类奖惩时，确定卷宗编号。编号采用汉字与数字组合式：(年份)＋沪＋区名简称＋矫＋奖惩类别简称＋序号。年份以具体实施奖惩的年份为准，加"( )"。奖惩类别简称比如"积"：社区矫正积极分子；"治罚"：治安管理处罚；"撤缓"：撤销缓刑；"撤假"：撤销假释；"暂收"：暂予监外执行收监；"减转"：减刑或暂予监外执行转假释。序号直接按阿拉伯数字排序，不用"001"号或"015 号"等形式。以黄浦区为例，2014 年提请撤销缓刑的卷宗编号为："(2014)沪黄矫撤缓第 1 号"。

Q/SQJZ

上 海 市 社 区 矫 正 管 理 标 准

Q/SQJZ BZ3.7—2017
代替 Q/SQJZ BZ3.7—2016

社区矫正工作档案管理规范

2017-04-12 发布

2017-04-19 实施

上海市社区矫正管理局　发布

目　次

前　言

本标准按照 GB/T 1.1-2009 给出的规则起草。

本标准由上海市社区矫正管理局标准化工作办公室提出并归口。

本标准起草单位：上海市社区矫正管理局标准化工作办公室。

本标准主要起草人：田航军、乔明强、缪倩。

本标准根据《上海市社区矫正档案内部管理办法》比照 Q/SQJZ BZ3.7-2016 作了修订。

社区矫正工作档案管理规范

1 范围

本标准规定了社区矫正工作档案的管理体制、工作档案的建立、工作档案的内容、电子工作档案管理、档案签注、归类书写规范、信息表述规定、文字纸张使用、档案装订、档案移交、保管期限、未成年人档案以及纪律责任的基本要求。

本标准适用于上海市社区矫正管理局的档案管理工作。各区司法所矫正办公室可参照适用。

2 规范性引用文件

下列文件对于本文件的应用是必不可少的。凡是注日期的引用文件,仅注日期的版本适用于本文件。凡是不注日期的引用文件,其最新版本(包括所有的修改单)适用于本文件。

Q/SQJZ BZ3.6　社区矫正执行档案管理规范。

3 术语与定义

社区矫正档案是指社区矫正机构对社区服刑人员实施社区矫正过程中有关调查评估、衔接与交付执行、考核奖惩、监督管理、教育矫正、社会适应性帮扶、矫正终止等工作的执法文书和相关材料,包括社区矫正执行档案和社区矫正工作档案。

4 管理体制

4.1　市社区矫正管理局负责对全市社区矫正档案管理工作的指导和监督。

4.2　司法所负责社区矫正工作档案的制作与管理。

5 工作档案建立

司法所应当建立社区服刑人员社区矫正工作档案,实行一人一档。

6 工作档案内容

6.1　社区矫正法律文书的复印件

社区服刑人员在接受社区矫正期间有关法律文书的复印件。

6.2　监督管理、教育矫正记录材料

a) 社区服刑人员基本信息表;

b) 社区矫正宣告书(区社区矫正中心统一宣告的除外);

c) 社区矫正责任书;

d) 社区矫正方案;

e) 分级材料;

f) 社区服刑人员日常报告记录(日报告、周报告、每月情况报告);

g) 社区服刑人员进入特定区域(场所)审批表;

h) 社区服刑人员外出(居住地变更)审批表;

i) 司法所走访社区服刑人员所在社区、家庭的记录;

j) 就医情况记录材料;

k) 社区服刑人员教育学习记录;

l) 社区服刑人员社区服务记录;

m) 社区矫正社会适应性帮扶记录等。

6.3 考核奖惩材料

a) 社区服刑人员定期考核记录(年度考评表);

b) 社区服刑人员管理考核奖扣分审批表;

c) 表扬、社区矫正积极分子或警告等社区服刑人员日常行为奖惩审批表;

d) 提请治安管理处罚、撤销缓刑、假释、暂予监外执行、减刑审核表等。

6.4 矫正终止材料

a) 社区服刑人员期满个人小结;

b) 社区矫正期满鉴定表;

c) 解除社区矫正宣告书等。

6.5 其他应当归档的材料

根据社区矫正法律法规规定应当归档的材料。

7 电子工作档案管理

社区矫正工作档案中有关监督管理、教育矫正记录等内容,可以在"社区矫正信息管理平台"中以电子文档格式留存,并应当做好备份。

8 档案签注

8.1 社区矫正工作人员或社区服刑人员在材料上签字一律用姓名的全称,不得代签、略写。所有签名均在姓名下方注明时间(年月日)。姓名应签在材料的右下角或适当位置,不得越出装订线。凡盖章或按捺手印应一律使用红色印泥。

8.2 社区服刑人员因客观原因无法签字的,应当采取其他必要形式确认其已知晓材料内容,并由工作人员注明相关情况。

9 归类书写规范

9.1 社区矫正档案材料应当按照材料的不同归类、时间先后顺序整理归档,一律使用蓝黑墨水、碳素墨水书写或使用黑色打印,不得使用纯蓝墨水、圆珠笔、铅笔或复写纸书写。

9.2 同一份材料的内容书写用色应一致,不得出现混用现象。

10 信息表述规定

10.1 归档材料应按项如实填写,不得空项。

10.2 凡没有具体内容的,一律填写"无"。

10.3 用语应当符合语法规范要求,并与所写人身份相符,不得出现编造、假设、事实不清等现象。

10.4 社区服刑人员姓名、年龄、文化程度、籍贯、住址等基本情况及主要犯罪事实,应与本人身份证等有效证件信息、经核实的实际住址信息相一致。

10.5 姓名应当写全名;社区服刑人员的罪名、矫正类别、引用的法律法规等表述应完整准确,不得简写。

11 文字纸张使用

11.1 社区矫正档案的文书印刷格式和纸张使用,应当参照《党政机关公文格式》(GB/T9704-2012)的要求执行。

11.2 卷内材料应采用 A4 型纸张,文件标题字体一般用 2 号小标宋体字,正文字体一般用 3 号仿宋体字。

11.3 栏目较多的执法文书表式或材料,填写时可用小四号仿宋体字;数字应统一使用汉字小写或阿拉伯数字,不得出现混用现象。

12 档案装订

12.1 社区矫正档案卷内的文字材料在右上角(背面左上角)编页号,做到右齐、下齐,并在案卷左侧三孔一线装订。

12.2 所有材料的装订应用线装订,不得使用订书钉、曲别针等金属物品。

13 档案移交

13.1 社区服刑人员变更居住地的,原执行地的区社区矫正机构应当将社区矫正档案移交新执行地的区社区矫正机构。

13.2 移交时,随附《社区服刑人员档案移交清单》。

14 保管期限

14.1 从社区服刑人员解除矫正时间起算,社区矫正执行档案保管期限为 20 年,社区矫正工作档案保管期限为 5 年。

14.2 对已达保管期限的执行档案,应留存社区矫正法律文书和解除社区矫正证明书或撤销缓刑、假释、暂与监外执行的裁定(决定书),并按年份立卷永久保存。

15 未成年人档案

15.1 未成年社区服刑人员的工作档案应由区社区矫正机构封存。

15.2 除司法机关为办案需要或者有关单位根据国家规定依法查询外,负责未成年人社区矫正的工作人员应当严格履行保密义务,不得向任何单位和个人提供未成年人社区矫正的法律文书、矫正记录等信息。

16 纪律责任

社区矫正档案管理人员必须严格遵守国家有关档案管理的相关制度和国家保密制度,不得泄露档案内容,确保档案安全。违反相关规定的,依照《档案法》、《上海市档案条例》等法律、法规追究责任。

Q/SQJZ

上 海 市 社 区 矫 正 管 理 标 准

Q/SQJZ BZ3.8—2016

保密工作规范

2016-09-14 发布

2016-10-01 实施

上海市社区矫正管理局　发布

目　次

前　言

本标准按照 GB/T 1.1-2009 给出的规则起草。

本标准由上海市社区矫正管理局标准化工作办公室提出并归口。

本标准起草单位:上海市社区矫正管理局标准化工作办公室。

本标准主要起草人:田航军、乔明强、钟才成。

本标准为首次发布。

保密工作规范

1 范围

本标准规定了上海市社区矫正管理局(以下简称矫正局)保密工作的工作原则、保密机构及其职责、定密工作管理、涉密文件资料管理、涉密信息系统及存储介质管理、涉密会议、活动及涉外工作管理、涉密会议、活动及涉外工作管理、密码通信管理、涉密人员管理、考核与奖惩等要求。

本标准适用于矫正局保密工作的规范化管理。

2 规范性引用文件

下列文件对于本文件的应用是必不可少的。凡是注日期的引用文件,仅注日期的版本适用于本文件。凡是不注日期的引用文件,其最新版本(包括所有的修改单)适用于本文件。

Q/SQJZ BZ3.6 社区矫正执行档案管理规范。

Q/SQJZ BZ3.7 社区矫正工作档案管理规范。

Q/SQJZ BZ3.1 信息化设备管理规范。

Q/SQJZ BZ3.2 网络与信息安全事件专项应急预案。

Q/SQJZ BZ3.3 计算机信息系统安全管理规范。

Q/SQJZ BZ3.4 社区矫正信息系统操作规范。

Q/SQJZ BZ6.4 责任追究规范的要求。

Q/SQJZ BZ6.3 绩效考核管理规范。

3 术语和定义

3.1 保密工作

为达保密目的而采取一定手段和防范措施等。

3.2 密级

国家事务秘密程度的等级,一般分为绝密、机密、秘密三级。

4 工作原则

保密工作应坚持"谁主管、谁负责"原则,实行积极防范、突出重点、依法管理的方针,既确保国家秘密安全,又便利信息资源合理利用。

5 保密机构及其职责

5.1 保密委员会

5.1.1 成立矫正局保密委员会(以下简称局保密委),主任由矫正局局长担任,副主任由分管副局长担任,成员由综合处、刑罚执行处、教育矫正处、安帮处负责人组成。

5.1.2 局保密委的主要职责是：

a) 根据党和国家保密工作方针政策和法律法规，制定保密规章制度；

b) 依法制定和适时调整社区矫正工作中的国家秘密范围；

c) 负责对矫正局工作人员进行保密教育，监督和检查保密工作落实情况；

d) 研究决定保密工作中的重大问题；

e) 依法查处失泄密事件。

5.2 保密办

5.2.1 局保密委下设办公室（以下简称局保密办），承担局保密委日常工作。综合处承担局保密办的职责。

5.2.2 局保密办的主要职责是：

a) 负责起草保密规章制度，组织制定或调整社区矫正工作中的国家秘密范围；

b) 负责保密教育和培训；

c) 指导保密要害部门、部位和涉密人员做好保密工作；

d) 组织开展保密检查；

e) 完成上级部门的工作部署和局保密委交办的工作任务，向局保密委报告工作情况；

f) 具体组织查处失泄密事件。

6 定密工作管理

6.1 密级分类

6.1.1 社区矫正工作国家秘密的密级分为绝密、机密、秘密三级：

a) 绝密级国家秘密是最重要的国家秘密，泄露会使国家安全和利益遭受特别严重的损害；

b) 机密级国家秘密是重要的国家秘密，泄露会使国家安全和利益遭受严重的损害；

c) 秘密级国家秘密是一般的国家秘密，泄露会使国家安全和利益遭受损害。

6.1.2 社区矫正工作国家秘密及其密级的具体范围，由局保密委负责组织制定，并根据法律法规和上级部门要求予以及时调整。

6.2 定密范围

下列事项不得确定为国家秘密：

a) 需要社会公众广泛知晓或者参与的；

b) 属于工作秘密、商业秘密、个人隐私的；

c) 已经依法公开或者无法控制知悉范围的；

d) 法律、法规或者国家有关规定要求公开的。

6.3 定密责任人

6.3.1 局保密委主任为矫正局定密责任人，对定密工作负总责。

6.3.2 根据工作需要，保密委主任可以指定内设机构负责人或者其他工作人员为定密责任人，并明确相应的定密权限。

6.3.3 指定的定密责任人应当熟悉涉密业务工作，符合在涉密岗位工作的责任心强、有一定专业素养等基本条件。

6.4 定密程序

6.4.1 拟定

承办责任人按照司法行政工作国家秘密及其密级的具体范围规定，初步拟定国家秘密事项的秘密等级和保密期限。

6.4.2 审核

审核责任人为产生国家秘密事项的处室或部门的主要负责人,对待定密事项的产生负审核责任。审核内容包括:

a) 待定密事项的定密依据;

b) 拟定密级;

c) 保密期限等。

6.4.3 核查

核查责任人为办公室核稿人,对待定密事项是否需定密和定为何种密级等予以核查。

6.5 保密期限

6.5.1 国家秘密的保密期限,应当根据事项的性质、特点及工作需要,确定具体的保密期限、解密时间或者解密条件。

6.5.2 国家秘密的保密期限:

a) 绝密级不超过 30 年;

b) 机密级不超过 20 年;

c) 秘密级不超过 10 年。

6.6 解密

6.6.1 局保密办应当定期对所确定的国家秘密进行审核,有下列情形之一的,应当及时解密:

a) 保密法律法规或者保密事项范围调整后,不再属于国家秘密的;

b) 公开后不会损害国家安全和利益,不需要继续保密的。

6.6.2 经解密审核,对尚在保密期限内的国家秘密事项决定公开的,正式公布即视为解密。

6.6.3 国家秘密的具体保密期限已满、解密时间已到或者符合解密条件的,自行解除。

7 涉密文件资料管理

7.1 管理原则

涉密文件资料管理应遵循确保安全、方便工作的原则,按照 Q/SQJZ BZ3.6 社区矫正执行档案管理规范及 Q/SQJZ BZ3.7 社区矫正工作档案管理规范的要求严格履行登记、签收、传阅、承办、借用、移交、清退、归档、销毁等手续。

7.2 专人负责

各处室和部门应确定专人负责管理涉密文件资料。

7.3 存储

存放涉密文件资料应选择安全保密的场所和部位,并配备必要的保密设备。

7.4 印制

印制涉密文件资料须在符合安全保密要求的规定场所进行。复印涉密文件资料应当履行登记手续,加盖局办公室机要专用戳记。复印涉密文件资料视同原件管理,不得改变其密级、保密期限和知悉范围。

7.5 传递

传递涉密文件资料应当通过机要交通、机要通信或者其他符合保密要求的方式进行。携带涉密文件资料外出,应经本处室和部门主要负责人批准,并采取可靠的保密措施,完毕后需对涉密文件进行检查确认。

7.6　汇编

7.6.1　汇编涉密文件资料应当经局保密委同意后方可实施。

7.6.2　汇编的涉密文件资料应按其中最高密级和最长保密期限标志和管理,控制发放范围。

7.6.3　绝密级文件资料禁止汇编。

7.7　销毁、清退

7.7.1　涉密文件资料(中央、市委文件除外)应当由局保密办组织集中销毁。不具备归档和保存价值的涉密资料,经处室或部门主要负责人批准后可以自行销毁,但应当使用符合国家保密标准的高保密碎纸机等销毁设备和方法。

7.7.2　中央、市委文件应当按照规定统一清退。

7.7.3　各处室和部门工作人员,特别是领导干部和涉密人员调动、退休、离职、离岗须清退全部涉密文件资料,禁止私自留存、处理和销毁。

8　涉密信息系统及存储介质管理

8.1　分级保护

8.1.1　存储、处理国家秘密的计算机信息系统按照涉密程度实行分级保护,采取相应的安全保密防护措施。涉密信息系统应当按照国家保密标准配备保密设施、设备。

8.1.2　涉密信息系统应当按照规定,经检查合格后,方可投入使用。

8.2　运行使用

信息技术部门应当加强涉密信息系统的运行使用管理,指定专人负责运行维护、安全保密管理和安全审计,定期开展安全保密检查和风险评估。

8.3　信息系统管理

按照 Q/SQJZ BZ3.1　信息化设备管理规范、Q/SQJZ BZ3.2　网络与信息安全事件专项应急预案、Q/SQJZ BZ3.3　计算机信息系统安全管理规范、Q/SQJZ BZ3.4　社区矫正信息系统操作规范的要求运行,任何个人在处理涉密信息系统时不得有下列行为:

a) 将涉密计算机、涉密存储设备接入互联网及其他公共信息网络;

b) 在未采取防护措施的情况下,在涉密信息系统、互联网及其他公共信息网络之间进行信息交换;

c) 使用非涉密计算机、非涉密存储设备存储、处理国家秘密信息;

d) 擅自卸载、修改涉密信息系统的安全技术程序、管理程序;

e) 将未经安全技术处理的退出使用的涉密计算机、涉密存储设备丢弃或者改作其他用途。

8.4　涉密移动存储介质处理

8.4.1　用于处理、存储涉密信息的笔记本电脑、移动硬盘、软盘、U 盘、光盘等涉密移动存储介质应当实行统一登记,统一标识,并按照相同密级文件的要求分类集中管理。

8.4.2　涉密移动存储介质的销毁,保密办应当统一消磁、粉碎和销毁处理。

8.4.3　禁止非法复制、记录、存储国家秘密,非涉密移动存储介质不得存储涉密信息。

8.4.4　交换涉密信息时要采取安全保密措施,防止涉密信息不当扩散。

9　涉密会议、活动及涉外工作管理

9.1　保密措施

举办会议、组织考试或者其他活动涉及国家秘密的,主办单位和部门应当采取下列保密措施:

a) 根据会议、活动的内容确定密级，制定保密方案，限定参加人员范围；

b) 使用符合国家保密规定和标准的场所、设施、设备；

c) 按照《保密法》等保密规定管理国家秘密载体；

d) 对参加人员提出签订保密协议等保密要求。

9.2 涉外工作

9.2.1 涉外工作坚持内外有别原则，相关单位和部门应对参加涉外活动和出国（境）人员进行外事纪律和保密教育。

9.2.2 不得携带涉密载体参加外事活动和出国（境），禁止泄露涉密事项和信息。

9.2.3 涉外工作中的其他事项执行国家有关规定。

9.3 涉及国家秘密的采购

9.3.1 采购涉及国家秘密的工程、货物和服务的，应当根据国家保密规定确定密级，并符合国家保密规定和标准。

9.3.2 相关处室和部门应当对提供工程、货物和服务的单位提出保密管理要求，并与其签订保密协议。

10 密码通信管理

10.1 密码通信管理

办公室是密码通信工作的主管部门，负责密码通信日常业务和设备维护管理。

10.2 密码设备安装

普通密码和核心密码设备的安装应符合下列要求：

a) 密码工作室应设置在安全可靠、有利保密、方便工作的位置。密码工作室应安装铁门、铁栅窗栏和防盗报警等安全装置，无关人员不得擅自进入工作室；

b) 密码机应放置在专用保密柜内，专用保密柜的钥匙、密码业务文件、资料等须逐一登记，专人保管；

c) 传发加密文电，应按照文件签批权限，由各单位或办公室负责人签发；

d) 密码通信传输的文电应按同类密级的文件进行管理，密码文电正本由办公室负责保管和清退，个人不得私自复印和抄存；

e) 普通密码设备仅限于加密传输"机密"、"秘密"级文电，不得用于传递"绝密"级文电。

10.3 密码文电回复

10.3.1 密码文电的回复应坚持"密来密复"原则，不得密来明复。

10.3.2 密码文电传阅或改用文件形式转发时，不得出现"密码电报"、"密传"等字样。

11 涉密人员管理

11.1 涉密人员要求

涉密人员应当具有良好的政治素质和品行，具有胜任涉密岗位所要求的工作能力。有关部门应当建立健全涉密人员管理制度，明确涉密人员的权利、岗位责任和要求。

11.2 涉密人员培训

涉密人员上岗应当经过保密教育培训，掌握保密知识技能，签订保密承诺书，严格遵守保密规章制度，不得以任何方式泄露国家秘密。

11.3 脱密期管理

涉密人员离岗离职实行脱密期管理。涉密人员在脱密期内的,应当按照规定履行保密义务,不得以任何方式泄露国家秘密。

11.4 保密纪律

涉密人员应当遵守保密纪律、履行保密义务,自觉接受保密教育、监督和检查。

12 考核与奖惩

12.1 按照 Q/SQJZ BZ6.3 绩效考核管理规范的要求将保密工作纳入矫正局考核体系。

12.2 对认真履行保密工作职责,为保守党和国家秘密作出显著绩效的部门和人员,予以表彰、奖励。

12.3 履行保密工作职责不力,造成不良后果的,按照 Q/SQJZ BZ6.4 责任追究规范的要求将当年度的考核实行一票否决制。

12.4 违反保密规定,发生失泄密事件的单位和部门,对直接负责的主管人员和其他直接责任人员给予处分。

附录 A(规范性附录)

定（解）密工作情况登记表

年度：

	日期	密件名称	文号	密级	载体形式	数量	分发范围
本年度以本单位名义产生的涉密事项							
本年度本单位解密事项							

负责人：   日期：

附录 B(规范性附录)

涉密会议情况汇总表

序号	涉密会议名称	涉密等级	涉密会议地点、时间	涉密会议知悉范围	保密办参与情况	主要管理措施

负责人：   日期：

附录 C(规范性附录)

存储介质保密管理情况汇总表

涉密程度	编号	型号	容量	载体种类	使用处室	使用人
绝密						
机密						
秘密						
内容						
互联网						

负责人:　　　　　　　　　　　　　　　　　日期:

备注说明:载体种类填写"U盘、移动硬盘、软盘、光盘、存储卡、磁带"等。

附录 D(规范性附录)

涉密文件复印登记表

序号	复印时间	文件名称	密级	文号	份数	复印人	审批人

负责人：   日期：

附录 E(规范性附录)

涉密载体、涉密设备报废情况表

序号	涉密载体形式 (含报废涉密设备)	涉密载体内容	数量	密级	销毁、报废 流向	经办人	审批人

备注:报废涉密设备填写"涉密计算机、涉密传真机、涉密复印机、涉密扫描仪、涉密刻录机、涉密打印机、涉密移动硬盘、涉密 U 盘、涉密光盘"等。

Q/SQJZ

上 海 市 社 区 矫 正 管 理 标 准

Q/SQJZ BZ3.9—2016

信息工作规范

2016-09-14 发布　　　　　　　　　　　　　　　　2016-10-01 实施

上海市社区矫正管理局　发布

目　次

前　　言

本标准按照 GB/T 1.1-2009 给出的规则起草。

本标准由上海市社区矫正管理局标准化工作办公室提出并归口。

本标准起草单位：上海市社区矫正管理局标准化工作办公室。

本标准主要起草人：田航军、乔明强、钟才成。

本标准为首次发布。

信息工作规范

1 范围

本标准规定了上海市社区矫正管理局(以下简称矫正局)信息工作的职责分工、工作要求、信息类别、信息采编、信息报送、信息核实、信息汇总、信息调研以及信息通报等要求。

本标准适用于矫正局信息工作的规范化管理。

2 规范性引用文件

下列文件对于本文件的应用是必不可少的。凡是注日期的引用文件,仅注日期的版本适用于本文件。凡是不注日期的引用文件,其最新版本(包括所有的修改单)适用于本文件。

Q/SQJZ BZ3.5 公文处理规范。

Q/SQJZ BZ6.3 绩效考核管理规范。

Q/SQJZ BZ6.4 责任追究规范。

3 术语和定义

下列定义适用于本文件。

信息工作是指设立专门部门或利用相关部门收集、反馈和处理党政机关实施领导行为所需信息的活动总称。包括原始记录、统计分析、技术情报、档案工作以及数据和资料的收集处理传递储存等管理工作。

4 职责分工

4.1 综合处

综合处是本单位信息工作的管理部门。职责主要包括:

a) 制定信息工作管理制度;

b) 组织开展信息工作相关培训;

c) 负责信息调研工作;

d) 做好年度信息工作总结和表彰奖励。

4.2 各职能处室

各职能处室应当确定专人承担信息工作。职责主要包括:

a) 贯彻落实信息工作管理制度;

b) 负责信息采编;

c) 做好信息报送。

5 工作要求

信息工作应当遵循服务大局、及时、全面准确、喜忧兼报、统筹协调、开拓创新等要求。

6   信息类别

6.1   动态类

围绕某一时期上级部门有关部署和本部门中心工作,动态反映本部门贯彻落实情况、工作开展情况以及和上级部门领导调研活动情况等的信息。

6.2   经验类

在社区矫正工作中总结、创造出来的,对实践具有指导意义的做法。

6.3   问题建议类

专供同级领导或上级领导参阅的一种反映社区矫正工作中存在的问题、困难等的信息。

6.4   决策部署类

反映上级部门制定的有关社区矫正工作的相关政策、规定、工作部署以及贯彻落实情况。

6.5   重大案件类

反映在社区矫正工作中发生的、造成社会危害和负面社会影响的案件类信息。

6.6   重大紧急类

凡重大突发性事件、重要社会动态、重大灾情及其他关系人民群众生命财产、影响社会稳定的重要紧急情况。

7   信息采编

信息工作的重点是采编。信息采编应当突出以下事项:

a) 社区矫正和安置帮教工作在服务改革发展稳定中的成绩、经验和新情况、新问题;

b) 市委、市政府、司法部、市委政法委和市司法局的重大决策、重要部署出台后本单位的主要工作措施、取得的成效、出现的情况、存在的问题及完善决策的建议;

c) 市司法局、矫正局年度重点工作及阶段性重点工作任务的贯彻落实情况。

8   信息报送

各处室发现如下信息或情况时,应按照 Q/SQJZ BZ3.5   公文处理规范的要求向综合处报送:

a) 社区服刑人员、5 年内刑满释放人员发生重大突发案(事)件;

b) 上述事件的事态进展、处置情况、善后工作情况;

c) 其他重大、敏感事件。

9   信息核实

矫正局信息工作部门应当建立健全信息核实机制,对缺少时间、空间、主体、事件、结果等要素的信息应当及时补充,对内容存疑的信息应当通过电话、访谈等进行核实。信息工作部门对信息进行核实时,各处室应当按照要求及时核准回复。

10   信息汇总

应当加强信息汇总、提炼和综合,按照主题鲜明、重点突出、内容真实、数字准确、条理清晰、文字精练的要求汇总信息。信息汇总后原则上控制在 2 000 字以内。

11 信息调研

11.1 应当重点围绕社区矫正和安置帮教工作发展的热点、难点和干部群众反映强烈的突出问题，加强信息调研工作。

11.2 应当反映问题、分析问题，提出解决问题的意见和建议，提升信息为决策服务的质量和水平。

11.3 各处室每年至少应向矫正局信息工作部门报送 1 篇以上有情况、有分析、有建议的调研类信息。

12 信息通报

12.1 信息需求发布

12.1.1 各处室应当根据领导决策需求和阶段性工作重点，每季度发布信息需求要点，并且根据工作需要不定期向有关单位或部门送达信息采编任务，提出完成时间和质量要求。

12.1.2 承接任务的单位或部门应当高度重视，指定专人负责，并严格按照时限、内容等要求，及时组织采编并上报。

12.2 信息采用通报

12.2.1 矫正局信息工作部门应当每季度向信息报送部门通报矫正局信息采用情况，及时反馈上级采用、领导批示情况等。

12.2.2 应当定期总结各部门信息报送情况，肯定工作成绩，指出问题不足，提出改进工作的要求。

13 奖惩

信息工作完成情况应当按照 Q/SQJZ BZ6.3 绩效考核管理规范的要求纳入矫正局工作考核体系：

a) 对信息工作成绩突出的单位和个人，应予以通报表扬；

b) 对迟报、漏报、误报、瞒报重要信息的，应按照 Q/SQJZ BZ6.4 责任追究规范的要求给予通报批评并督促整改；对因此造成严重后果的，应当追究有关人员的责任。

Q/SQJZ

上 海 市 社 区 矫 正 管 理 标 准

Q/SQJZ BZ3.10—2016

门户网站建设运行管理规范

2016-09-14 发布　　　　　　　　　　　　2016-10-01 实施

上海市社区矫正管理局　发布

目　次

前　言

本标准按照 GB/T 1.1-2009 给出的规则起草。

本标准由上海市社区矫正管理局标准化工作领导小组提出并归口。

本标准起草单位：上海市社区矫正管理局标准化工作办公室。

本标准主要起草人：田航军、乔明强、符佳华。

门户网站建设运行管理规范

1 范围

本标准规定了上海市社区矫正管理局(以下简称矫正局)门户网站的管理部门、管理权限、网站建设和运行管理等。

本办法适用于矫正局门户网站建设运行管理。

2 规范性引用文件

下列文件对于本文件的应用是必不可少的。凡是注日期的引用文件,仅注日期的版本适用于本文件。凡是不注日期的引用文件,其最新版本(包括所有的修改单)适用于本文件。

Q/SQJZ BZ3.1 信息化设备管理规范。

Q/SQJZ BZ3.8 保密工作规范。

Q/SQJZ TG3.4 信息公开规范。

Q/SQJZ BZ3.11 网络公众平台运行规范。

Q/SQJZ BZ3.2 网络与信息安全事件专项应急预案。

3 管理部门及权限

3.1 局综合处

局综合处是网站内容的主管部门,全面负责网站信息的日常维护和管理,并对各栏目的内容及信息更新情况进行跟踪监督,提出改进意见。

3.2 局综合处信息主管

局综合处信息主管负责做好网站升级改版、应用软件开发和运行维护等工作,每年对网站的运行质量进行分析,对用户数据、网络资源和数据库进行统一管理。

3.3 局属各部门

局属各部门负责维护各自子网页、信息审核发布等。

3.4 信息维护人员

信息维护人员负责上网信息的搜集、整理和发布,各单位和部门应积极支持信息维护人员更新维护网站信息。

3.5 第三方单位

网站的安全管理应委托具有网络服务资质和良好社会信誉的单位承担,综合处对委托管理的网站进行监控和检查。

4 网站建设

4.1 网站构成

4.1.1 局主网页

局主网页包括新闻动态、网上办事、执法公开、矫正中心等功能模块。

4.1.2 各矫正中心子网页

各矫正中心子网页根据实际业务需求,设置刑法执行、教育矫正、适应性帮扶等相应的功能模块。

4.2 网站功能

4.2.1 网站是矫正局及区矫正中心在互联网发布工作动态信息、提供公共服务、公开政务执法信息和接受公众监督的平台,具有网上咨询、社区服刑人员基本查询系统、社会帮教推介系统、人力资源推介系统等功能,参见 Q/SQJZ TG3.4 信息公开规范、Q/SQJZ BZ3.11 网络公众平台运行规范。

4.2.2 网站主要公开以下内容:

a) 矫正局的机构设置及职责;

b) 矫正局制定的或负责贯彻落实的法律、法规、规章和政策;

c) 矫正局按规定需要向社会发布的公告、公示、通知等;

d) 介绍、宣传上海矫正工作发展现状和促进工作发展的举措;

e) 根据执法公开要求,需要向社会、社区服刑人员近亲属公开的事项和信息;

f) 矫正局的服务热线、微信公众号和举报电话;

g) 其他应予公开的政务、执法信息。

4.3 建设要求

4.3.1 合法

矫正局网站不得从事营利性活动,不得宣扬暴力、色情等内容,不得与非法的网站、商业性网站建立超级链接。

4.3.2 保密

保密要求主要包括:

a) 加强登录密码、敏感资料、操作权限等涉密材料和信息的保管和处理。服务器、后台管理系统等密码设置应符合安全规范,并定期修改。参见 Q/SQJZ BZ3.8 保密工作规范;

b) 按照谁使用谁保密的原则,把责任落实到人,严防网络泄密事件发生,不得泄露国家秘密、工作秘密和个人隐私;

c) 各单位、各部门应严格执行保密法律法规,严禁涉密信息上网。网上信息出现安全问题,要严格按照规定追究信息发布者或者提供信息者的责任。

4.3.3 安全

安全要求主要包括:

a) 提高网络安全意识,建立网站安全管理制度,制定安全标准、规范及流程,加强技术防护手段,健全安全防范体系;

b) 网站信息维护人员如发现矫正局网站被病毒、黑客袭击或发现网站运行不正常,按照 Q/SQJZ BZ3.2 网络与信息安全事件专项应急预案的要求进行处理;

c) 应每月进行安全审计,发现异常要及时处置,并做好以下基本工作:

1) 应指定或授权专门的部门或人员负责网站编辑工作,并签署岗位安全协议;

2）应严格规范人员离岗过程，及时终止离岗人员的所有访问权限；

3）应加强对办公环境的保密性管理，规范办公环境人员行为，工作人员离开座位应确保终端计算机退出登录状态和桌面上没有包含敏感信息的纸质文件等；

4）应提高所有用户的防病毒意识，在读取移动存储设备上的数据以及网络上接收文件或邮件之前，先进行病毒检查，对外来计算机或存储设备接入网络系统之前也进行病毒检查；

5）应注重知识产权保护，禁止未经授权链接其他网站文字、音视频等内容；

6）应加强网站脚本管理，禁止使用跨站脚本，对用户输入副文本进行检验。

4.3.4 升级更新

升级更新要求主要包括：

a）建立网站信息更新维护责任制度，明确分管领导、承办部门和具体责任人员；

b）网站系统（包含主机、数据和应用）应每月进行全检查，全面掌握网站运行状况，及时更新系统漏洞补丁；

c）每月备份数据，验证网站灾难备份有效性，增强抗毁能力和灾难恢复能力。

4.3.5 准确

准确要求主要包括：

a）建立上网信息审批制度，主网页信息由综合处领导审核把关，工作简报、情况通报等重要信息由局分管领导审批；

b）子网页信息由各单位主管领导负责审核；

c）办事软件信息由部门领导审核把关。

4.3.6 全面

矫正局网站发布、转载其他媒体新闻信息应当依据《保密法》、《知识产权法》等有关规定执行，电视、报纸、期刊、网络或其他媒体报道矫正局新闻的，网站应及时转载。

4.4 保障

网站建设所需的设备、软件、技术支持、运行维护、内容建设等经费纳入部门预算，参见 Q/SQJZ BZ3.1 信息化设备管理规范。

Q/SQJZ

上 海 市 社 区 矫 正 管 理 标 准

Q/SQJZBZ 3.11—2016

网络公众平台运行规范

2016-09-14 发布　　　　　　　　　　　2016-10-01 实施

上海市社区矫正管理局　发布

目　次

前　言

本标准按照 GB/T 1.1-2009 给出的规则起草。

本标准由上海市社区矫正管理局标准化工作办公室提出并归口。

本标准起草单位:上海市监狱局标准化工作办公室。

本标准主要起草人:田航军、乔明强、符佳华。

网络公众平台运行规范

1 范围

本标准规定了上海市社区矫正管理系统对网络公众平台（以下简称平台）管理部门及职责、网络信息维护、上网信息审批以及网络平台禁止事项等相关管理内容。

本标准适用于上海市社区矫正管理局及区矫正中心、各部门网络公众平台管理。

2 规范性引用文件

下列文件对于本文件的应用是必不可少的。凡是注日期的引用文件，仅注日期的版本适用于本文件。凡是不注日期的引用文件，其最新版本（包括所有的修改单）适用于本文件。

Q/SQJZ BZ3.10 门户网站建设运行管理规范。

3 管理部门及权限

3.1 局综合处

局综合处是网络公众平台管理的主管部门，全面负责官方微信的日常维护和管理，并对各栏目的内容及信息更新情况进行跟踪监管。

3.2 局综合处信息主管

局综合处信息主管负责平台升级改版、应用软件开发和运行维护等工作，并定期对平台的运行质量进行分析，对数据资源进行管理。

3.3 信息维护人员

平台由明确的信息维护人员负责上网信息的搜集、整理和发布，各单位和部门应积极支持信息维护人员更新维护工作。

4 平台功能

微信平台主要承担信息公开的功能，发布以下信息：

a) 上海市社区矫正机构的设置及职责；

b) 上海矫正机关贯彻落实上级要求或制定的法律、法规、规章和政策；

c) 上海市社区矫正管理局按规定需要发布的公告、公示、通知；

d) 介绍、宣传上海矫正工作发展现状和促进工作发展的举措；

e) 根据执法公开要求，向社会、社区服刑人员近亲属公开的事项和信息；

f) 上海矫正服务热线、微信公众号和举报电话；

g) 其他应予公开的政务、执法信息。

5 平台管理

5.1 禁止事项

5.1.1 不得从事营利性活动。

5.1.2 不得与非法网站、商业性网站建立超级链接。

5.1.3 不得泄露国家秘密、工作秘密和个人隐私。

5.1.4 不得宣扬暴力、色情等内容。

5.2 转载管理

5.2.1 发布、转载其他媒体信息应依据知识产权法等相关法律规定执行。

5.2.2 其他媒体报道上海市社区矫正管理局正面新闻的,应于1个月内予以转载。

5.3 运行问题

信息维护人员如发现市社区矫正管理局官方微信被病毒、黑客袭击或发现微信号运行不正常,应2个工作日内向综合处负责人报告。

5.4 密码管理

5.4.1 对登录密码、敏感资料、操作权限等涉密材料和信息,依照谁使用谁保密原则,把责任落实到个人。

5.4.2 服务器、后台管理系统等密码设置要符合安全规范,要定期修改,综合处须每月安全审计。

5.5 保密义务

5.5.1 各部门应严格执行保密法律规定,不得涉密信息上网。

5.5.2 网上信息出现安全问题,要严格按规定追究信息发布者或信息提供者责任。

5.6 设备支持

平台建设所需设备、软件、技术支持、运行维护、内容建设经费纳入主管部门预算。

6 信息发布程序

6.1 信息草拟

由各职能处室提供信息素材,交由综合处统一编辑处理。

6.2 信息审核

综合处负责人对拟发布的信息进行审核,并定稿。

6.3 信息发布

对定稿后的信息由维护人员通过微信平台予以发布。每周至少更新一次信息。

6.4 其他要求

按照 Q/SQJZ BZ3.10 门户网站建设运行管理规范的要求予以操作。

Q/SQJZ

上 海 市 社 区 矫 正 管 理 标 准

Q/SQJZ BZ4.1—2016

财务预算规范

2016-09-14 发布   2016-10-01 实施

上海市社区矫正管理局　发布

目　次

前　言

本标准按照 GB/T 1.1-2009 给出的规则起草。

本标准由上海市社区矫正管理局标准化工作办公室提出并归口。

本标准起草单位：上海市社区矫正管理局标准化工作办公室。

本标准主要起草人：田航军、唐斐、李振宇。

本标准为首次发布。

财务预算规范

1 范围

本标准规定了上海市社区矫正管理局(以下简称矫正局)预算业务的职责分工、预算编制、预算执行与调整、决算控制等要求。

本标准适用于矫正局内部年度预算业务的规范化管理。

2 术语和定义

下列定义适用于本文件。

2.1 预算

年度财务收支计划的编制,是单位业务活动的财力支持和经济活动的基本依据。

2.2 预算管理

对单位各项业务的控制,包括对预算的编制、预算执行与调整和决算控制三个环节实施的有效控制。单位预算由收入预算和支出预算组成,其中:支出预算包括人员经费预算、公用经费预算和项目经费预算。

3 职责分工

3.1 各职能处室

各职能处室主要负责:

——根据年度工作计划、目标提供编制预算的各项基础资料,根据本处室的工作计划提出预算建议数,对预算控制数进行分解、细化;

——执行已批复的年度支出预算;

——根据内外部环境变化、工作计划的调整提出预算追加调整请示;对本处室预算执行结果进行监控及决算工作。

3.2 综合处

综合处主要负责:

——下达年度预算编制的任务,组织和指导各职能处室开展预算编制工作;

——上报经内部审议后的年度预算至市司法局;

——下达批复的年度预算;

——汇总审核各处室提交的预算追加调整申请,形成预算调整方案;

——监控预算执行情况,分析季度、半年度及年度预算执行情况;

——进行年度决算及分析。

3.3 单位领导班子/局办公会

单位领导班子/局办公会主要负责:

——决定本单位的预算管理办法；

——审批本单位年度预算草案、年度预算追加调整方案、年度财务决算和绩效评价报告等重大事项；

——听取预算执行情况分析报告，组织召开预算执行分析会，督促各执行业务部门按照进度执行预算并改进预算执行中存在的问题；

——其他相关决策事项。

4 预算编制

4.1 预算编制要求

4.1.1 保证预算编制时间符合上级单位要求。

4.1.2 保证预算编制程序合法合规。

4.1.3 保证预算内容完整，符合上级单位要求。

4.1.4 保证项目预算编制科学、合理、清晰，数据真实准确。

4.2 预算编制程序

4.2.1 市司法局召开年度项目经费预算布置会，明确项目经费预算编制要求。预算专员组织协调各处室编制项目经费预算。单位各类项目预算，应参照上年度支出情况和预算年度的工作目标任务、业务计划、财政相关政策标准等有关资料和因素编制。

4.2.2 各处室内勤岗位根据预计项目情况，编制预计项目预算，经处长审核后，提交综合处预算专员处汇总，形成年度项目经费预算。预算经局办公会审议通过后，报送市司法局组织项目评审，并下达修改意见。

4.2.3 "一上"预算（预算建议数）编制：预算专员根据下一年度的工作计划，按照市财政局下发的预算编制统一口径，对支出需求进行合理测算，确认完成各项工作所需的项目支出，编制本局日常支出预算建议数和项目支出预算建议数，经局办公会审议通过后，由预算专员在财政局信息平台上正式提报年度预算初稿，审核岗完成审核后，由市司法局预算主管进行核定，之后提报市财政局审议。

4.2.4 市财政局批复预算控制数，作为"二上"预算编制依据。

4.2.5 "二上"预算（正式预算稿）编制：预算专员根据市财政局下达的预算控制数编制本单位年度正式预算，经局长审批通过后，预算专员通过预算系统提交，审核岗完成审核后，由市司法局预算主管进行核定，之后提报市财政局审议。

5 预算执行与调整

5.1 预算执行与调整的要求

5.1.1 根据批复的预算安排各项收支，严格按照批复的预算金额和用途安排各项支出，确保预算严格有效执行。

5.1.2 建立预算执行分析机制，定期通报各职能处室预算执行情况，提高预算执行的有效性。

5.1.3 规范预算调整程序，严格控制预算追加，发挥预算对经济活动的约束作用。

5.2 预算执行

5.2.1 预算专员接收市司法局下达预算核定通知书，并依此实施日常收支与控制。

5.2.2 对于已经明确预算指标、支出标准和支出方向的业务事项，如支付物业费、水电费等，预算系统自动将年度预算平均分解到每月，单位在每月额度范围内执行。财务人员在支付款项前应当加强支付审核控制。

5.2.3　对于预算总额确定但具体内容或支出金额不明确的业务事项,需申请执行,即:各处室根据分配的资金指标编制项目经费用款计划,由综合处预算专员定期汇总并编制预算执行计划表和需求额度,经分管局领导审核通过后报送市司法局、市财政局审批。

5.2.4　对于政府采购执行的业务事项,按照政府采购有关政策规定、政府采购预算和计划,经办理政府采购业务后方能支付款项。

5.2.5　落实预算执行进度责任制,具体包括:

a) 人员经费预算执行进度,由人事岗和会计岗根据预算批复、每月实有人数和有关工资发放标准共同落实;

b) 公用经费预算执行进度由会计岗和各职能处室根据预算批复以及各职能处室需求共同落实;

c) 项目经费预算执行进度由会计岗和项目实施处室根据预算批复及工作进展情况具体落实;

d) 预算专员通过国库集中支付系统、OA 系统对各职能处室预算执行情况进行监控,统计预算执行数,以此作为预算分析依据;

e) 单位建立预算执行分析机制,综合处对预算执行情况定期进行分析,每季度分析一次,提出《预算执行情况报告》,重点关注各项支出的执行进度。预算执行情况应通报各部门,分管局领导审议预算执行阶段性报告,并根据预算执行情况,召开预算执行分析会议,研究解决预算执行中存在的问题,提出改进措施。

5.3　预算调整

5.3.1　项目经费的调整由项目实施处室内勤岗负责;公用经费预算、政府采购预算的调整由综合处会计岗负责;人员经费预算的调整由综合处人事岗负责。

5.3.2　各处室因特殊情况需要预算调整的,各处室提出预算调整报告,详细说明预算调整理由、方案、追加调整前后预算指标的比较以及追加预算调整所带来的影响等,相关职能处室提出项目预算调整方案应与财务人员加强沟通,财务人员应在年度预算内通盘考虑。

5.3.3　预算调整报告需经各处室处长审核、局办公会审议,通过后上报市司法局审核,市司法局通过后报市财政局审批。收到批复后按照批复执行。

6　决算控制

6.1　决算控制要求

决算真实、完整、准确、及时,决算分析工作全面有效、决算分析结果与预算相互反映、相互促进。

6.2　决算控制程序

6.2.1　综合处预算专员(会计)按照市财政局、市司法局的年度财务决算布置会要求,进行会计科目的清算、结转,进行年度决算报表的编制,并完成决算编报说明和年度财务分析报告的撰写。

6.2.2　报本局主管领导进行审核,审核通过后,进行决算系统数据上报和纸质文档上报,上报市司法局进行审批。

6.2.3　对账务进行封账,接收并保存单位年度财政预、决算资料,按照上级主管部门要求做好预、决算公开的相关工作。

附录 A(规范性附录)

____年度专项经费用款计划表

单位、部门:矫正局 金额:万元

项目名称	预算金额	3月31日		6月30日		9月30日		10月31日		11月30日		12月31日	
		计划执行	执行率	计划执行	执行率	计划执行	执行率	计划执行	执行率	计划执行	执行率	计划执行	执行率
合计													

填表: 负责人:

Q/SQJZ

上 海 市 社 区 矫 正 管 理 标 准

Q/SQJZ BZ4.2—2016

经费使用管理规范

2016-09-14 发布   2016-10-01 实施

上海市社区矫正管理局   发布

目　次

前　言

本标准按照 GB/T 1.1-2009 给出的规则起草。

本标准由上海市社区矫正管理局标准化工作办公室提出并归口。

本标准起草单位:上海市社区矫正管理局标准化工作办公室。

本标准主要起草人:田航军、唐斐、李振宇。

本标准为首次发布。

经费使用管理规范

1 范围

本标准规定了上海市社区矫正管理局(以下简称矫正局)有关经费支出的财务报销、差旅费的使用管理、会议费的使用管理、培训费的使用管理、其他费用的使用管理等要求。

本标准适用于矫正局内部经费支出的规范化管理。

2 术语和定义

下列定义适用于本文件。

2.1 报销

把领用款项或收支账目开列清单,报请上级核销。

2.2 经费支出

企业、机关、事业单位等在执行预算过程中实际支出的各项经费,如工资、附加工资、动力费、维修费、业务费等。

2.3 差旅费

工作人员临时到外省市公务出差所发生的城市间交通费、住宿费、伙食补助费、市内交通费,以及工作人员临时到郊区县开展公务活动且实际发生的住宿、伙食、交通等费用。

2.4 会议费

会议费开支范围包括会议住宿费、伙食费、会议室租金、交通费、文件印刷费等。

2.5 培训费

开展培训直接发生的各项费用支出,包括住宿费、伙食费、培训场地费、讲课费、培训资料费、交通费等其他费用。其他费用包括监考费、阅卷费、培训管理人员的值班费。

3 财务报销

3.1 报销原则

坚持"先预算后支出,公务卡支付和转账支付"的原则,加强预算经费的管理,提高资金的使用效率,保障各项工作的有序开展。

3.2 报销程序

3.2.1 凡报销一律填写"付款凭证",注明支出事由、项目、发票和单据张数、金额,并附相关的票据。"付款凭证"金额与票据金额应吻合。

3.2.2 相关处室领导审核,并在"付款凭证"有关栏目内签字,对开支的必要性和真实性负责。

3.2.3 局长审批,并在"付款凭证"相关栏签字,对报销内容的真实性负责。

3.2.4 财务人员审核所有票据,在上述程序完备、票据和金额相符、符合相关财经法规和财务管理制度前提下,方可报销。财务人员对报销内容的合法性负责。

3.3 报销票据的要求

3.3.1 凡报销的财务票据(发票、收据)均应由国家财政、税务部门统一印制,发票应套印全国统一票据监制章。

3.3.2 从外单位取得发票(收据)时,应核对如下基本内容:

a) 财务票据上付款单位全称应填写"上海市社区矫正管理局",不得空白;

b) 财务票据上应写明开具的日期;

c) 财务票据上应写明经济业务内容、数量、单价、大小写金额;

d) 应加盖收款单位的财务专用章或票据专用章。

3.3.3 若采购物品,一张财务票据开具多项物资合计金额的,应列出每项物资或附有加盖收款单位财务专用章的详细物资清单。

3.3.4 报销发票应是发票联或报销联,用复写纸复写或计算机打印,不得用圆珠笔或铅笔填写,不能仅凭存根联、发货联、记账联作为报销单据。

3.3.5 发票(收据)所记载的各项内容均不得涂改、挖补;发票(收据)有错误的,应由出具单位重开或更正,更正处须加盖出具单位的印章;增值税专用发票填写有误的或发票金额有错误的,应由出具单位重开,不得更正。

3.3.6 对于下列不符合规定的发票(收据),财会人员有权拒绝办理相关报销手续:

a) 内容填写不全,字迹不清或有明显涂改迹象的票据;

b) 非国家财政、税务部门统一印制的票据;

c) 数量、单价、金额不明确的票据;

d) 票据金额有错误的,或大、小写金额不相符的;

e) 付款方名称未填、填写有误的;

f) 经查验后为假发票的,或为定期换版已作废的。

4 差旅费的使用管理

4.1 报销审批

凡报销一律填写"差旅费报销审批单"(见附录 A)。

4.2 城市间交通费和住宿费

城市间交通费和住宿费凭发票、按沪财行〔2014〕9 号和沪财行〔2016〕19 号文件的标准报销。

4.3 自行用餐

出差人员自行用餐的,按出差自然天数计算,给予每天每人 100 元的伙食补贴费,包干使用。

4.4 自行解决交通工具

出差人员自行解决交通工具的,按出差自然天数计算,给予每天每人 80 元的市内交通费,包干使用。

4.5 临时到郊区开展公务活动所产生费用

工作人员临时到郊区开展公务活动且实际发生的住宿、伙食、交通等费用,按照沪财行〔2016〕6 号文件要求报销。

4.6 住宿费

住宿费凭发票按沪财行〔2016〕19 号文件的标准报销。

4.7 伙食费和交通费(包干使用)的标准

4.7.1 伙食费和交通费(包干使用)的标准,到浦东新区(中环线以外)、宝山区、嘉定区、松江区、闵行区、青浦区、奉贤区、金山区的每人每天 120 元。

4.7.2 到崇明区的每人每天 150 元。

4.7.3 对自行驾车前往的,途中发生的过路过桥和停车费用,可另外凭发票据实报销。

4.8 统一安排住宿、伙食、交通工具的情况

统一安排住宿、伙食、交通工具的,不再报销相关费用。

4.9 报销要求

报销时,应提供公务活动审批单、活动通知、参加活动对方确认的回执等。

5 会议费的使用管理

5.1 会议标准

5.1.1 矫正局组织召开的会议,按三、四类会议标准执行,会期不得超过 2 天,会议报到和疏散时间合计不得超过 1 天。

5.1.2 工作人员控制在参会人数的 10% 以内。

5.2 会议费的上限定额标准

各项费用的上限定额标准(每人每天),住宿费 240 元,伙食费 130 元,其他费用 80 元,合计 450 元可统筹使用。

5.3 会议费报销要求

会议费报销时,应提供会议审批文件、会议通知、参加会议人员签到表、会议服务单位提供的税务发票或财政收据。

6 培训费的使用管理

6.1 培训费的上限定额标准

各项费用的上限定额标准(每人每天),住宿费 180 元,伙食费 110 元,场地及讲课费 100 元,资料费、交通费和其他费用 60 元,合计 450 元可统筹使用。

6.2 讲课费

6.2.1 费用标准

讲课费的上限执行标准(每半天):

a) 院士、全国知名专家 3 000 元;

b) 正高级技术职称专业人员和局级干部 2 000 元;

c) 副高级技术职称专业人员和处级干部 1 000 元;

d) 其他人员 600 元。

6.2.2 其他费用补贴

其他费用补贴标准为:

a) 外聘讲课人员自行解决交通工具的,给予市内交通费补贴,标准为每人每天 120 元,外省市来沪的按实际差旅费标准报销;

b) 监考费标准为每人每场 100 元;

c) 阅卷费标准为每 50 份考卷 200 元;

d) 培训管理人员的值班费为每人每天 100 元。

6.3 开展培训要求

6.3.1 开展培训应在开支范围和标准内,择优选择党校、行政学院、干部学院、部门行业所属培训机构、高校培训基地以及组织人事部门认可的培训机构承担培训项目。

6.3.2 培训报到和疏散时间合计不得超过 1 天。

6.3.3 工作人员控制在参训人数的 5% 以内,最多不得超过 10 人;7 天以内的培训不得组织调研、考察、参观。

6.3.4 不得有以下行为:

a) 借培训名义安排公款旅游;

b) 借培训名义组织会餐或安排宴请;

c) 组织高消费娱乐、健身活动;

d) 使用培训费购置电脑、复印机、打印机、传真机等固定资产以及开支与培训无关的其他费用;

e) 在培训费中列支公务接待费、会议费;

f) 套取培训费设立"小金库";

g) 培训住宿不得安排高档套房,不得额外配发洗漱用品;

h) 培训用餐不得上高档菜肴,不得提供烟酒。

6.4 培训费报销要求

培训费报销时,应当提供培训通知,培训人员名单,讲课费、监考费、阅卷费、值班费签收,培训服务单位提供的税务发票或财政收据及明细单。

7 其他费用的使用管理

7.1 超过万元的费用,各处室在执行前,应提出书面报告,说明实施方案及支出标准,经局长办公会议讨论,局主要领导批准后方能执行。

7.2 购置办公设备和超过 10 万元的费用,按照每年上海市财政局下发的《政府采购集中采购目录和采购限额标准》要求执行。

7.3 各项支出票据(税务发票、财政收据)尽量在发生的次月内报销,最长期限不得超过 3 个月。

附录 A(规范性附录)

差旅费报销审批单

上海市社区矫正管理局报销审批单

年　月　日　　　　　　　　　　　　附件____张

收款人		付款方式	
付款 用途			
金额	人民币 （大写）		￥
局领导 审批	处室领导 审核		领款人 （经办人）

附录 B(规范性附录)

原始单据粘存单

<table>
<tr><td rowspan="8">

<h2>原始单据粘存单</h2>
1. 粘贴凭证附件只限栏内(粘贴凭证处)粘贴。
2. 粘贴规定从上至下、从左至右粘贴。
3. 粘贴做到工整洁净,金额确认。
4. 合计金额、单据张数必须大写。
5. 对不按规定粘贴,审核、报销人员有权拒报。</td><td colspan="2">原始单据粘存单</td></tr>
<tr><td>日　期</td><td>年　月　日</td></tr>
<tr><td>费用名称</td><td></td></tr>
<tr><td>单据张数
（大写）</td><td></td></tr>
<tr><td>合计金额
（大写）</td><td></td></tr>
<tr><td>经办人</td><td></td></tr>
<tr><td>处负责人
审批</td><td></td></tr>
<tr><td>综合处
审批</td><td></td></tr>
<tr><td>局领导
审批</td><td></td></tr>
</table>

Q/SQJZ

上 海 市 社 区 矫 正 管 理 标 准

Q/SQJZ BZ4.3—2016

采购管理规范

2016-09-14 发布

2016-10-01 实施

上海市社区矫正管理局　发布

目 次

前　言

本标准按照 GB/T 1.1-2009 给出的规则起草。

本标准由上海市社区矫正管理局标准化工作办公室提出并归口。

本标准起草单位：上海市社区矫正管理局标准化工作办公室。

本标准主要起草人：田航军、唐斐、李振宇。

本标准为首次发布。

采购管理规范

1 范围

本标准规定了上海市社区矫正管理局（以下简称矫正局）采购管理的相关部门及人员职责、采购预算的编制、采购预算的执行等要求。

本标准适用于矫正局政府采购业务的规范化管理。

2 术语和定义

下列定义适用于本文件。

政府采购是指使用财政性资金采购依法制定的集中采购目录以内的或者采购限额标准以上的货物、工程和服务的行为。

3 相关部门及人员职责

3.1 综合处—采购岗

综合处—采购岗负责以下内容：

a) 汇总审核各职能处室提交的政府采购预算建议数、政府采购计划、政府采购申请；

b) 负责按照国家有关规定确定政府采购组织形式和政府采购方式；

c) 负责指导和督促各职能处室依法订立和履行政府采购合同；

d) 负责组织政府采购验收；

e) 处理政府采购纠纷；

f) 负责保管单位政府采购业务相关资料，定期分类统计和分析政府采购业务信息，并进行内部通报。

3.2 综合处—财务岗

综合处—财务岗负责以下内容：

a) 汇总编制单位政府采购预算、计划，报同级财政处室批准后，下达各职能处室执行；

b) 及时转发财政处室的有关管理规定及政府采购相关信息；

c) 审核各职能处室申报政府采购的相关资料，确定资金来源；

d) 复核政府采购支付申请，办理相关资金支付；

e) 根据政府采购处室提供的政府采购合同和验收证明，根据国家统一的会计制度，进行账务处理；

f) 定期与政府采购处室沟通并核对政府采购业务执行和结算情况。

3.3 职能处室

矫正局各职能处室负责以下内容：

a) 申报本处室的政府采购预算建议数，依据内部审批下达的政府采购预算和实际工作需要编制政府采购计划；

b) 进行政府采购需求登记，提出政府采购申请；

c) 对政府采购项目的中标结果进行确认,并依据成交通知书参与政府采购合同的签订;

d) 对政府采购合同和相关文件进行备案;

e) 提出政府采购资金支付申请。

4 采购预算的编制

4.1 预算编制确保采购计划及预算符合单位实际需求,避免资金资产浪费,各职能处室的采购需求应当纳入局机关年度预算。

4.2 各职能处室按照预算归口管理的要求,在编制"一上"预算前,向综合处书面提出采购需求;综合处采购专员申报采购预算,明确项目名称、购买商品/服务、预计金额、采购方式等要素。

4.3 采购专员结合存量,依据采购的需求和购置标准汇总编制年度采购预算,提交预算专员汇总作为采购预算上报至市司法局、市财政局审批。

5 采购预算的执行

5.1 采购申请

5.1.1 需求处室内勤应按照单位经费使用管理规定提出申请,填写采购申请报告,货物采购应明确采购物资的名称、规格、型号、性能、预算金额、购置原因等相关内容。

5.1.2 服务采购应明确项目名称、金额、资金来源、服务时限等。

5.1.3 采购申请需经需求部门负责人、采购专员审核,分管局领导审批。

5.2 采购执行

5.2.1 采购专员根据经审批的采购申请执行采购。根据市财政局批复的采购方式,并严格执行《政府采购法》、《上海市政府采购管理办法》等相关条例。采购专员按照程序规范,不相容岗位有效分离的要求实施采购。

5.2.2 属于政府采购范围的,均通过上海政府采购网执行。其中属于集中采购目录的项目,均委托政府采购中心执行采购;属于政府采购限额标准以上的项目,单位可选择自行采购或委托政府采购代理机构采购。单位在上海政府采购网上有"预算单位法人"和"预算单位采购人"两个账号。由预算单位采购人输入采购预算批复的编号,填写采购需求,预算单位法人委托计算机网络管理员登录系统,审核委托协议,审核通过后点击加盖电子印章。

5.2.3 属于一般采购范围的,即政府采购限额标准以下的采购,可采取单一来源采购或询比价的方式进行。询比价应至少选择三家单位参与,填制采购比价表格,明确采购商品名称、规格、数量、待选供应商、报价、售后等要素。明确记录询价过程、比价记录及定价意见。

5.2.4 自行采购若达到政府采购公开招标数额标准,均委托招标采购代理机构执行。对于涉密采购项目,单位应当与相关供应商或采购中介机构签订保密协议或者在合同中设定保密条款。

5.2.5 采购金额若超过3万元,应与供应商签订采购合同。合同应经相关部门负责人、财务人员审核,报局长审批。采购金额若低于3万元,由采购专员或需求人员使用公务卡直接进行比价采购。

5.2.6 在上海政府采购网上操作的集市平台采购,预算单位采购人在代理机构业务员生成合同后进行确认,并提交预算单位法人负责人审核。预算单位法人委托计算机网络管理员登录系统进行合同的审核操作并加盖电子公章。

5.3 采购验收

5.3.1 所采购的物资到货后,采购专员及需求人员根据合同协议、供应商发货单等对所购物资的品种、规格、数量、质量、技术要求及其他内容进行验收入库,并出具《入库单》。在上海政府采购网所采购的物资,若验收无误,采购专员根据《入库单》在系统中进行验收确认。

5.3.2　对于服务采购,需求处室应按照合同约定的验收方式对所购买的服务进行验收,必要时应邀请第三方验收单位进行阶段性验收和最终验收。

5.3.3　验收完成后,采购专员/需求处室应将相关的验收证明或验收报告递交综合处财务人员作为款项支付依据。

5.4　采购款支付

5.4.1　确保采购资金支付合理合法,符合合同或相关条款要求。

5.4.2　综合处财务人员按照合同约定的付款进度,凭合同、发票、入库单或验收报告等支付依据,提出货款支付申请,按照规定的审批权限和程序进行审批,依据采购预算已明确的资金来源和账户类型,办理具体的资金支付业务并进行会计核算。

Q/SQJZ

上海市社区矫正管理标准

Q/SQJZ BZ4.4—2016

合同管理规范

2016-09-14 发布   2016-10-01 实施

上海市社区矫正管理局　发布

目　次

前　言

本标准按照 GB/T 1.1-2009 给出的规则起草。

本标准由上海市社区矫正管理局标准化工作办公室提出并归口。

本标准起草单位：上海市社区矫正管理局标准化工作办公室。

本标准主要起草人：田航军、唐斐、李振宇。

本标准为首次发布。

合同管理规范

1 范围

本标准规定了上海市社区矫正管理局(以下简称矫正局)规范合同管理的原则、职责分工、合同订立、合同审核、合同签订、合同履行、合同管理、责任追究等要求。

本标准适用于矫正局对外签订合同的规范化管理。

2 术语和定义

下列定义适用于本文件。

合同是指以本机关作为一方主体与自然人、法人或其他组织之间设立、变更、终止民事权利义务关系的协议,主要涉及买卖(物资采购)、租赁(办公场所租借)、承揽(办公用品定制和书籍资料编辑印刷)、建设工程(办公场所基建、装修等)等民事合同。

3 原则

合同管理遵循"归口管理、分级负责"的原则,实行合同经办部门负责制和合同审核监管制。

4 职责分工

4.1 各相关职能处室

矫正局各职能处室为经办部门,职责包括:

a) 负责按照单位的规定对合同对方的资质、资信等情况进行调查,并对调查资料妥善保管;

b) 负责收集合同谈判相关资料,并组织进行合同谈判,对合同谈判中的关键信息进行记录;

c) 负责根据国家和单位的相关规定以及谈判的内容,拟定合同文本并递交至相关职能处室及领导审核审批;

d) 负责对合同履行情况进行跟踪,发现问题及时向相关职能处室及领导汇报;

e) 参与承办合同纠纷的协商、调解、仲裁、诉讼的准备及善后工作。

4.2 综合处

综合处为审核部门,职责包括:

a) 负责建立和完善内部经济合同管理制度;

b) 负责参与重大合同的起草、谈判、审查和订立;

c) 负责管理合同专用章;

d) 负责参与或组织合同纠纷的调节、仲裁、诉讼活动;

e) 负责对合同进行登记和归档;

f) 负责检查和评价合同管理中的薄弱环节,采取相应控制措施,促进合同的有效履行;

g) 负责对合同中的结算条款进行审核;

h) 负责按照合同条款的规定组织做好协议款项的收付工作。

5 合同订立

5.1 合同必备条款

本局订立合同的必备条款包括：

a) 合同主体的名称或者姓名和住所；

b) 合同标的或者项目的详细内容；

c) 合同当事人的权利和义务；

d) 履行期限、地点和方式；

e) 违约责任及赔偿损失的计算方法；

f) 合同变更、解除及终止的条件；

g) 合同争议解决方式；

h) 生效条件、订立日期。

5.2 合同内容要求

5.2.1 本机关订立的合同不得含有超越行政机关职权范围的承诺或者义务性规定，违反法律规定以行政机关作为合同保证人和其他违反法律、法规、规章或者损害国家、社会公共利益的约定等内容。

5.2.2 合同由经办部门起草，并在填写《合同审核流转表》后，送交综合处审核。

6 合同审核

6.1 审核部门应当及时开展审核工作，并在《合同审核流转表》上签署审核意见。

6.2 审核部门一般应在 2 个工作日内完成审核工作。合同涉及重要事项或者疑难复杂内容的，审核时间不得超过 3 个工作日。

6.3 经办部门应根据审核部门提出的意见修改合同文本后，报送局分管领导审签意见。

6.4 合同文本经局分管领导审签后，由经办部门报送局主要领导审定和签发。

6.5 合同的价款或者报酬在 10 万元以上的，或者合同审核中发生争议且经办部门认为审核部门的意见无法采纳的，应由经办部门提交局长办公会议或者专题会议审定。

7 合同签订

7.1 合同一般应由局主要领导签订。局主要领导可以做出书面授权，委托局分管领导或者处室负责人作为代理人，在授权范围内签订合同。合同的授权签订，采取每件合同逐件授权的方式进行，合同一经履行，委托事项即行终止。

7.2 续签价款在 3 万元以下的物资采购合同，其条款内容与原合同一致的，可不再履行合同审核程序，由经办部门负责人续签。再次续签的，应当按照合同审核程序办理。

8 合同履行

8.1 合同签订后，经办部门应当按照合同约定履行义务，督促对方当事人及时履行其义务。

8.2 如遇可能影响合同履行等情形，经办部门应当及时与对方沟通协商，形成双方确认的书面记录。

8.3 经办部门在合同的订立、履行、变更、撤销、终止过程中，应当及时收集和妥善保管各类记载履约过程的书面证据材料。

8.4 发现对方有不履行或不完全履行合同等违约行为时,经办部门应立即采取有效措施,尽力避免或者减少损失。

8.5 在履约过程中发生违约等纠纷时,经办部门应及时与对方协商、调解,如无法达成一致意见时,应当报经局领导同意,通过仲裁或诉讼方式解决。

9 合同管理

9.1 本局的合同用印章由局综合处指定专人保管,使用时应当查验局主要领导或其授权代理人的签字文本、书面记载合同审批流转手续等全部资料。

9.2 经办部门应在合同签订前,将合同送交局综合处统一编号和审核。合同签订后,经办部门应在整理合同相关资料后,将合同的正本送交局综合处作为其建立相关合同台账和付款结算的依据。经办部门为确保合同的正常履行,可另保留一份合同副本,合同履行完毕后,按档案管理要求送交归档。

9.3 经办部门应当严格合同管理,保守合同秘密,及时归档保存,不得随意放置、传播、遗失和销毁。

10 责任追究

在合同签订和履行过程中,各职能部门应当恪尽职守,严格遵守廉政规定。发现个人滥用职权、徇私舞弊、玩忽职守,情节严重或造成严重后果的,依法给予行政处分。

Q/SQJZ

上 海 市 社 区 矫 正 管 理 标 准

Q/SQJZ BZ5.1—2016

资产管理规范

2016-09-14 发布   2016-10-01 实施

上海市社区矫正管理局　发布

目　次

前　　言

本标准按照 GB/T 1.1-2009 给出的规则起草。

本标准由上海市社区矫正管理局标准化工作办公室提出并归口。

本标准起草单位:上海市社区矫正管理局标准化工作办公室。

本标准主要起草人:田航军、唐斐、李振宇。

本标准为首次发布。

资产管理规范

1 范围

本标准规定了上海市社区矫正管理局(以下简称矫正局)进行资产管理业务的相关部门及人员职责、现金管理、银行(存款)账户管理、固定资产管理等要求。

本标准适用于矫正局内部资产管理的规范化管理。

2 术语和定义

下列定义适用于本文件。

资产管理是指单位对货币资金、固定资产管理。

3 相关部门及人员职责

3.1 综合处—资产管理员

综合处—资产管理员主要负责:

a) 根据单位实际情况制定资产管理相关制度及程序;

b) 对取得的资产进行验收并办理相关手续;

c) 对现有资产情况进行登记,完善资产管理信息系统;

d) 组织相关职能处室定期进行资产盘点并编制报告、查找盘盈盘亏原因并落实责任;

e) 资产处置的相关事宜。

3.2 综合处—财务人员

综合处—财务人员主要负责:

a) 货币资金的日常管理,确保货币资金的安全;

b) 定期和不定期对货币资金进行核查;

c) 汇总资产预算并上报至相关主管部门审批;

d) 进行资产的日常会计记录;负责监控资产预算的执行;

e) 参与资产盘点确保盘点结果的真实有效;

f) 资产相关的账务处理工作。

3.3 职能处室

职能处室主要负责:

a) 本处室实物资产的使用管理,维修维护申请和盘点工作;

b) 对本处室货币资金支付的申请和审核工作。

4 现金管理

4.1 提取现金

4.1.1 按照《现金管理暂行条例》以及国库集中支付等规定办理现金收支业务。

4.1.2 因日常业务需要提取现金时,应由现金出纳在系统中发起提现申请,经会计审批后方可填写支票,之后分别由出纳和会计加盖财务专用章及法人章后,方可至银行办理提现手续。

4.1.3 提取大额现金时需采取相应的安全防护措施。

4.2 库存现金

4.2.1 根据单位日常现金使用情况,设置保险柜库存现金最高额度为1万元。

4.2.2 出纳每日清点库存现金,若发现库存现金超过最高限额则将超过部分当日缴存银行。不得违规坐支现金。

4.3 现金清查制度

4.3.1 单位建立现金清查制度,保证库存现金账实相符,会计至少每月1次对库存现金进行盘点稽核,盘点过程应形成盘点记录。

4.3.2 重点关注:

a) 账款是否相符;

b) 有无白条抵库;

c) 有无私借挪用公款;

d) 有无账外资金。

4.3.3 如果发现账实不符,应当及时查明原因,并上报至相关领导,做出相应处理。

4.4 公务卡结算

严格按照《上海市市级预算单位公务卡强制结算目录》的规定,对办公用品、差旅费、培训费、会议费、招待费等支出使用公务卡结算。

5 银行(存款)账户管理

5.1 银行账户

5.1.1 综合处统一办理本单位银行账户的开立、变更、撤销手续,并负责本单位银行账户的使用和管理。做好银行账户开户、销户情况记录,对已销户的银行账户,在规定时间内由财务人员向银行核实。

5.1.2 本单位银行账户的开立和使用,应当按照《上海市预算单位银行账户管理办法》规定,经市司法局主管部门审核同意,报请市财政局批准。

5.1.3 单位不得擅自开立银行账户,不得以个人名义存放单位资金,不得出租、转让银行账户,不得为个人或其他单位提供信用。

5.2 印鉴、印章保管

银行预留印鉴、财务专用章、个人名章应当分开由不同人员保管,不得一人保管所有支付预留印鉴、印章。

5.3 银行相关业务

5.3.1 财务人员按照银行规定的结算方式,以及国库集中支付的要求,办理财政直接支付、授权支付等业务。

5.3.2 财务人员每月核对银行存款余额,通过银行对账单与代理银行就授权支付事项进行核对,通过系统与财政部门就国库集中支付事项进行核对。

6 固定资产管理

6.1 固定资产配备标准

6.1.1 保证固定资产的安全完整,提高资产使用效率。

6.1.2 有明确配备标准的资产,应当按照标准进行配备;没有明确配备标准的,应当通过预算和资产配置计划的方式,从严控制,合理配备。

6.1.3 对需求部门要求配置的资产,综合处能通过调剂解决的,原则上不重新购置。

6.2 固定资产配置申请

6.2.1 新增固定资产前,需求部门经办人员按照综合处的要求填报资产配置申请,列明资产名称、用途、规格等信息。

6.2.2 由综合处资产管理员进行现场调研,优先考虑闲置资产的利用,同时结合预算与配置标准进行审核,对超过预算与配置标准的需求不予审核通过,资产配置申请经综合处汇总后报送局长审批,同意后方可由采购人员办理资产采购。

6.3 外购固定资产验收、入库

6.3.1 外购固定资产送达时,由综合处资产管理员进行验收,并在验收结束后填写入库单作为验收单据,验收合格后方可办理入库手续。

6.3.2 外购固定资产验收内容主要包括:

a) 资产的品种、规格、型号、数量与配置申请是否相符;

b) 运转是否正常;

c) 使用状况是否良好;

d) 有关技术指标是否达到合同规定的要求等。

6.3.3 外购固定资产验收不合格,综合处资产管理员应协同采购人员按合同条款及时向供应商退货或索赔。

6.3.4 验收通过后办理入库手续,资产管理员将入库单、发票、送货单或资产清单交至会计核对确认,按照单位相关规定由财务人员进行账务处理与款项支付。

6.4 固定资产台账

6.4.1 资产管理员通过行政事业单位资产管理系统填写固定资产卡片信息,列明资产名称、种类、会计凭证入账编号、所在地点、使用处室、负责人、使用年限等内容,卡片填写完成后形成固定资产台账。

6.4.2 资产管理员将资产录入时生成的资产编号制作成资产标签,粘贴至实物资产上,并定期检查现有固定资产标签模糊、脱落情况,及时更换,保证标签编号与系统中的固定资产编号相吻合。

6.5 固定资产领用

需求部门(人员)领用固定资产时,需填写《固定资产领用表》(见附录 A)并签字确认,资产管理员对领用部门(人员)的资产配置情况进行检查,确认是否超标。资产管理员审核无误后,在资产管理系统中进行领用操作,并进行相关信息的维护。

6.6 固定资产管理

6.6.1 单位建立严格的固定资产管理责任制,将固定资产管理责任落实到人。具体如下:

a) 固定资产使用者单一的,该使用者即为保管人;

b) 固定资产使用者为某一部门的,该部门负责人或指定专人为保管人;

c) 固定资产使用者为一个部门以上的,综合处为保管人;

d) 在库物资由综合处指定专人保管。

6.6.2　当固定资产的实物保管人员发生变更时,综合处应组织和督促相关部门做好资产盘存、交接等工作,并进行保管人变更登记。固定资产内部调拨,由资产管理员填写《固定资产内部调拨单》,明确调拨需求时间、地点、名称、规格、型号等,经综合处负责人审批通过后,办理调拨手续。并通过行政事业单位资产管理系统,根据调拨单更新固定资产台账。

6.6.3　固定资产的维修保养等均由资产管理员负责,使用过程中发生损坏需要进行维修时,由使用人员提出申请,综合处负责人审批,资产管理员负责联系厂家进行维修。

6.7　固定资产清查盘点

6.7.1　综合处会计与资产管理员每年至少1次就资产台账、资产明细账及财务账进行核对,对发现的问题及时查明原因,落实责任。

6.7.2　每年第四季度,综合处组织相关人员对本单位的资产进行清查盘点,由资产管理员编制盘点计划,经综合处处长审核,局长审批后执行。

6.7.3　盘点工作开展前组建盘点工作小组,成员包括资产管理员、财务人员、相关使用部门人员等。

6.7.4　盘点小组进行资产盘点时应填写实物资产盘点表,发现不符的,及时查明原因。

6.7.5　资产清查盘点工作完成后盘点小组汇总盘点表并编制盘点报告,由综合处负责人审核,局长审批确认。

6.7.6　清查盘点中发现的问题须及时报告,经局长审批后更新固定资产台账及明细账等。

6.8　固定资产的报废与处置

6.8.1　符合报废条件的固定资产,由使用部门相关人员提交固定资产报废申请,经综合处资产管理员、处长、局长审核,上级主管部门审批后方可进行处置。

6.8.2　处置开始前,单位通过市政府采购中心选择资产评估公司,对处置资产的现值进行评估,并出具评估报告。

6.8.3　完成评估后,资产管理员通过资产管理系统提交固定资产处置信息,由市司法局国资管理员审核后上报市机关事务管理局。

6.8.4　处置原值为200万元及以上的固定资产,需上报市机关事务管理局审批,获得资产处置备案函后,方可进行处置;处置原值为200万元以下的固定资产,提交固定资产处置信息后可直接处置。

6.8.5　通过市政府采购中心选择拍卖公司,对拟处置的实物资产进行接收。拍卖完成后,拍卖公司将拍卖款项划转至单位银行账户,会计进行收益确认,确保收到拍卖金额大于资产评估价值,并进行账务处理。资产管理员通过资产管理系统登记收益确认信息,并提交市司法局,经市司法局审批后提交市机关事务管理局确认。处置收益按市财政局要求及时上缴国库。

6.8.6　市机关事务管理局完成固定资产处置收益确认后,由市机关事务管理局相关人员对系统中的固定资产进行核销,并向单位发出固定资产核销通知书,综合处以此作为固定资产核销入账依据。

6.9　公车使用

6.9.1　单位公车使用由综合处负责,公车使用时,需求人员填写公车使用单,明确使用事由、时间、使用人等信息,经综合处处长审批后方可使用。

6.9.2　公用车辆的维修保养由综合处负责,资产管理员根据车辆日常运行情况,合理安排车辆维修保养计划,维修保养费用通过公务卡进行支付。

6.9.3　综合处对需投保的资产提出投保申请,报综合处负责人审核,局长审批。审批通过后将其纳入单位财政预算,并为其购买保险。发生保险责任范围内的损失,应立即向综合处报告,经负责人确认后立即与保险公司联系办理具体索赔事宜。

附录 A(规范性附录)
固定资产领用表

领用时间：   领用人：

项目名称	型号	数量	预计归还时间

附录 B(规范性附录)
资产使用延期申请单

兹因＿＿＿＿＿＿＿＿＿＿＿＿＿＿＿的工作需要,现申请延长＿＿＿＿＿＿＿＿＿＿＿＿＿＿的借用时间,数量为＿＿＿＿＿。延长借用时间自＿＿＿＿至＿＿＿＿。

特此申请。

处室负责人：

申请人：

日期：

附录 C(规范性附录)
固定资产交接表

项目名称	型号	数量	移交人	接收人	移交时间

附录 D(规范性附录)

资产使用临时使用申请单

兹因_____的需要,现申请临时借用_____,数量_____,
借用时间自_____至_____。

特此申请。

处室负责人:

申请人:

日期:

附录 E(规范性附录)

物品临时借用登记汇总表

项目名称	型号	数量	移交人	接收人	移交时间	归还时间	备注

Q/SQJZ

上 海 市 社 区 矫 正 管 理 标 准

Q/SQJZ BZ5.2—2016

办公用品管理规范

2016-09-14 发布   2016-10-01 实施

上海市社区矫正管理局　发布

目　　次

前　言

本标准按照 GB/T 1.1-2009 给出的规则起草。

本标准由上海市社区矫正管理局提出并归口。

本标准起草单位：上海市社区矫正管理局标准化工作办公室。

本标准主要起草人：田航军、乔明强、李振宇。

本标准为首次发布。

办公用品管理规范

1 范围

本标准规定了上海市社区矫正管理局(以下简称矫正局)办公用品分类、责任部门及职责、办公用品的采购管理、入库管理、编号标牌管理、安装制度、使用登记制度、转移登记制度、维护、盘点和清查,以及报废等要求。

本标准适用于上海市社区矫正管理局的办公用品的规范化管理。

2 规范性引用文件

下列文件对于本文件的应用是必不可少的。凡是注日期的引用文件,仅注日期的版本适用于本文件。凡是不注日期的引用文件,其最新版本(包括所有的修改单)适用于本文件。

Q/SQJZ BZ4.3 采购管理规范。

3 术语和定义

办公用品指单位价值在 1 000 元以上,特种办公用品在 1 500 元以上,并且使用期限在 1 年以上,并在使用过程中基本保持原有物质形态的资产,主要包括办公电器和办公家具。

4 办公用品的分类

4.1 办公电器

主要包括计算机、服务器、传真机、打印机、扫描仪、复印机、相机、净水机、洗衣机、空调、空气净化器、监视器、电视机、投影仪以及配套软件等。

4.2 办公家具

主要包括桌椅、文件柜、展示柜、沙发等。

5 责任部门及职责

综合处负责办公用品管理工作,其管理职责为:

a) 负责局办公用品的维修与保养工作,随时掌握办公用品的使用情况;

b) 负责编定办公用品的分类,统一编号,建立办公用品档案,登记账卡,负责审批并办理验收、调拨、报废、封存、启用等事项;

c) 负责监督、配合使用部门做好办公用品的使用和维护,确保设备完好,提高利用率,并定期组织设备的清查盘点,严格保证账、卡、物三相符;

d) 严肃财经纪律,对违反办公用品管理制度,擅自赠送、变卖、拆除办公用品的行为和破坏办公用品的现象,要严格追查责任。

6 办公用品的采购管理

6.1 办公用品的采购请参见 Q/SQJZ BZ4.3 采购管理规范。

6.2 由于工作需要,购置办公用品必须提前提出申请,报经局领导批准后,由综合处提前做预算,经过市财政局同意、司法局计财处批准后,第二年负责购置。具体参见 Q/SQJZ BZ4.3 采购管理规范。

7 办公用品的入库管理

7.1 采购人员应当对采购的办公用品的名称、型号、数量、单价、总价、收货日期以及采购计划编号进行采购登记,并填写《办公用品采购登记表》(见附录 A)。

7.2 采购员将采购的办公用品交管理人员,经管理人员审核后在《办公用品采购登记表》经办人一栏签字确认(《办公用品采购登记表》由采购人员保管)。

7.3 办公用品管理人员收到采购人员交付的办公用品,或收到受赠、划拨的办公用品,应当按矫正局内控制度进行登记。

7.4 保管的办公用品在仓储过程中发生损耗、损毁的,办公用品管理人员应当报局负责人批准,并办理注销登记,注明注销原因。

7.5 采购人员与管理人员不得为同一人。

8 办公用品的编号标牌管理

8.1 基本要求

8.1.1 矫正局办公用品实行编号管理制度。

8.1.2 管理人员在办公用品采买后、交付使用之前,进行登记并统一编号。

8.1.3 对于受赠或购买的不投入使用的办公用品,在交付时进行编号并按矫正局内控制度进行财产登记。

8.2 办公用品编号规则

8.2.1 办公用品的编号构成为:所属机构/组织简称拼音首字母大写—分类拼音首字母大写—登记年份—序号。

8.2.2 办公用品编号中的"序号"根据分类排序编号,同年登记的办公用品应当连续编号,次年交付使用的办公用品的序号应当重新编号。

8.2.3 矫正局办公电器的编号为:SQJZ—DQ—20××—×××。

8.2.4 矫正局办公家具的编号为:SQJZ—JJ—20××—×××。

8.3 办公用品编号标牌规定

8.3.1 在办公用品交付使用之前,应当制作办公用品编号标牌。标牌不应影响或干扰办公用品的正常使用,但标牌应当方便矫正局管理人员查看。

8.3.2 设备未进行编号登记、贴标牌的,不得交付使用。

8.3.3 标牌在使用过程中脱落、破损或编号模糊不完整的,应当及时更换新的标牌,设备的编号不变。

9 办公用品安装制度

9.1 安装前验收检查

9.1.1 办公用品验收检查

办公用品到达现场后,综合处应及时组织办公用品使用部门和相关人员按照订货合同做下列验收检查:

a) 包装和密封应完好;

b) 应有产品合格证;

c) 技术文件(设备使用说明书、设备安装说明书)应齐全,并有装箱清单;

d) 按装箱清单检查清点,规格、型号,应符合要求;附件、备件应齐全;

e) 开箱后外观应完好。

9.1.2 安装现场应具备的条件

安装人员应确定安装现场符合固定资产的安装要求,应包括以下检查:

a) 物理位置:是否适合安装设备,安装位置大小;

b) 供电条件:是否符合安装设备要求,电压、功率、接地情况;

c) 网络条件:网络环境是否符合安装设备要求,网络接口、线路速率、带宽;

d) 其他条件:环境温度、消防要求。

9.2 办公用品安装

9.2.1 办公用品安装应严格按照设备安装说明书安装。

9.2.2 办公用品安装后应有简单易懂的操作标识标志。

9.2.3 安装人员应具有安装资质。

9.2.4 安装人员应保证安装过程中不影响环境,确保原有场地设备的正常运行。

9.2.5 安装人员应采取必要的防护措施保障自身的生产安全。

9.3 办公用品安装验收

9.3.1 办公用品型号、外观检查完好,安装牢固、平正,符合设计及产品技术文件的要求。

9.3.2 办公用品的接线完好,排列整齐、美观,接零、接地可靠。

9.3.3 办公用品标志齐全完好、字迹清晰。

9.4 提交文件

办公用品安装后应提交下列资料和文件,并建立办公用品档案,按有关规定交综合处建档保存:

a) 制造厂提供的产品说明书、合格证件等技术文件;

b) 安装技术记录;

c) 调整试验记录。

10 办公用品的使用登记制度

10.1 登记要求

10.1.1 办公用品投入使用的,应当进行登记。

10.1.2 对各部门使用的办公用品,由综合处保管使用设备的所有原始资料,并对型号、使用人进行登记,填写办公用品(一般设备)领用单(见附录 B)。

10.1.3 使用人为部门或办公室的,按部门或办公室登记;办公用品仅供专门人员一人使用的,按实际使用人个人进行登记。

10.1.4 办公用品管理人员制作《办公用品使用登记表》(见附录 C),办公用品使用人签字确认提取。

10.2 管理责任

10.2.1 使用部门负责人或使用人员对办公用品的安全性、完整性承担监督与管理责任。

10.2.2 使用人返还办公用品时,应当在《办公用品使用登记表》进行返还登记,办理返还登记的办公用品管理人员应当检查办公用品的完整性以及可使用性,并在《办公用品使用登记表》中由设备管理人员签收。

10.2.3 归还的办公用品损毁、损坏而无法使用的,应当注销登记,并在《办公用品使用登记表》备注中注明原因,如因使用人使用不当或故意造成办公用品损毁、损坏的,使用人应当作价赔偿。

11 办公用品的转移登记制度

11.1 矫正局固定资产原则上不得出租、出借非本局人员或非涉及社区矫正的工作人员。如因特殊情况需要出租、出借固定资产的,应当经局负责人批准,并做好相应备案登记,填写《办公用品对外出租、出借登记表》(见附录 D)。

11.2 因工作需要,向其他部门或人员借用办公用品(不包括辅助耗材的),应当向办公用品管理人员报告,填写《办公用品使用登记表》,先在登记表中收回注销,再根据新使用人提取登记。

11.3 需要将办公用品(不包括辅助耗材)带出矫正局使用的,应当向办公用品管理人员备案登记。管理人员在《办公用品使用登记表》备注栏中注明。

12 办公用品的维护制度

12.1 日常维护

12.1.1 设施、设备使用人员、管理人员使用设备前应详细阅读操作说明书,严格按照说明书操作。公用设施、设备在使用前应征得管理人员同意,如因个人使用不当造成损失追究相关人员责任。

12.1.2 设施、设备使用人员、管理人员应定期清洁设备,使设施、设备始终处于良好和整洁的运行状态。

12.1.3 各部门负责人负责组织本部门相关设施、设备运行的监督检查。综合处负责对中心设施、设备运行、保养情况进行监督检查。

12.2 故障维修管理

12.2.1 设施、设备发生故障无法使用时,使用人员、管理人员应填写《办公用品维修申请单》(见附录 E),经部门负责人签字后交办公室审核,报局负责人批准。

12.2.2 保修期内的办公用品,综合处应联系供应商进行维修;保修期外的按照最经济可行的维修方案进行维修,使用人员(管理人员)负责修复后的签字验收。

12.2.3 由于故障而无法修复或无维修价值需要报废的,须按照上海市机关事务管理局规定办理报废手续。

13 办公用品的盘点与清查

13.1 为了保护办公用品的安全与完整,综合处应对办公用品每年第四季度进行清查、盘点,以掌握办公用品的实有数量,查明有无丢失、或未列入账的办公用品,保证账实相符。

13.2 在清查时发现办公用品毁损要查明原因,由责任部门写出书面情况,主管部门签署意见后,报局负责人,待批复后,作报废、拍卖等相应的处理。

14 办公用品的报废

凡符合国家规定报废的办公用品,各部门提出申请,由综合处统一向上级主管部门提出申请,经上级主管部门批准后方由综合处起草报废清单,经过司法局同意,审计部门确认方可报废。相关表式按照上海市机关事务管理局规定要求。

附录 A(规范性附录)

办公用品采购登记表

采购时间:___年_月

序号	名称	型号/规格	数量	单价	总价	收货日期	采购计划编号	经办人
							(20)设购字第 号	
							(20)设购字第 号	
							(20)设购字第 号	
							(20)设购字第 号	
							(20)设购字第 号	
							(20)设购字第 号	
							(20)设购字第 号	
							(20)设购字第 号	
							(20)设购字第 号	
							(20)设购字第 号	
							(20)设购字第 号	
							(20)设购字第 号	
							(20)设购字第 号	
							(20)设购字第 号	
							(20)设购字第 号	
							(20)设购字第 号	
							(20)设购字第 号	
							(20)设购字第 号	
							(20)设购字第 号	
							(20)设购字第 号	
							(20)设购字第 号	
							(20)设购字第 号	
							(20)设购字第 号	
							(20)设购字第 号	
							(20)设购字第 号	
							(20)设购字第 号	
							(20)设购字第 号	
							(20)设购字第 号	
							(20)设购字第 号	

附录 B(规范性附录)

办公用品（一般设备）领用单

资产名称		实物管理部门		
规格/型号		负责人		
数量		管理人	年 月 日	
单价		实物使用部门		
金额(元)		负责人		
领用日期		使用人	年 月 日	

附录 C(规范性附录)

办公用品使用登记表

设施设备编号	使用人	提取日期	提取人签字	返还日期	收回人签字	备注
SQJZ- -20 -		年 月 日		年 月 日		

附录 D(规范性附录)

办公用品对外出租、出借登记表

借用单位/ 借用人			预计使用时间	年 月 日至 年 月 日			
用途 与理由							
出租、 出借内容	序号	名称	型号/规格	数量	备注	归还时间	
	1						
	2						
	3						
	4						
	5						
	6						
	7						
	8						
综合处 意见	签字: 日期:						
提取人 签收	已收到上述序号第__项至第__项设施设备,对于设施设备的名称、型号/规格、数量均已确认。除备注中书写内容外,确认上述设备完好、无损坏、无不得使用或影响使用的情形。 签字: 日期:						
出租、出借 设备归还情况	(1) 归还设施设备名称、型号/规格、数量是否相符:□是　　□否(不相符情况_____) (2) 归还设施设备是否完好、无损坏、无不得使用或影响使用的情形:□是　　□否(不相符情况_____) (3) 其他:_____ 验 收 人: 验收日期:						

附录 E(规范性附录)

办公用品维修申请单

申请人		申请部门		申请日期	
设施名称		规格型号		数　量	

维修原因及损坏情况：
申请人：　　　　　　年　月　日

申请部门负责人意见(签章)
年　月　日

综合处负责人意见(签章)
年　月　日

局领导意见(签章)
年　月　日

Q/SQJZ

上 海 市 社 区 矫 正 管 理 标 准

Q/SQJZ BZ5.3—2016

社区矫正中心建设和管理运行规范

2016-09-14 发布　　　　　　　　　　　　　　2016-10-01 实施

上海市社区矫正管理局　发布

目　次

前 言

本标准按照 GB/T 1.1-2009 给出的规则起草。

本标准由上海市社区矫正管理局标准化工作办公室提出并归口。

本标准起草单位：上海市社区矫正管理局标准化工作办公室。

本标准主要起草人：田航军、乔明强、李振宇。

社区矫正中心建设和管理运行规范

1 范围

本标准规定了社区矫正中心建设和管理运行的基本要求、管理部门及权限、视觉识别系统、功能区设置及设施设备配置、信息系统建设、文件管理、人员要求等要求。

本标准适用于上海市各区社区矫正中心建设和管理运作的规范化管理。

2 规范性引用文件

下列文件对于本文件的应用是必不可少的。凡是注日期的引用文件,仅注日期的版本适用于本文件。凡是不注日期的引用文件,其最新版本(包括所有的修改单)适用于本文件。

GB/T 9704   党政机关公文格式。

GB/T 9705   文书档案案卷格式。

GB/T 18894   电子文件归档与管理规范。

GB/T 17242   投诉处理指南。

GB/T 19038   顾客满意测评模型和方法指南。

GB/T 19039   顾客满意测评通则。

Q/SQJZ JC3.1   社区矫正视觉识别规范。

Q/SQJZ BZ3.4   社区矫正信息系统操作规范。

GA 428-2003   违法犯罪人员信息系统数据规范。

Q/SQJZ BZ5.4   电子定位腕带终端技术要求规范。

Q/SQJZ BZ3.6   社区矫正执行档案管理规范。

Q/SQJZ BZ6.2   工作人员教育培训规范。

Q/SQJZ BZ6.3   绩效考核管理规范。

Q/SQJZ BZ6.4   执法过错责任追究规范。

Q/SQJZ BZ6.8   社区矫正执法人员职业规范。

Q/SQJZ BZ2.3   外来人员管理规范。

3 术语和定义

下列定义适用于本文件。

社区矫正中心是区司法局组织实施社区矫正工作的执法平台,承担执法衔接、监督管理、教育矫正、应急处置、社会力量整合等功能。

注1:区域面积大、社区服刑人员多的郊区,可以根据需要设立多个社区矫正中心。

注2:区社区矫正机构所在的社区矫正中心是对外联络和执法衔接平台,其他中心根据区社区矫正机构的安排,承担相应的监管、教育和帮扶职责。

4 基本要求

4.1 功能齐全

社区矫正中心功能室设置应当满足区司法行政机关履行社区矫正执法职责的要求,并适度分隔办公区与公开执法区。

4.2 运作规范

区司法局应当建立健全社区矫正中心运作制度,对涉及社区服刑人员权益的制度和决定,要在公开执法区的显著位置进行公示,实现社区矫正执法规范、公开、公正。

4.3 有利发展

根据本市深入推进社区矫正工作的新要求,依托社区矫正中心整合社区刑罚执行资源,构建符合上海特点的社区矫正集中执法模式,实现区与街镇上下结合、相互协作的工作效果。

5 管理部门及权限

社区矫正中心的建设、日常运作和管理由区司法局负责。社区矫正中心在区司法局社区矫正执法权限范围内开展工作,不得以自身名义执法。

6 视觉识别系统

参见 Q/SQJZ JC3.1 社区矫正视觉识别规范。

7 功能区设置及设施设备配置

7.1 功能区设置

7.1.1 除基本办公区域外,区社区矫正中心应当设置监管矫正、教育矫正和心理矫正三大功能区,每一功能区下设若干功能室。

7.1.2 监管矫正区应当设立报告处、电子监控室、训诫室和档案室、宣告室。

7.1.3 教育矫正区应当设立教育培训室、个别教育室,可以设立艺术矫正室、行为矫正室、少年训练营等。

7.1.4 心理矫正区应当设立心理测评室、心理咨询室,可以设立团体训练室、家庭治疗室、沙盘治疗室等。

7.2 设施设备配置

7.2.1 区司法局根据执法工作需要,为社区矫正中心配备司法警车。警车使用和管理按照市司法局相关规定执行。

7.2.2 矫正中心应配置满足业务需求的设施设备,包括但不限于电脑、打印机、复印机、传真机、碎纸机、档案柜等办公用品。

7.2.3 矫正中心应配置满足服务需求的设施设备,包括但不限于业务告示牌、指示牌、资料宣传架、陈列架、书写台、饮水设备、急救医药设备等。

7.2.4 矫正中心配置满足特殊需求的设施设备,包括但不限于监控设备、防护性安全器材等。

7.2.5 矫正中心应当配备必要的安检设备,配备负责前台接待登记的文职人员和安全保卫人员,建立来访人员安全检查、身份核查和信息登记制度,参见 Q/SQJZ BZ2.3 外来人员管理规范。

7.2.6 矫正中心应根据窗口工作要求和服务对象需求及时配备和动态调整设施设备。

7.3 设施设备管理

7.3.1 矫正中心应明确设施设备的管理人员、操作人员及使用人员。

7.3.2 矫正中心应每月检查和维护设施设备,保障其正常使用。

8 信息系统建设

参见 GA 428-2003 违法犯罪人员信息系统数据规范、Q/SQJZ BZ3.1 信息化设备管理规范、Q/SQJZ BZ3.3 计算机信息系统安全管理规范、Q/SQJZ BZ3.4 社区矫正信息系统操作规范。

9 文件管理

参见 GB/T 9704 党政机关公文格式、GB/T 9705 文书档案案卷格式、GB/T 18894 电子文件归档与管理规范、Q/SQJZ BZ3.6 社区矫正执行档案管理规范。

10 人员要求

10.1 人员配置

10.1.1 区司法行政机关根据功能要求设置社区矫正中心工作岗位,配备社区矫正职能部门执法人员和选派民警。

10.1.2 区矫正社工站和社会帮教志愿者协会可以进驻社区矫正中心。

10.2 人员管理

10.2.1 社区矫正中心应建立健全工作人员岗位职责、绩效考核、责任追究等管理制度,确保社区矫正中心有效运转,参见 Q/SQJZ BZ6.2 工作人员教育培训规范、Q/SQJZ BZ6.3 绩效考核管理规范、Q/SQJZ BZ6.4 执法过错责任追究规范、Q/SQJZ BZ6.8 社区矫正执法人员职业规范。

10.2.2 社区矫正中心选派民警从事执法活动时应着警服。其他工作人员着装按照所属区司法行政机关要求执行。

Q/SQJZ

上 海 市 社 区 矫 正 管 理 标 准

Q/SQJZ BZ5.4—2018

电子定位腕带终端技术要求规范

2018-03-27 发布

2018-03-30 实施

上海市社区矫正管理局　发布

目　次

前　言

本标准按照 GB/T 1.1-2009 给出的规则起草。

本标准由上海市社区矫正管理局标准化工作办公室提出并归口。

本标准起草单位:上海市社区矫正管理局标准化工作办公室、上海锐帆信息科技有限公司。

本标准主要起草人:梅义征、张国华、田航军、乔明强、徐鑫、董莲、胡立志、陆星海、欧海涛、冯少军。

本标准比照 Q/SQJZ BZ5.4-2016,根据上海社区矫正工作实际予以修改。

电子定位腕带终端技术要求规范

1 范围

本标准规定了社区矫正电子定位腕带终端的术语和定义、基本要求、试验、检验规则、标志和使用说明书等要求。

本标准适用于上海市社区矫正电子定位腕带终端的设计、生产、合格评定和有关机构对产品的规范化管理,其他机构可参考采用。

2 规范性引用文件

下列文件对于本文件的应用是必不可少的。凡是注日期的引用文件,仅注日期的版本适用于本文件。凡是不注日期的引用文件,其最新版本(包括所有的修改单)适用于本文件。

GB/T 2423.1-2008 电工电子产品环境试验 第2部分:试验方法 试验A:低温(IEC 60068-2-1:2007,IDT)。

GB/T 2423.2-2008 电工电子产品环境试验 第2部分:试验方法 试验B:高温(IEC 60068-2-2:2007,IDT)。

GB/T 2423.3-2006 电工电子产品基本环境试验规程 试验Ca:恒定湿热试验方法(IEC 60068-2-78:2001,IDT)。

GB/T 2423.10-2008 电工电子产品基本环境试验规程 第2部分:试验方法 试验Fc和导则:振动(正弦)(IEC 60068-2-6:1995,IDT)。

YD/T 1644.2-2011 手持和身体佩戴使用的无线通信设备对人体的电磁照射——人体模型 仪器和规程 第2部分:手持和身体佩戴设备在人体头部和身体内的SAR评估规程(频率范围300 MHz-3 GHz)。

GB 4208-2008 外壳防护等级(IP代码)(IEC 60529:2001,IDT)。

GB 6675.1-2014 玩具安全 第1部分:基本规范。

GB 6675.2-2014 玩具安全 第4部分:特定元素的迁移。

GB/T 17626.2-2006 电磁兼容 试验和测量技术 静电放电抗扰度试验(IEC 61000-4-2:2001,IDT)。

GB/T 17626.3-2006 电磁兼容 试验和测量技术 射频电磁场辐射抗扰度试验(IEC 61000-4-3:2002,IDT)。

3 术语和定义

下列定义适用于本文件。

3.1 社区矫正

将符合法定条件的服刑人员置于社区内,由专门的国家机关在相关社会团体、民间组织和社会志愿者的协助下,在判决、裁定或决定的期限内,矫正其犯罪心理和行为恶习,促进其顺利回归社会的非监禁刑罚执行活动。

3.2 社区矫正电子定位腕带终端

社区矫正电子定位腕带终端是指佩戴在社区矫正服刑人员身体上具有电子发射与接收功能的装置，可通过报警、卫星定位等方式约束和监管社区矫正服刑人员。

4 基本要求

4.1 外观

系统设备外形尺寸应符合制造商提供的技术图纸要求；采用非金属外壳的部件表面应无裂纹、褪色、永久性污渍，且不应有明显变形和划痕；采用金属外壳的部件表面涂覆不应露出底层金属，且不应有起泡、腐蚀、划痕、涂层脱落和沙孔等。

4.2 功能要求

4.2.1 安全功能

4.2.1.1 充电安全

人体佩戴部件不可在服刑人员身体上进行充电。

4.2.1.2 电磁辐射安全

人体佩戴部件的电磁辐射应符合 YD/T 1644.2-2011 的人体电磁辐射暴露比吸收率（SAR）安全要求。

4.2.1.3 信息安全

电子定位腕带终端通过公众移动通信网络传输数据的，应采用加密传输、身份认证的网络协议，不可使用明文方式进行传输。

4.2.1.4 卫生安全

人体佩戴部件接触皮肤的外壳材料应满足 GB 6675 的安全要求，并且一次性使用，不可重复使用到另外的服刑人员身体。

4.2.2 报警功能

4.2.2.1 防脱卸报警

电子定位腕带终端不得人与腕带分离，在非正常摘取电子腕带时（如遭到破坏、剪断、拆卸、分离等）能实时向管理系统发送报警信息。

4.2.2.2 越界报警

对越过允许活动区域范围或进入未允许活动区域的社区矫正服刑人员，电子定位腕带终端可及时向管理系统报警。

4.2.2.3 无连接报警

当电子定位腕带终端处于没有定位或网络信号时，需自动报警。

4.2.2.4 低电量报警

电子定位腕带终端电量不足时，需及时向佩戴人报警，提醒其充电。

4.2.2.5 设备故障报警

当电子定位腕带终端未按预定时间返回状态报告信息，系统告警并显示失联设备信息；当设备返回错误报告信息，系统告警并显示故障设备信息。

4.2.3 远程控制功能

电子定位腕带终端应具备远程管理和升级功能，可远程控制关机、重启和进入飞行模式。

4.3 性能要求

4.3.1 定位精度

电子定位腕带终端采用以北斗/GPS卫星定位为主,移动通信基站、WIFI、惯导等其他定位技术为辅的多模融合定位方式。定位功能应由水平定位、高程定位两部分组成:

水平定位精度:室外定位误差在10米以内,室内定位误差不超过150米。

高程定位精度:定位误差在10米以内。

4.3.2 定位频率

全天候持续定位,定位频率为每5分钟定位一次。

4.3.3 单次充电连续工作时间

电子定位腕带终端单次充电后的连续工作时间不小于48小时。

4.3.4 充电时间

电子定位腕带终端一次完整充电的时间不超过2小时。

4.3.5 离线工作

电子定位腕带终端应具备离线工作能力,当网络无信号时须腕带终端本地离线缓存最近24小时的位置、状态、报警数据信息,并在网络恢复时上传缓存数据。

4.3.6 外壳防护特性

人体佩戴部件外壳防护性能应符合GB 4208的IP68要求,并同时满足冷热水交替的防护能力。

4.3.7 环境特性

工作温度要求:−20 ℃—+70 ℃,储存温度要求:−40 ℃—+85 ℃。

5 试验

5.1 总则

5.1.1 如在有关条文中没有说明,则各项试验均在下述大气条件下进行:

——温度:15 ℃—35 ℃;

——湿度:25% RH—75% RH;

——大气压力:86 kPa—106 kPa。

5.1.2 如在有关条文中没有说明时,各项试验数据的容差均为±5%。

5.1.3 试样在试验前均应进行外观检查,符合下述要求时方可进行试验。

a) 文字、符号和标志清晰齐全,使用说明书满足相关要求;

b) 试样表面无腐蚀、涂覆层脱落和起泡现象,无明显划伤、裂痕、毛刺等机械损伤;

c) 紧固部位无松动。

5.2 功能要求试验

5.2.1 安全功能

5.2.1.1 充电安全

检查人体佩戴部件充电方式,应符合4.2.1.1中的要求。

5.2.1.2 电磁辐射安全

长期接触皮肤的人体佩戴部件电磁辐射按照YD/T 1644.2-2011人体电磁辐射暴露比吸收率(SAR)标准检验,应符合4.2.1.2中的要求。

5.2.1.3 信息安全

检查电子定位腕带终端通过公众移动通信网络传输数据时采用的网络协议,应符合 4.2.1.2 中的要求。

5.2.1.4 卫生安全

长期接触皮肤的人体佩戴部件卫生安全按照 GB 6675 的标准检验,应符合 4.2.1.4 中的要求。

5.2.2 报警功能

按表 1 的要求操作。

表 1　报警功能检测

	操作项目	观测结果	观测要求	合格判据
报警功能	防脱卸报警	电子定位腕带终端不得人与腕带分离,电子腕带时被非法移除时,应符合 4.2.3.1 中的要求。	各操作项目实施三次的操作。	三次成功
	越界报警	电子定位腕带终端出现在未授权区域或脱离受控区域时,应符合 4.2.3.2 中的要求。		
	无连接报警	当电子定位腕带终端处于没有定位或网络信号时,应符合 4.2.3.3 中的要求。		
	低电量报警	电子定位腕带终端电量不足时,应符合 4.2.3.4 中的要求。		
	设备故障报警	当电子定位腕带终端未按预定时间返回状态报告信息时,应符合 4.2.3.5 中的要求。		

5.2.3 远程控制功能

通过管理平台向电子定位腕带终端发出关机、重启以及进入飞行模式等控制指令,检验应符合 4.2.4 的要求。

5.3 性能要求试验

5.3.1 检测环境

检测环境如图 1 所示。被测终端接收卫星导航信号后将定位数据发送至数据分析系统,数据分析系统分析计算被测终端的定位结果。

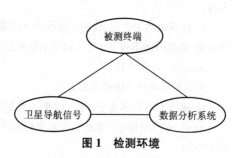

图 1　检测环境

卫星导航信号可以在户外检测环境或模拟检测环境下产生。模拟环境检测(如图 2)时,卫星导航信号由多系统导航信号模拟器产生。户外环境检测(如图 3)时,卫星导航信号为户外真实导航信号。

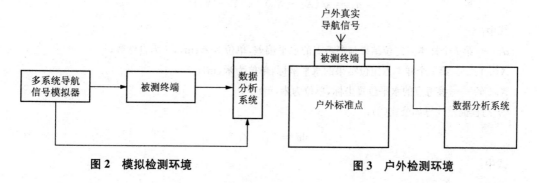

图 2　模拟检测环境　　　　**图 3　户外检测环境**

5.3.2 定位方式

选择图2所示的模拟检测环境,测试时采用模拟器模拟的开阔天空环境,检测结果应符合4.3.1的要求。

检测方法分为以下步骤:

a) 终端开机,使所有先验导航数据和时间信息失效;

b) 模拟器仿真场景为静态场景,输出 GPS 和 BDS 信号且 GPS 卫星数量为 2 颗、BDS 卫星数量为 3 颗,开始仿真并设置信号功率为−120 dBm。如能够定位则终端支持 BDS/GPS 双模定位方式。

5.3.3 定位精度

总则:定位精度体现在水平定位精度(1σ)和高程定位精度(1σ)(开阔天空,−120 dBm 信号)两个主要指标。检测环境分为模拟器模拟开阔天空环境和户外检测环境。

5.3.3.1 模拟环境检测

在模拟环境检测中,检测步骤如下:

a) 终端开机,使所有先验导航数据和时间信息失效;

b) 模拟器仿真场景为静态场景,设置参考点坐标,输出 GPS 和 BDS 信号且 GPS 卫星数量不少于 3 颗、BDS 卫星数量不少于 3 颗,卫星信号强度设置为−120 dBm;

c) 终端成功定位后,数据分析系统通过串口读取终端输出的原始定位数据,连续收集原始数据后计算结果(检测时间不得少于 4 小时且有效原始定位数据数量不得少于 1 万个)。

5.3.3.2 户外环境检测

在户外环境检测中,检测步骤如下:

a) 将终端置于满足检测要求的户外标准点(参考点)处,终端开机,使所有先验导航数据和时间信息失效;

b) 终端成功定位后,数据分析系统通过串口读取终端输出的原始定位数据,连续收集原始数据后计算结果(检测时间不得少于 4 小时且有效原始定位数据数量不得少于 1 万个)。

5.3.3.3 评估方法

定位精度评估方法步骤如下:

a) 挑选 HDOP 不大于 4 或 PDOP 不大于 6 的原始定位数据,计算剔除率并记录剔除后有效数据数量;

b) 将 m 组原始定位数据由大地坐标系下的 (B_i, L_i, H_i) 坐标转换为空间直角坐标系下 (X_i, Y_i, Z_i) 坐标;

c) 第 i 个样本点定位结果与参考点的偏差计算;

1) 水平偏差计算如公式(1):

$$d_i = \sqrt{(X_i - X_0)^2 + (Y_i - Y_0)^2} \tag{1}$$

式中:

d_i——第 i 个样本点定位结果与参考点的水平偏差,单位为米(m),i 为自然数;

X_i、Y_i——第 i 个样本点定位结果的水平坐标,单位为米(m);

X_0、Y_0——参考点的水平位置坐标,单位为米(m)。

2) 高程偏差计算如公式(2):

$$sh_i = Z_i - Z_0 \tag{2}$$

式中:

sh_i——第 i 个样本点定位结果与参考点的高程偏差,单位为米(m),i 为自然数;

Z_i——第 i 个样本点定位结果的高程坐标,单位为米(m);

Z_0——参考点的高程位置坐标,单位为米(m)。

d) 将每个定位结果对应的水平偏差由小到大排序,以第[0.68 m](不小于 0.68 米的最小整数)个水平偏差值作为本次测试的水平定位精度(1σ),应符合 4.3.1 的要求;

e) 将每个定位结果对应的高程偏差由小到大排序,以第[0.68 m]个高程偏差值作为本次测试的高程定位精度(1σ),应符合 4.3.1 的要求。

5.3.4 定位频率

选择图 2 所示的模拟检测环境,测试时采用模拟器模拟的开阔天空环境,检测结果应符合 4.3.2 的要求。

5.3.5 单次充电连续工作时间

从终端电量充满开始计时,终端开机工作 48 小时后,检验终端自动报警功能,应符合 4.3.3 的要求。

5.3.6 充电时间

从终端电量为 0 时开始连接充电器,检验充电完成时的耗费时长,检测结果应符合 4.3.4 的要求。

5.3.7 离线工作

将被测终端放入无移动通信网络信号的模拟检测环境,测试时采用模拟器模拟的开阔天空环境,放置 24 小时后置于正常网络环境,被测终端将定本地缓存数据发送至数据分析系统,数据分析系统检测结果应符合 4.3.5 的要求。

5.3.8 外壳防护特性

将被测腕带交替放入 100 厘米深的+50 ℃±2 ℃热水和+20 ℃±2 ℃的冷水中各 1 h,重复 3 次后检测腕带是否工作正常,检测结果应符合 4.3.6 的要求。

5.3.9 环境特性

高温试验规定如下:

a) 工作温度

试验等级:+70 ℃±2 ℃,2 h。

试验方法:按 GB/T 2423.2-2008 规定的 Bd 方法进行,温度达到规定值时持续工作 2 小时。试验结束后关断电源,在温度恢复到常温后按表 1 各项目检测终端性能,应符合 4.2 和 4.3 的要求。

b) 存储温度

试验等级:+85 ℃±2 ℃,16 h。

试验方法:按 GB/T 2423.2-2008 规定的 Bd 方法进行,温度达到规定值时持续 16 小时,试验结束后,在温度恢复到常温后按表 1 各项目检测终端性能,应符合 4.2 和 4.3 的要求。

低温试验规定如下:

a) 工作温度

试验等级:−20 ℃±3 ℃,2 h。

试验方法:按 GB/T 2423.1-2008 规定的 Ad 方法进行,温度达到规定值时持续工作 2 小时。试验结束后关断电源,在温度恢复到常温后按表 1 各项目检测终端性能,应符合 4.2 和 4.3 的要求。

b) 存储温度

试验等级:−40 ℃±3 ℃,16 h。

试验方法:按 GB/T 2423.1-2008 规定的 Ad 方法进行,温度达到规定值时持续 16 小时,试验结束后,在温度恢复到常温后按表 1 各项目检测终端性能,应符合 4.2 和 4.3 的要求。

6 检验规则

6.1 出厂检验

企业在产品出厂前应按 5.1.5 的要求对产品进行检查,并对产品进行下述试验项目的检验:

a) 基本功能试验;

b) 高低温试验。

制造商应规定抽样方法、检验和判定规则。

6.2 型式检验

6.2.1 型式检验项目

型式检验项目为第 5 章规定的试验。检验样品在出厂检验合格的产品中抽取。

6.2.2 开展型式检验的情形

有下列情况之一时,应进行型式检验:

a) 新产品或老产品转厂生产时的试制定型鉴定;

b) 正式生产后,产品的结构、主要部件或元器件、生产工艺等有较大的改变可能影响产品性能或正式投产满 4 年;

c) 产品停产 1 年以上,恢复生产;

d) 出厂检验结果与上次型式检验结果差异较大;

e) 发生重大质量事故。

7 标志

7.1 一般要求

电子定位腕带终端应有清晰、耐久的标志,包括产品标志和质量检验标志。

7.2 产品标志

产品标志应包括以下内容:

a) 制造厂名、厂址;

b) 产品名称;

c) 产品型号;

d) 产品主要技术参数;

e) 商标;

f) 制造日期及产品编号;

g) 执行标准。

7.3 质量检验标志

质量检验标志应包括下列内容:

a) 检验员;

b) 合格标志。

8 使用说明书

使用说明书应包括以下内容:

a) 如何进行日常维护;

b) 产品的技术参数;

c) 产品的制造日期。

Q/SQJZ

上 海 市 社 区 矫 正 管 理 标 准

Q/SQJZ BZ6.1—2018

代替 Q/SQJZ BZ6.1—2016

社区矫正工作岗位管理规范

2018-03-27 发布

2018-03-30 实施

上海市社区矫正管理局　发布

目　次

前　言

本标准按照 GB/T 1.1-2009 给出的规则起草。

本标准由上海市社区矫正管理局标准化工作领导小组提出并归口。

本标准起草单位：上海市社区矫正管理局标准化工作办公室。

本标准主要起草人：田航军、张国华、黄晓枫、杨挺、乔明强、宋军民、李振宇、章悦。

本标准根据《上海市社区矫正工作岗位责任制》比照 Q/SQJZ BZ6.1-2016 作了修改。

社区矫正工作岗位管理规范

1 范围

本标准规定了上海市社区矫正工作中关于社区矫正工作岗位分类、工作职责、工作标准和追责处理等内容。

本标准适用于上海市各区社区矫正中心、街镇司法所以及从事社区矫正的工作人员。

2 规范性引用文件

下列文件对于本文件的应用是必不可少的。凡是注日期的引用文件,仅注日期的版本适用于本文件。凡是不注日期的引用文件,其最新版本(包括所有的修改单)适用于本文件。

最高人民法院、最高人民检察院、公安部、司法部《社区矫正实施办法》。

司法部、中央综治办、教育部、民政部、财政部、人力资源社会保障部《关于组织社会力量参与社区矫正工作的意见》。

3 社区矫正工作岗位分类

本市社区矫正工作岗位包括:各区社区矫正中心社区矫正工作岗位、街镇司法所社区矫正工作岗位,以及从事社区矫正工作的社区矫正民警、社区矫正专职干部、社区矫正社会工作者。

4 工作职责

4.1 区社区矫正中心社区矫正工作职责

各区社区矫正中心开展社区矫正工作的职责和内容包括:

a) 贯彻落实关于社区矫正方面的法律、法规、规章和政策,研究拟订本区社区矫正发展规划和政策措施,并组织实施;

b) 负责接收并完成各类调查评估的意见反馈,督促街镇司法所按权责落实调查评估工作,负责对有异议的调查评估案件进行核实、裁定;

c) 负责联系并落实对社区服刑人员的衔接纳管,做好各类法律文书的交接,以及社区服刑人员的报到和信息录入;

d) 负责组织开展社区矫正宣告工作,做好社区服刑人员的入矫宣告,指导督促街镇司法所做好社区服刑人员解矫宣告;

e) 统筹推进社区矫正小组建设,指导并考核各有关部门和人员落实矫正小组工作职责;

f) 负责组织开展社区服刑人员的日常考核管理工作,做好社区服刑人员日常行为奖惩、司法奖惩工作的安排、审批和上报;

g) 负责本区社区服刑人员外出、居住地变更、特定区域进入等事项的审批;

h) 负责对社区服刑人员脱漏管追查、纳管,协调并完成对社区服刑人员的刑罚变更工作;

i) 负责区级层面社区服刑人员的动态研判工作,组织街镇司法所按要求开展动态研判;

j) 统筹推进本区社区矫正工作信息化建设,研究并落实信息化技术在社区矫正工作中的运用;

k) 负责做好社区服刑人员电子监控各有关工作,落实电子监控设备的保障和维护;

l) 负责本区社区矫正指挥中心的建设和运行,做好各类应急事件的处置,完成重点时段的值班备勤,承担本区有关社区服刑人员的信访处理;

m) 统筹推进本区社区服刑人员教育矫正工作,负责区级层面集中教育、个别教育和心理矫治工作的具体实施,指导监督街镇司法所落实相关教育矫正工作要求;

n) 统筹推进本区社区服刑人员社区服务工作,负责区级层面社区服务的具体实施,指导监督街镇司法所落实相关社区服务工作要求;

o) 负责本区社区服刑人员档案管理,做好社区矫正执行档案的记录保管,指导督促街镇司法所做好社区矫正工作档案的记录保管;

p) 完成上级部门布置的其他相关工作。

4.2 街镇司法所社区矫正工作职责

街镇司法所开展社区矫正工作的职责和内容包括:

a) 负责对拟适用社区矫正的人员进行调查评估,提出初评意见;

b) 协助开展社区矫正入矫宣告,负责组织开展解矫宣告;

c) 负责矫正小组的组建运行,确定矫正方案,具体落实社区服刑人员的日常监管、教育和帮扶;

d) 负责接受社区服刑人员外出、居住地变更、特定区域进入等事项的申请,负责对相关材料进行初审并报送区社区矫正部门;

e) 负责具体实施社区服刑人员日常考核管理工作,做好各类日常行为奖惩和司法奖惩的提请和初审;

f) 负责加强对本辖区社区服刑人员日常信息的掌握,落实调查走访、个别谈话和报到报告工作,按要求开展本地区社区服刑人员的动态研判;

g) 负责组织开展街镇层面的集中教育和社区服务,协调有关部门和社会力量做好社区服刑人员的心理矫正和适应性帮扶;

h) 完成上级部门布置的其他相关工作。

4.3 社区矫正民警工作职责

社区矫正民警要在上海市社区矫正管理局和区司法局的管理安排下,承担区级层面的社区矫正具体执法工作,并参与司法所日常监管工作。

a) 负责指导、组织和实施调查评估工作,并做好重大、复杂、疑难案件调查评估的核实;

b) 负责社区服刑人员的接收纳管工作;

c) 负责社区服刑人员的入矫宣告,协助开展重点重要对象的解矫宣告;

d) 做好重点、重要对象的监督管理,负责社区服刑人员的训诫;

e) 负责落实电子监控相关工作;

f) 做好社区矫正指挥中心的日常运作,协助进行各类应急处置;

g) 做好社区矫正执法事项的调查取证、文书制作和预审批等工作;

h) 协助公安机关,组织脱漏管追查和移送收监工作;

i) 协助区矫正中心开展动态研判工作,并参与司法所动态研判工作;

j) 负责管理社区矫正执行档案;

k) 做好各层级集中教育、个别教育和社区服务的组织、配合;

l) 完成领导交办的其他工作。

4.4 司法所社区矫正专职干部工作职责

司法所社区矫正专职干部要在区司法局、街镇司法所的统一管理安排下,全面承担社区矫正在街镇层面的监管、教育和帮扶工作。

a) 负责开展调查评估工作;

b) 做好社区服刑人员接收纳管工作;

c) 协助开展社区服刑人员入矫宣告;

d) 负责建立矫正小组,并确保其正常运作;

e) 负责社区服刑人员的监督管理工作;

f) 做好社区服刑人员日常管理考核、分级处遇、日常行为奖惩、司法奖惩;

g) 负责组织召开社区服刑人员动态分析研判会;

h) 负责组织、协调、考核教育矫正、社区服务和适应性帮扶工作;

i) 负责组织开展社区服刑人员的解矫宣告;

j) 完成领导交办的其他工作。

4.5 社区矫正社会工作者工作职责

社区矫正社会工作者应在相关社工组织的管理领导下,配合本地区社区矫正部门,做好社区服刑人员的管理、教育和帮扶工作。

a) 协助开展调查评估工作;

b) 做好社区服刑人员矫正信息的收集掌握,评估矫正需求;

c) 做好社区服刑人员矫正小组相关工作;

d) 做好社区服刑人员矫正期间的教育学习工作;

e) 做好社区服刑人员社区服务工作;

f) 负责开展社区服刑人员日常心理矫正工作;

g) 协助开展社区服刑人员社会适应性帮扶工作;

h) 完成领导交办的其他工作。

5 工作标准

5.1 社区矫正民警工作标准

5.1.1 调查评估

5.1.1.1 负责各类调查函(委托调查评估、居住地变更、核实纳管等)的登记备案工作,及时组织犯罪嫌疑人、被告人或罪犯居住地司法所开展调查评估。

5.1.1.2 负责《调查评估表》、初评意见的初审,制作《调查评估意见书》,经区司法局审批后,将相关文书资料书面反馈委托机关或其指定接收的机关。

5.1.1.3 对重大、复杂、疑难案件,在司法所配合下开展核实工作。

5.1.2 接收纳管

5.1.2.1 对前来报到的社区服刑人员办理接收登记手续。

5.1.2.2 对尚未收到法律文书来报到的社区服刑人员,做好登记备案工作。

5.1.2.3 对法律文书未收到或不齐全的,通知相关部门予以补全,对法律文书存在错误的,通知相关部门予以更正。

5.1.2.4 负责到庭接收由法院判决的监外执行对象,并做好法律文书交接。

5.1.2.5 负责新收社区服刑人员的基本信息录入工作,并进行报到面谈。

5.1.3 宣告

5.1.3.1 根据入矫宣告方案,组织召开宣告会。

5.1.3.2 负责审核期满鉴定表,开具、发放解除矫正相关文书。

5.1.3.3 参加司法所组织的重点和重要对象解矫宣告会。

5.1.4 矫正小组及训诫

5.1.4.1 参加重点、重要社区服刑人员的矫正小组,并根据矫正方案,配合司法所做好此类人员的管理教育。

5.1.4.2 负责落实对重点、重要社区服刑人员的定期走访、谈话。

5.1.4.3 负责做好对有需要的个别对象的训诫工作。

5.1.5 电子监管

5.1.5.1 负责对社区服刑人员实施电子监管装置的佩戴、解除,和社区矫正 APP 的安装监督。

5.1.5.2 负责审核社区服刑人员电子实时监管信息录入的准确性和及时性。

5.1.5.3 负责电子监管系统的管理、维护,实时查看社区服刑人员动态监管及异常报警处置情况,指导督促司法所及时查看系统并做好异常报警处置,对司法所上报的电子监管重要情况进行指导和处置。

5.1.6 指挥中心

5.1.6.1 共同做好设立在区矫正中心的指挥中心的日常运作。

5.1.6.2 协助区司法局社区矫正部门处置本辖区发生的各类涉及社区服刑人员的紧急事件。

5.1.7 事项审批

5.1.7.1 负责接收并审核司法所递交的有关社区服刑人员外出、居住地变更、特定区域进入等事项的书面申请及相关证明材料,并向区司法局社区矫正部门提出审核意见。

5.1.7.2 负责对社区服刑人员擅自外出、脱离监管、重新违法犯罪等情况进行训诫、处罚和处置。

5.1.7.3 配合司法所开展对社区服刑人员司法奖惩的调查取证、法律文书制作,并协助做好执行变更工作。

5.1.7.4 负责本区社区服刑人员的日常管理考核及分级处遇的统计和初审工作。

5.1.8 追查及收监

5.1.8.1 配合公安机关,对脱漏管的社区服刑人员进行追查。

5.1.8.2 配合公安机关,对被裁定收监执行的社区服刑人员移送收监。

5.1.9 动态研判

5.1.9.1 配合区司法局社区矫正部门开展区级层面的动态研判工作,并报送动态研判报告。

5.1.9.2 根据区司法局社区矫正部门的指派,参加司法所的动态研判会,并对该街镇重点和重要对象情况进行研判。

5.1.10 档案管理

5.1.10.1 负责本区社区服刑人员执行档案管理。

5.1.10.2 指导司法所做好社区服刑人员工作档案管理。

5.1.11 教育矫正

5.1.11.1 根据区司法局社区矫正部门的工作计划,组织开展区级集中教育活动,并做好教育现场的管理。

5.1.11.2　配合参加区级和街镇集中教育的讲师团工作。

5.1.11.3　根据区司法局社区矫正部门的工作计划,组织开展区级社区服务活动,并做好现场管理。

5.1.11.4　负责对街镇组织的社区服务开展巡查,并配合进行管理。

5.1.11.5　负责免除对象参加区级层面集中教育和社区服务的预审批工作。

5.2　司法所社区矫正专职干部工作标准

5.2.1　调查评估

5.2.1.1　接受区矫正中心指派,实施调查,重点收集被调查人的居所情况,家庭成员和社会关系,个人情况、犯罪行为对所在社区的影响,监管条件,对拟适用管制、缓刑的犯罪嫌疑人、被告人建议禁止的事项等,形成初评意见。

5.2.1.2　填写《调查评估表》,并及时反馈区社区矫正中心。

5.2.1.3　配合矫正民警,完成重大、复杂、疑难案件的核实工作。

5.2.2　接收纳管

5.2.2.1　与社区矫正中心衔接做好社区服刑人员的接收纳管工作,核实法律文书,确保对社区服刑人员接收纳管率达100%。

5.2.2.2　负责建立社区服刑人员工作档案,做到一人一档。

5.2.3　入矫宣告

5.2.3.1　组织矫正小组成员参加社区服刑人员入矫宣告。

5.2.3.2　负责入矫宣告中对社区服刑人员矫正监管要求的告知。

5.2.4　矫正小组

5.2.4.1　负责对辖区每名社区服刑人员建立矫正小组,建立矫正小组成员间的信息交流机制。

5.2.4.2　担任矫正小组组长,指导监督矫正小组成员落实工作。

5.2.4.3　审定社区服刑人员矫正方案,具体落实对象的监督管理、教育矫正和适应性帮扶等日常工作。

5.2.5　监督管理

5.2.5.1　组织落实每月对辖区内的社区服刑人员上门走访1次。

5.2.5.2　负责查看点验辖区内社区服刑人员电子监控情况,出现异常情况第一时间处置,并按要求进行报告。

5.2.5.3　负责对违反电子监管规定的社区服刑人员进行处理。

5.2.5.4　落实社区服刑人员的报到、报告工作,负责核验社区服刑人员每月上交的书面情况汇报。

5.2.5.5　负责接收社区服刑人员外出、居住地变更、特定区域进入等事项的书面申请及相关证明材料,并对申请进行初审。

5.2.6　考核奖惩

5.2.6.1　负责具体实施对社区服刑人员的日常管理考核制度,及时调整服刑人员级别处遇,并及时将考核情况报送区社矫正中心。

5.2.6.2　负责将奖惩结果公示,并通知社区服刑人员本人。

5.2.6.3　负责组织奖惩小组讨论社区服刑人员的日常行为奖惩、司法奖惩事宜。

5.2.6.4　负责组织开展社区服刑人员年终考评工作。

5.2.7　动态分析

5.2.7.1　配合司法所所长,组织司法所每半月召开1次动态分析研判会,并就会议安排预先通报区社区矫正中心。

5.2.7.2 负责对所监管的社区服刑人员情况进行汇总,形成动态分析研判报告报区矫正中心。

5.2.8 教育矫正和适应性帮扶

5.2.8.1 组织并开展街镇层面集中教育、个别教育和社区服务工作。

5.2.8.2 负责督促落实社区服刑人员教育学习和社区服务时间每月分别不少于 8 小时。

5.2.8.3 负责街镇层面集中教育和社区服务请假的审批,以及免除的审核、审批、报备等工作。

5.2.8.4 审核街镇层面教育学习和社区服务的考勤工作。

5.2.8.5 组织社工、志愿者落实心理测评、心理咨询和心理健康教育等工作。

5.2.8.6 负责排摸并登记有需求的对象,给予帮扶政策的指导。

5.2.8.7 负责协调和组织有关部门及社会力量,帮助有困难和有需求的社区服刑人员实现就业就学,获得社会救助,落实基本社会保障以及临时安置。

5.2.9 解除矫正

对矫正期满的社区服刑人员及时作出书面鉴定,审核材料,按期组织解矫宣告。

5.3 社区矫正社会工作者工作标准

5.3.1 调查评估

5.3.1.1 配合司法所专职干部或矫正民警实地走访,开展调查评估。

5.3.1.2 配合社区矫正部门,收集被调查人的居所情况、家庭成员和社会关系、个人情况、犯罪行为对所在社区的影响、监管条件等信息并提供参考意见。

5.3.2 信息收集和需求评估

5.3.2.1 配合收集社区服刑人员相关法律文书,了解掌握其犯罪事实、狱内改造等情况。

5.3.2.2 定期对社区服刑人员开展面(访)谈,并做好访谈记录。

5.3.2.3 定期对社区服刑人员家庭、单位、学校和社区进行走访,并做好走访记录。

5.3.2.4 研判社区服刑人员矫正信息,预估矫正需求,定期参加司法所召开的社区矫正动态研判分析会。

5.3.3 矫正小组

5.3.3.1 参加社区服刑人员的矫正小组,制定社区服刑人员矫正方案。

5.3.3.2 参加社区服刑人员的入矫宣告。

5.3.3.3 按规定落实矫正小组其他相关责任。

5.3.4 教育学习

5.3.4.1 开展社区服刑人员集中教育活动,并配合做好教育现场的管理。

5.3.4.2 研制教育学习课件,参加区级和街镇集中教育的讲师团工作。

5.3.4.3 开展社区服刑人员的个别教育。

5.3.4.4 及时向司法所专职干部报告社区服刑人员不遵守教育学习相关规定的情况,并做好相关记录。

5.3.5 社区服务

5.3.5.1 通知社区服刑人员社区服务的时间、地点。

5.3.5.2 做好社区服刑人员社区服务的管理和监督工作。

5.3.5.3 及时向司法所专职干部报告社区服刑人员缺席或不服从社区服务相关规定的情况,并做好相关记录。

5.3.6 心理矫正

5.3.6.1 负责开展社区服刑人员心理测评，收集社区服刑人员的心理需求和问题。

5.3.6.2 落实对有心理咨询需求的社区服刑人员开展心理咨询，做好工作记录并提供咨询意见。

5.3.6.3 在开展心理咨询后，对需要转介的社区服刑人员，及时在区社区矫正部门的指导下，向社会专业机构转介，并做好材料的交接。

5.3.7 适应性帮扶

5.3.7.1 协助排摸有帮扶需求的社区服刑人员。

5.3.7.2 协助开展对象的帮扶政策指导、就业入学、过渡性安置等工作。

6 追责处理

对因违反岗位责任制，造成工作中出现过错的人员，应视其情节、后果和责任程度，依照《中华人民共和国公务员法》、《行政机关公务员处分条例》以及相关社会组织制定的内部管理制度进行追责处理。

Q/SQJZ

上 海 市 社 区 矫 正 管 理 标 准

Q/SQJZ BZ6.2—2018
代替 Q/SQJZ BZ6.2—2016

工作人员教育培训规范

2018-03-27 发布

2018-03-30 实施

上海市社区矫正管理局 发布

目　次

前　言

本标准按照 GB/T 1.1-2009 给出的规则起草。

本标准由上海市社区矫正管理局标准化工作小组归口。

本标准起草单位：上海市社区矫正管理局标准化工作办公室。

本标准主要起草人：田航军、乔明强、宋军民。

本标准比照 Q/SQJZ BZ6.2-2016 对"业务培训"作了修改。

工作人员教育培训规范

1 范围

本标准规定了上海市社区矫正管理局（以下简称矫正局）、区矫正中心工作人员教育与培训的基本要求以及政治学习、业务培训、专项培训、外出培训、网上培训的规定及教育培训的相关要求。

本标准适用于矫正局、区矫正中心工作人员学习教育与培训的管理。

2 基本要求

2.1 加强培训经费管理，厉行节约、精简日程、提高效率。

2.2 严禁借培训名义安排任何非培训内容的活动。

2.3 培训费仅包括开展培训直接发生的各项费用支出，包括场租费、餐费、住宿费、交通费、讲课费、材料费等。

2.4 培训班一律不安排会餐，不发纪念品；培训住宿不得安排高档套房；用餐不得上高档菜肴，不得提供烟酒；一般不安排跨省市学习考察。如确需跨省市学习的，报市司法局审批。

2.5 组织培训的工作人员应控制在参训人员数量的 5% 以内，最多不超过 10 人。

3 政治学习

3.1 本局组织或安排的政治学习，应当以深入学习贯彻党的十九大精神以及习近平新时代中国特色社会主义思想，努力提高本局全体工作人员的政治觉悟和政治思想水平，促进工作人员的全面发展。

3.2 政治学习原则上依照市司法局机关党委制定的学习计划，并结合矫正局实际情况作出安排。局党总支部按季度拟定政治学习计划，确定学习内容。

3.3 政治学习原则上以自学为主，可适当开展集中学习，或者组织外出参观。市司法局组织的报告会、交流会等，矫正局工作人员应安排好工作积极参加。

4 业务培训

4.1 矫正局组织的业务学习，包括《刑法》、《刑诉法》、《社区矫正实施办法》等法律法规及社区矫正相关知识的学习。

4.2 综合处、刑罚执行处、教育矫正处、安帮工作指导处根据实际需求制订业务培训计划。

4.3 各处室可根据业务工作需要，不定期组织处室工作人员进行业务学习。

4.4 各处室制定的计划交综合处汇总后，提交局办公会议审议通过后实施执行。

5 学历教育培训

5.1 学历教育主要是指大专、本科、研究生及以上教育。

5.2 利用业余时间参加学历教育，且申请补贴的，应同时符合以下条件：

a) 申请攻读大学专科、本科教育的,应在矫正局工作满 3 年以上;申请攻读研究生学历或学位教育的,应在矫正局工作满 5 年以上;

b) 政治思想过硬,工作表现积极;

c) 所学专业应与本职工作相关。

5.3 在职参加学历教育应由低学历层次向高学历层次递进,不得兼报两个或两个以上相同学历层次的学历教育。

6 专项培训

6.1 矫正局组织的专项培训,包括社区矫正相关业务知识、接待技巧、业务数据统计分析、心理学等与业务工作密切相关的培训。

6.2 专项培训由综合处在年初拟定培训计划,经市司法局宣传教育处批准后付诸实施。

6.3 专项培训应于开班前 10 个工作日向市司法局宣传教育处上报培训班实施方案,并于培训结束后 10 个工作日内将培训通知、日程安排、学员名单及培训班小结等相关材料报市司法局宣传教育处备案。

6.4 专项培训可邀请专业人员授课。

7 外出培训

7.1 矫正局工作人员参加的外出培训包括司法部、市司法局及其他相关单位组织的专业培训。

7.2 参加外出培训由局办公会议根据实际需要确定参加人员。参加人员应当认真参加学习,取得良好的学习成绩。

8 网上培训

8.1 矫正局工作人员参加的网上培训主要指市委组织部每年组织的干部在线学习及市司法局不定期组织的网上专项培训。

8.2 网上培训除干部在线学习要求局所有工作人员参加外,其他网上培训根据上级部门的具体要求确定参加人员,参加人员应当认真参加学习,按时完成学习任务。

Q/SQJZ

上海市社区矫正管理标准

Q/SQJZ BZ6.3—2016

绩效考核管理规范

2016-09-14 发布　　　　　　　　　　　　　　2016-10-01 实施

上海市社区矫正管理局　发布

目　次

前　言

本标准按照 GB/T 1.1-2009 给出的规则起草。

本标准由上海市社区矫正管理局标准化工作办公室提出并归口。

本标准起草单位：上海市社区矫正管理局标准化工作办公室。

本标准主要起草人：田航军、乔明强、宋军民。

本标准为首次发布。

绩效考核管理规范

1 范围

本标准规定了上海市社区矫正管理局(以下简称矫正局)有关从事社区矫正执法工作民警的绩效考核原则、适用范围、组织领导、考核周期、内容、程序和方法等要求。

本标准适用于对本市从事社区矫正执法工作民警(以下简称民警)开展绩效考核的规范化管理。

2 术语和定义

下列定义适用于本文件。

2.1 民警绩效考核

对民警在工作中德、能、勤、绩、廉等方面进行的考核评估,重点突出工作实绩。

2.2 组织约谈

组织对考核中确定为基本称职等次的民警进行专门谈话教育的一种组织行为。

2.3 离岗培训

对考核中确定为不称职等次,或平时考核中累计出现两次(含)以上基本称职等次的民警,进行的一种专项培训。

2.4 试岗

民警在离岗培训期满,鉴定不合格的,安排适当的工作岗位,对其工作态度、能力进行专门考核的工作方法。

2.5 限期调离

针对民警工作能力、素质不适应,单位要求其本人在规定期限内自行落实接收单位;在规定期限内无接收单位的,做辞退处理。

3 绩效考核原则

民警绩效考核坚持实事求是、客观公正、注重实绩、奖优罚劣的原则。

实行平时考核和定期考核相结合、定性考核和定量考核相结合、分级考核和分类管理相结合、领导评议和群众测评相结合的方法。

4 适用范围

全市选派从事社区矫正工作的全体民警。

5 考核组织领导

5.1 市社区矫正管理局综合处

综合处负责全市民警绩效考核管理的组织实施,主要职责为:

a) 制定民警绩效考核管理实施细则,及考核结果具体认定事项解释;

b) 组织、指导和监督全市民警绩效考核管理工作;

c) 核查各区民警的绩效考核等次,审核各区对民警年度考核等次的初评意见,报由矫正局主要领导、分管领导和各处室处长等组成的局考核领导小组审定;

d) 统计、汇总、分析考核数据,分析研判考评结果,形成评估报告报局考核领导小组。

5.2 区司法局民警绩效考核领导小组

5.2.1 民警所在区司法局成立民警绩效考核领导小组。分管局长任组长,矫正科(处)长任副组长,成员由矫正科(处)副科(处)长、社区矫正党支部书记组成。

5.2.2 区司法局民警绩效考核领导小组负责本区民警绩效考核管理工作,主要职责为:

a) 监督区社区矫正党支部落实民警绩效考核管理工作;

b) 奖分项目及奖分值认定;

c) 审核(定)区社区矫正党支部对民警的绩效考核等次;

d) 协调本区民警考核管理工作。

5.3 区社区矫正党支部

各区社区矫正党支部是民警绩效考核的主体,具体落实民警绩效考核工作。

6 考核方式

6.1 平时考核

6.1.1 月考核

月考核采取个人总结、专项检查、随机抽查等方式,由所在部门(矫正中心)或联系部门(司法所)领导和区社区矫正党支部书记予以审核评价。

6.1.2 季评估

每季度汇总,综合评定相应等次。

6.2 定期考核(年度考核)

6.2.1 以季度评估结果为基础,在每年年末进行。

6.2.2 由区司法局、所在部门(矫正中心)或联系部门(司法所)、党支部集中评价和群众测评相结合形成评定结果。

7 考核周期

7.1 月度考核

上月 26 日至当月 25 日。

7.2 季度评估

7.2.1 上年的 12 月、当年的 1 月、2 月为第一季度。

7.2.2 3 月、4 月、5 月为第二季度。

7.2.3 6 月、7 月、8 月为第三季度。

7.2.4 9 月、10 月、11 月为第四季度。

7.3 年度考核

上一年度的 11 月 26 日至本年度的 11 月 25 日。

8 考核内容

8.1 德、勤、廉方面

对民警德、勤、廉方面的绩效考核,主要考核民警日常行为,重点考核遵守《上海市司法局关于人民警察内务管理的实施办法》和《社区矫正执法人员职业规范(试行)》等制度情况。

8.2 能、绩方面

对民警能、绩方面的考核,主要考核民警工作实绩,重点考核工作执行力、工作落实、履职效能和业务突出表现:

a) 工作执行力:服从安排,听从指挥。认真执行上级的决定和命令,严格遵守工作流程,操作标准规范;

b) 工作落实:明确本岗位工作内容、任务和要求,严格按照工作计划和时间节点完成工作任务;

c) 履职效能:熟悉各项规章制度和岗位职责,认真履职,取得成效。对超出职责权限范围外的问题能及时报告、记载;

d) 业务突出表现:日常工作中发现安全隐患问题及时上报处理的,工作有创新、练兵比武、业务技能等方面成绩突出,对推进工作有明显积极意义的行为。

9 考核方法

9.1 考核主体

民警日常行为的考核由区社区矫正党支部具体负责。民警工作实绩的考核由所在部门(社区矫正中心)或联系部门(司法所)负责。

9.2 扣分

9.2.1 民警日常行为考核采取扣分制,具体见《社区矫正选派民警绩效考核评分标准》。

9.2.2 民警日常行为考核中,民警当月同一违规行为发生3次及以上,一次性多扣5分。

9.2.3 民警为了工作,放弃休息,当月非上班时间上班或加班加点2小时以上,或区社区矫正党支部书记主动接受或积极协助区司法局管理事务较好的,当月日常行为考核评分可以减少扣分1至3分。

9.3 得分

9.3.1 民警工作实绩之工作执行力、工作落实以及履职效能的考核采取得分制,按照三个档次评分,具体见《社区矫正选派民警绩效考核评分标准》。

9.3.2 民警工作实绩单个项目评分为第三个档次(最低档次),应注明评分理由。

9.3.3 民警工作实绩之业务突出表现的考核采取奖分制,根据民警实际表现情况,酌情奖分。

9.3.4 民警积极履行工作职能外,主动承担临时性、突发性任务的,视情奖分。

9.3.5 民警工作实绩奖分不得突破10分,且需证据材料支撑。

9.3.6 民警工作实绩项目奖分,由区民警绩效考核领导小组认定。

10 考核程序

10.1 月考核程序

10.1.1 自评

每月26日(节假日顺延),民警个人对照考核要求,填写《____区社区矫正选派民警月度绩效考核表》(见附录A,以下简称考核表)。民警在矫正中心工作,考核表送交矫正中心主任;民警联系司法所,考核表送交所联系的司法所所长。

10.1.2 工作实绩考核

10.1.2.1 民警在矫正中心工作

每月 28 日(节假日顺延),矫正中心根据派驻民警月度工作表现,完成工作实绩考核,评分结果递交社区矫正党支部书记。

10.1.2.2 民警联系司法所

每月 28 日(节假日顺延),收到考核表的司法所所长联系其他由该民警负责联系的司法所所长,根据派驻民警月度工作表现,各自独立完成工作实绩考核,评分结果递交社区矫正党支部书记。

10.1.3 日常考核评分

每月 30 日(节假日顺延),社区矫正党支部书记根据日常检查情况记载,在与矫正中心主任或司法所所长沟通、核查相关情况后,对民警月度日常考核进行评分。

10.1.4 考核领导小组审定

每月月底前,社区矫正党支部委员会根据日常考核和工作实绩考核结果,结合民警个人自评情况,对民警月度考核结果进行评定,提交区民警绩效考核领导小组审定。

10.2 民警季评估程序

下一季度第一个月的 10 日前,民警围绕日常行为遵守和工作实绩开展述职(述职可采用口头或书面形式),并填写《____区社区矫正选派民警季度绩效考核评估表》(正面部分,见附录 B)。社区矫正党支部根据民警个人自评和述职情况,综合月度考核情况提出考核意见,拟定季度考核等次,报区民警考核领导小组审定。审定结果应予公示,公示期不少于 5 个工作日。公示结束后,区司法局分管领导签字确认后报市矫正管理局综合处备案。

10.3 民警定期考核程序

定期考核(年度考核)程序按照《公务员考核规定(试行)》相关规定执行。

10.4 社区矫正党支部书记考核程序

社区矫正党支部书记的考核,由各区社区矫正职能科室领导组织实施,结合月考核情况提出考核意见,确定季度考核等次。

11 考核等次

11.1 月度绩效考核等次

民警月度绩效考核结果应评定为优、中、差三个等次,见表1。

表 1 月底绩效考核等次表

等次	条 件		备注
优	月度日常行为扣分≤2	工作实绩考核得分≥85	两者缺一不可
中	月度日常行为扣分≤2	60≤工作实绩考核得分<85	两者缺一不可
	3≤月度日常行为扣分<10	工作实绩考核得分≥60	两者缺一不可
差	月度日常行为扣分≥10	工作实绩考核得分≤60	两者有一即可

11.2 季度评估等次

11.2.1 优秀等次

优秀等次条件:

a) 应获得月度考核优等次 1 次（含）以上；

b) 月度考核优等次次数多者优先；

c) 优等次次数相同的，由所在区民警绩效考核领导小组评议确定；

d) 月度考核无差等次。

11.2.2 称职等次

称职等次条件：

a) 民警认真履行岗位职责，熟悉业务，工作能力较强，作风较好，能够完成本职工作；

b) 遵守法律法规和各项规章制度；

c) 月度考核无两次（含）以上差等次。

11.2.3 基本称职等次

民警个人在月考核中，同一季度累计两个月结果为差的，应确定为"基本称职"等次；有下列情形之一，但尚不构成纪律处分的，可以确定为"基本称职"等次：

a) 民警未按要求履行岗位职责，工作能力差，不能按要求完成任务，影响安全和秩序稳定，造成一定后果的；

b) 违反《上海市司法局关于人民警察内务管理的实施办法》等相关工作纪律规定，经教育不改的；

c) 执法不规范，工作不负责任，造成不良影响的；

d) 拒不执行上级机关和领导的决定、命令或者工作安排，经教育仍不予执行的；

e) 其他严重违反市司法局、市社区矫正管理局、区司法局等工作制度和工作要求的。

11.2.4 不称职等次

民警个人在月考核中，同一季度三个月考核结果为差的，应确定为"不称职"等次；有下列情形之一，情节较为严重，可以确定为"不称职"等次：

1) 民警经常散布不符合人民警察身份的言论，造成恶劣影响的；

2) 违反保密管理规定，造成一定后果的；

3) 值班、执勤、备勤期间擅自脱岗，造成一定后果的；

4) 不履行法定职责，玩忽职守，失职，渎职，造成严重后果的；

5) 其他违反《人民警察法》、《公务员法》、《行政机关公务员处分条例》等法律和行政法规中相关法定情形的。

11.3 定期考核等次

11.3.1 民警绩效定期考核等次为优秀、称职、基本称职、不称职四个等次。

11.3.2 定期考核等次的确定，以季度考核评估结果为基础，参照以下执行：

（一）优秀等次条件

1) 应获得季度考核优秀等次 1 次（含）以上；

2) 季度考核优秀等次次数多者优先；

3) 优秀等次次数相同的，由所在区民警绩效考核领导小组评议确定；

4) 季度考核无基本称职（含）以下等次。

（二）称职等次条件：

1) 季度考核无两次（含）以上基本称职等次，无不称职等次的；

2) 符合《公务员考核规定（试行）》称职等次条件。

（三）平时考核累计两次（含）以上基本称职或 1 次不称职等次的，应确定为基本称职等次。

（四）民警有下列情形之一的，应确定为不称职等次：

1）平时考核中累计两次（含）以上不称职等次的；

2）连续两年定期考核被确定为基本称职等次的；

3）对无正当理由不参加定期考核的民警，经教育后仍然拒绝参加的。

（五）受到党纪、行政处分的按相关规定执行。

11.4 优秀等次比例

民警绩效考核优秀等次比例与区司法局社区矫正工作目标管理考核结果挂钩。平时考核和定期考核优秀等次人数，一般掌握在参加考核民警总人数的 15％以内；根据区司法局社区矫正工作目标管理考核结果排名可适当拉开优秀等次比例差距，但最高不超过 20％。

12 考核结果运用

12.1 奖惩措施

12.1.1 民警定期考核被确定为称职以上等次的，按相关规定兑现各项奖励措施。

12.1.2 民警考核被确定为不称职、基本称职等次的，视情可对其实行组织约谈、离岗培训、限期调离等措施。

12.2 组织约谈

12.2.1 在平时考核中确定为基本称职等次的，由区司法局分管副局长或市社区矫正管理局综合处处长负责谈话教育；在定期考核中确定为基本称职等次的，由市社区矫正管理局领导负责专门谈话教育，指出民警自身存在的问题，提出工作要求。

12.2.2 组织约谈结束后，民警本人必须在限期内提交思想汇报，由区司法局分管副局长审核，市社区矫正管理局综合处备案留存。

12.3 离岗培训

12.3.1 离岗培训期间一般不参加与岗位有关的工作。

12.3.2 离岗培训由市社区矫正管理局综合处组织实施，培训地点由市社区矫正管理局综合处指定，培训时间一般控制在 1 个月以内，培训期满前 3 天内由市社区矫正管理局综合处进行鉴定并备案。

12.3.3 离岗培训期间，主要学习相关法律法规和工作制度，定期提交学习体会，培训期满民警必须提交培训总结。

12.3.4 离岗培训期间工作性津贴按离岗实际天数扣发。

12.3.5 有下列情形之一的，可延后参加离岗培训：

a）严重致伤或患严重疾病正在治疗的；

b）女性民警在产期、哺乳期内的；

c）家庭发生重大变故的。

12.3.6 离岗培训期满由市社区矫正管理局综合处根据培训情况安排工作岗位、试岗或限期调离。

12.3.7 离岗培训期满鉴定合格的，市社区矫正管理局综合处可根据实际情况，协商有关单位，安排工作岗位。鉴定不合格的，可适当延长培训时间，最长不超过 1 个月。

12.3.8 延长离岗培训期满鉴定合格的，市社区矫正管理局综合处可根据实际情况，协商有关单位，安排工作岗位。鉴定仍不合格的，市社区矫正管理局综合处报请市社区矫正管理局领导和市司法局政治部同意，可根据实际情况，安排试岗或限期调离。

12.4　试岗

12.4.1　试岗时间一般控制在两个月以内,试岗期间工作性津贴按试岗实际天数减半发放。

12.4.2　试岗期满由所在部门出具鉴定材料,报市社区矫正管理局审定,试岗合格的,市社区矫正管理局可根据实际情况,安排工作岗位。

12.4.3　试岗不合格的可延长试岗时间,最长不超过两个月,延长试岗期满,鉴定仍不合格的,责令限期调离。

12.5　限期调离

限期调离时间一般控制在 3 个月以内,期间工作性津贴按实际上班天数发放。

12.6　评优评先资格

民警平时考核出现不称职或基本称职等次的,不具有参加本年度各类评优评先资格。

12.7　辞退

民警连续两年定期考核确定为不称职等次,或存在下列情形之一的,予以辞退:

a) 拒不参加组织约谈、离岗培训、试岗的;

b) 离岗培训、试岗后,拒不服从单位工作岗位安排的;

c)《公务员法》第 83 条规定之相关情形的。

13　监督与管理

13.1　备案和通报

13.1.1　民警评为优秀、基本称职、不称职等次应报市社区矫正管理局综合处备案。

13.1.2　市社区矫正管理局综合处应定期对各区选派民警考核工作开展情况进行检查,通报相关情况。

13.2　复核和申诉

在考核中,民警对考核等次、结果适用有异议的,可按相关规定申请复核或申诉。

13.3　处分

考核工作中有下列情形之一的,根据情节轻重,对社区矫正党支部书记,给予批评教育或处分;对区司法局的职能科室领导和办事人员,建议区县司法局党委(党工委)分别给予批评教育或处分。必要时,结合区社区矫正工作目标管理考核予以扣分。

a) 不按规定的内容、标准和程序进行考核,弄虚作假或打击报复的;

b) 不按规定兑现考核结果的;

c) 不按规定受理和处置民警通过正当程序提出的考核复核及申诉的;

d) 有其他违反考核工作有关规定的。

13.4　监督

市社区矫正管理局考核领导小组负责监督市社区矫正管理局民警绩效考核管理工作。

附录A(规范性附录)

区社区矫正选派民警月度绩效考核表

(201___年___月)

姓名		党支部书记( )　　党支部委员( )　　其他( )					
○社区矫正中心　　○联系司法所(_____司法所　　_____司法所　　_____司法所)							
民警自评							
						(签名) 201　年　月　日	
工作实绩评分							
矫正中心 (司法所) 名称		单项得分			总分	平均分	
		工作落实	履职效能	执行力			
	A档	20—16	40—36	30—26			
	B档	15—11	35—26	25—16			
	C档	10—0	25—0	15—0			
单项得分 为C档的 理由							

（续表）

奖分项目			
	奖分项目	建议分	评定分
业务奖分			
其他奖分			
注:建议分由矫正中心主任或司法所所长填写,评定分由考核小组填写			
工作实绩实得分	总分( )＝得分( )＋奖分( )		
注:"实绩得分"由党支部书记计算填写,奖分以评定分为主,奖分之和不得突破10分			

日常行为考核		
扣分总和	扣分内容	

考核结果评定等次	( )优 ( )中 ( )差
考核领导小组审核 201 年 月 日	被考核人签字确认 201 年 月 日

附录B(规范性附录)

区社区矫正选派民警季度绩效考核评估表

(201___年度第___季度)

姓名		党支部书记( ) 党支部委员( ) 其他( )
○社区矫正中心	○联系司法所(_____司法所	_____司法所 _____司法所)

民警季度小结
(签名) 201 年 月 日

月度考核评分汇总			
项目	( )月	( )月	( )月
日常行为 扣分情况			
工作实绩 得分情况			

（续表）

月度考核等次			
季度考核评定			
季度考核 结果等次 评定	（ ）优秀 （ ）基本称职	（ ）称职 （ ）不称职	
社区矫正 党支部书记 初审意见	201 年 月 日	矫正科科长 审核意见	201 年 月 日
公示情况			
民警 是否 申诉	（ ）否 （ ）是	申诉 事由	
		处理 意见	
		民警 意见	
分管局长 审定意见	201 年 月 日	被考核人 签字确认	201 年 月 日

Q/SQJZ

上 海 市 社 区 矫 正 管 理 标 准

Q/SQJZ BZ6.4—2016

执法过错责任追究规范

2016-09-14 发布   2016-10-01 实施

上海市社区矫正管理局   发布

目　次

前　言

本标准按照 GB/T 1.1-2009 给出的规则起草。

本标准由上海市社区矫正管理局标准化工作办公室提出并归口。

本标准起草单位：上海市社区矫正管理局标准化工作办公室。

本标准主要起草人：田航军、乔明强、宋军民。

本标准为首次发布。

执法过错责任追究规范

1 范围

本标准规定了上海市社区矫正管理局（以下简称矫正局）、区矫正中心对社区矫正工作人员在执法工作中执法过错责任的认定、执法过错的处理、责任追究的程序工作的管理要求。

本标准适用于矫正局、区矫正中心社区矫正执法工作人员执法过错责任追究管理。

2 术语和定义

下列术语和定义适用于本文件。

执法过错是指上海市社区矫正机关工作人员在社区矫正执法工作中，故意或者过失造成的认定事实错误、适用法律错误、违反法定程序、作出违法处理决定等执法错误。

注：在事实表述、法条引用、文书制作等方面存在执法瑕疵，不影响案件处理结果的正确性及效力的，不属于本规范所称的执法过错，不予追究执法过错责任，但应当纳入执法质量目标管理考评进行监督并予以纠正。

3 执法过错责任的认定

3.1 执法办案人、鉴定人、审核人、审批人都有故意或者过失造成执法过错的，应当根据各自对执法过错所起的作用，分别承担责任。

3.2 审批人在审批时改变或者不采纳执法办案人、审核人的正确意见造成执法过错的，由审批人承担责任。

3.3 因执法办案人或者审核人弄虚作假、隐瞒真相，导致审批人错误审批造成执法过错的，由执法办案人或者审核人承担主要责任。

3.4 因鉴定人提供虚假、错误鉴定意见造成执法过错的，由鉴定人承担主要责任。

3.5 违反规定的程序，擅自行使职权造成执法过错的，由直接责任人员承担责任。

3.6 下级社区矫正机关人民警察按照规定向上级请示的案件，因上级的决定、命令错误造成执法过错的，由上级有关责任人员承担责任。因下级故意提供虚假材料或者不如实汇报导致执法过错的，由下级有关责任人员承担责任。

3.7 下级对超越法律、法规规定的人民警察职责范围的指令，有权拒绝执行，并同时向上级机关报告。没有报告造成执法过错的，由上级和下级分别承担相应的责任；已经报告的，由上级承担责任。

3.8 对其他执法过错情形，应当根据社区矫正机关工作人员在执法办案中各自承担的职责，区分不同情况，分别追究有关人员的责任。

4 执法过错的处理

4.1 对执法过错责任人员，应当根据其违法事实、情节、后果和责任程度分别追究刑事责任、行政纪律责任或者作出其他处理。

4.2 追究行政纪律责任的,由人事部门或者纪检监察部门依照《行政机关公务员处分条例》等规定依法给予处分;构成犯罪的,依法移送有关司法机关处理。

4.3 作出其他处理的,由相关部门提出处理意见,经社区矫正机关负责人批准,可以单独或者合并作出以下处理:

a) 诫勉谈话;

b) 责令作出书面检查;

c) 取消评选先进的资格;

d) 通报批评;

e) 停止执行职务;

f) 延期晋级、晋职或者降低警衔;

g) 引咎辞职、责令辞职或者免职;

h) 限期调离社区矫正机关;

i) 辞退或者取消录用。

4.4 社区矫正机关依法承担国家赔偿责任的案件,除依照本标准追究执法过错责任外,还应当依照《国家赔偿法》的规定,向有关责任人员追偿部分或者全部赔偿费用。

4.5 执法过错责任人受到开除处分、刑事处罚或者犯有其他严重错误,应当按照有关规定撤销相关的奖励。

4.6 发生执法过错案件,影响恶劣、后果严重的,除追究直接责任人员的责任外,还应当依照有关规定追究社区矫正机关领导责任。

4.7 年度内发生严重的执法过错或者发生多次执法过错的社区矫正机关和执法办案部门,本年度不得评选为先进集体。

4.8 对执法过错责任人的处理情况分别记入人事档案、执法档案,作为考核、定级、晋职、晋升等工作的重要依据。

4.9 具有下列情形之一的,应当从重追究执法过错责任:

a) 因贪赃枉法、徇私舞弊、刑讯逼供、伪造证据、通风报信、蓄意报复、陷害等故意造成执法过错的;

b) 阻碍追究执法过错责任的;

c) 对检举、控告、申诉人打击报复的;

d) 多次发生执法过错的;

e) 情节恶劣、后果严重的。

4.10 具有下列情形之一的,可以从轻、减轻或者免予追究执法过错责任:

a) 由于轻微过失造成执法过错的;

b) 主动承认错误,并及时纠正的;

c) 执法过错发生后能够配合有关部门工作,减少损失、挽回影响的;

d) 情节轻微、尚未造成严重后果的。

4.11 具有下列情形之一的,不予追究执法过错责任:

a) 因法律法规、司法解释发生变化,改变案件定性、处理的;

b) 因法律规定不明确、有关司法解释不一致,致使案件定性、处理存在争议的;

c) 因不能预见或者无法抗拒的原因致使执法过错发生的;

d) 对案件基本事实的判断存在争议或者疑问，根据证据规则能够予以合理说明的；

e) 因出现新证据而改变原结论的；

f) 原结论依据的法律文书被撤销或者变更的；

g) 因执法相对人的过错致使执法过错发生的。

5 责任追究的程序

5.1 追究执法过错责任，由发生执法过错的社区矫正机关负责查处。

5.2 上级社区矫正机构发现下级社区矫正机构应当查处而未查处的，应当责成下级社区矫正机构查处；发生上级社区矫正机构直接发现的违法违纪事件、下级社区矫正机构因执行回避制度无法查处等情况时，也可以直接查处。

5.3 社区矫正机关纪检监察、督察、审计、法制以及执法办案等部门，应当在各自职责范围内主动、及时检查、纠正和处理执法过错案件。

5.4 各有关部门调查后，认为需要法制部门认定执法过错的，可以将案件材料移送法制部门认定。

5.5 法制部门认定执法过错案件，可以通过阅卷、组织有关专家讨论、会同有关部门调查核实等方式进行，形成执法过错认定书面意见后，及时送达有关移送部门作出处理。

5.6 被追究执法过错责任的社区矫正机关工作人员及其所属部门不服执法过错责任追究的，可以在收到执法过错责任追究决定之日起 5 个工作日内向作出决定的社区矫正机关或者上一级司法行政机关申诉；接受申诉的司法行政机关应当认真核实，并在 30 个工作日内作出最终决定。法律、法规另有规定的，按照有关规定办理。

5.7 因故意或者重大过失造成错案，不受执法过错责任人单位、职务、职级变动或者退休的影响，终身追究执法过错责任。

5.8 错案责任人已调至其他社区矫正机关或者其他单位的，应当向其所在单位通报，并提出处理建议；错案责任人在被作出追责决定前，已被开除、辞退且无相关单位的，应当在追责决定中明确其应当承担的责任。

5.9 各级社区矫正机关对执法过错案件应当采取有效措施予以整改、纠正，对典型案件应当进行剖析、通报。

Q/SQJZ

上 海 市 社 区 矫 正 管 理 标 准

Q/SQJZ BZ6.5—2018
代替 Q/SQJZ BZ6.5—2016

矫正小组工作规范

2018-03-27 发布　　　　　　　　　　　　2018-03-30 实施

上海市社区矫正管理局　发布

目　次

前　言

本标准按照 GB/T 1.1-2009 给出的规则起草。

本标准由上海市社区矫正管理局标准化工作办公室提出并归口。

本标准起草单位：上海市社区矫正管理局标准化工作办公室。

本标准主要起草人：张国华、袁克勃、徐鑫。

本标准根据市矫正局《关于进一步加强社区服刑人员矫正小组建设的实施意见》，比照 Q/SQJZ BZ6.5-2016 作了全面的修改。

矫正小组工作规范

1 范围

本标准规定了本市社区服刑人员矫正小组建设的矫正小组设置、工作内容、矫正小组工作制度等要求。本标准适用于上海市社区服刑人员矫正小组工作的规范化管理。

2 规范性引用文件

下列文件对于本文件的应用是必不可少的。凡是注日期的引用文件,仅注日期的版本适用于本文件。凡是不注日期的引用文件,其最新版本(包括所有的修改单)适用于本文件。

Q/SQJZ TG1.3　矫正宣告规范。

Q/SQJZ TG1.14　人员考核与管理规范。

Q/SQJZ TG1.15　收监管理规范。

Q/SQJZ TG1.7　离开居住地审批规范。

Q/SQJZ TG1.8　居住地变更审批规范。

Q/SQJZ TG1.12　调查评估规范。

Q/SQJZ TG1.5　报告规范。

Q/SQJZ TG1.9　集中教育规范。

Q/SQJZ TG1.10　社区服务规范。

Q/SQJZ BZ2.2　突发事件应急预案管理办法。

Q/SQJZ TG1.20　适应性帮扶规范。

Q/SQJZ TG1.16　解除矫正宣告规范。

Q/SQJZ BZ6.1　工作岗位管理规范。

Q/SQJZ BZ6.2　工作人员教育培训规范。

Q/SQJZ BZ6.3　绩效考核管理规范。

Q/SQJZ BZ6.4　责任追究规范。

3 矫正小组设置

3.1　一般对象的矫正小组

司法所根据社区服刑人员的表现、实际需求、突出问题进行分类设置,分别设立日常监管类、教育矫正类、帮困帮扶类矫正小组,将社区服刑人员分别纳入相应的矫正小组,开展社区矫正日常监管、教育、帮扶工作。

3.2　特殊对象的矫正小组

区社区矫正中心参与司法所部分日常监管类社区服刑人员的矫正小组,主要包括:

a) 社区矫正重点对象;

b) 社区矫正重要对象；

c) 其他有特殊情形需要区社区矫正中心参与的社区服刑人员。

3.3 矫正小组成员

3.3.1 一般对象矫正小组的成员

a) 日常监管类矫正小组成员至少应当包括：

A. 司法所专职干部（矫正小组召集人）；

B. 社工；

C. 公安派出所社区民警；

D. 居村委干部；

E. 按需求配置的志愿者。

b) 教育矫正类、帮困帮扶类矫正小组成员至少应当包括：

A. 司法所专职干部（矫正小组召集人）；

B. 社工；

C. 按需求配置的志愿者。

3.3.2 特殊对象的矫正小组成员

区矫正中心参与的矫正小组成员主要包括：

a) 司法所所长（矫正小组召集人）；

b) 社区矫正民警；

c) 司法所专职干部；

d) 公安派出所社区民警；

e) 中级社工或资深社工为主，一般社工为辅；

f) 居村委干部；

g) 按需求配备的志愿者。

3.3.3 按需求配置志愿者一般包括：

a) 暂予监外执行对象的居住地社区医护人员；

b) 涉及涉毒对象的禁毒社工；

c) 涉及未成年对象的青保部门工作人员、青少年社工等；

d) 涉及女性对象的妇联部门工作人员；

e) 涉及对象就业、补助的社保、民政部门工作人员；

f) 涉及对象有参加国民教育需求的当地教育部门工作人员；

g) 其他政府部门、社会组织工作人员、民主党派人士；

h) 近亲属、邻居、好友、同事、单位领导等。

3.3.4 假释、暂予监外执行服刑人员矫正小组应当将监狱警察、法官、检察官纳入其中。

3.3.5 矫正小组成员职责

a) 矫正小组召集人：负责矫正小组的组建、成员调整、会议召集、材料审核、矫正方案的认定和组织实施等。召集人是司法所所长的，专职干部协助所长履行召集人职责；

b) 社区矫正民警：负责重点、重要对象的走访、个别谈话教育、违规训诫等；

c) 社工：根据社区服刑人员需求制定、调整矫正方案，走访社区，收集掌握社区服刑人员的信息，运用专业理念、知识和工作方法落实矫正方案等；

d) 其他相关人员：依照矫正方案开展工作。

4 工作内容

4.1 入矫教育

4.1.1 矫正小组基本成员应参加社区矫正宣告会,对社区服刑人员进行首次入矫教育,参见 Q/SQJZ TG1.3 矫正宣告规范。

4.1.2 司法所专职干部告知监管要求,社区矫正社会工作者和居(村)委干部负责了解社区服刑人员相关需求。

4.2 制定方案

矫正小组应为每名社区服刑人员制定矫正方案(重点对象、重要对象的矫正方案应向区司法局报备),主要内容包括:

a) 社区服刑人员的基本情况;

b) 犯罪原因的分析;

c) 重犯分析评估预测;

d) 监督管理和教育矫正的主要措施及责任人。

4.3 调查审核

社区服刑人员递交外出、居住地变更书面申请后,司法所专职干部负责调查核实其理由是否确实、充分,矫正小组其他成员负责提供相关信息。经矫正小组评议后,提出审核意见并上报司法所或区司法局,参见 Q/SQJZ TG1.7 离开居住地审批规范及 Q/SQJZ TG1.8 居住地变更审批规范。

4.4 日常监管

4.4.1 调查走访

司法所专职干部和社区矫正社会工作者应当定期到社区服刑人员的家庭、所在单位、就读学校和居住的社区了解、核实社区服刑人员的思想动态和现实表现等情况,做好记录,参见 Q/SQJZ TG1.12 调查评估规范。

4.4.2 监督管理

司法所专职干部负责审核社区服刑人员的书面报告和接受口头报告,矫正小组其他成员发现存在问题的,应当提醒、督促社区服刑人员报告,参见 Q/SQJZ TG1.5 报告规范。

社区服刑人员未按照要求履行报告、参加教育学习和社区服务等活动的,司法所专职干部应及时进行批评教育,参见 Q/SQJZ TG1.9 集中教育规范及 Q/SQJZ TG1.10 社区服务规范。

对矛盾纠纷激化的社区服刑人员,矫正小组所有成员均要参与化解矛盾、配合处置。

4.4.3 应急处置

矫正小组成员有发现社区服刑人员去向不明的,应立即向司法所所长报告,并及时走访调查,核实行踪。确认脱管失控的,按照社区矫正突发案事件应急处置有关规定落实工作措施,参见 Q/SQJZ BZ2.2 突发案(事)件应急预案。

4.4.4 个别教育

矫正小组对社区服刑人员的个别教育应当分类进行:

a) 一般对象。对于一般社区服刑人员,由专职干部和社工对其每月开展个别教育;

b) 重点对象。矫正民警或司法所专职干部对其每周进行个别教育。重要时段和重大活动时期,要随时进行个别教育;

c) 重要对象。司法所专职干部、矫正民警和社会工作者在对其每月开展个别教育的基础上,重要时段和重要活动时期,针对不同情况加强个别教育。

4.4.5　社区服务

矫正小组应组织、监督社区服刑人员的社区服务,参见 Q/SQJZ TG1.10　社区服务规范:

a) 确定场所。司法所专职干部负责联系落实社区服刑人员参加社区服务的场所、服务项目和要求;

b) 组织实施。矫正民警或司法所专职干部组织社区服刑人员的社区服务,并对时间、质量考核,做好书面记录;

c) 调查反馈。社会工作者要及时向社区服务场所负责人、受益社区居民或有关公共机构负责人进行调查访问,并将调查结果向司法所专职干部报告,同时告知社区服刑人员。

4.4.6　帮困扶助

矫正小组应积极吸纳帮扶志愿者,按照 Q/SQJZ TG1.20　适应性帮扶规范的要求,帮助有需求的社区服刑人员解决就业、技能培训、就学、低保、住房等方面的问题。对于无固定住所,无生活来源的社区服刑人员,应积极联系过渡性安置基地进行临时安置,同时鼓励其自食其力,解决生活困难。

4.4.7　考核奖惩

司法所专职干部负责组织召开矫正小组考核奖惩会议,矫正小组全体成员分别对社区服刑人员的日常行为表现和奖惩理由进行综合评议,提出考核意见和日常行为奖惩建议,向司法所或区司法局报告,参见 Q/SQJZ TG1.14　考核与管理规范。

4.4.8　矫正终止

社区服刑人员矫正期满前一个月,司法所专职干部负责组织召开矫正小组评议会,综合评议意见,出具社区矫正人员的鉴定意见。社区服刑人员期满宣告后(参见 Q/SQJZ TG1.16　解除矫正宣告规范),矫正小组自然终止,司法所专职干部负责做好文书归档工作,社会工作者负责向社区服刑人员告知安置帮教有关规定。

5　矫正小组工作制度

5.1　以矫正方案实施为抓手的工作机制

矫正小组成员应当围绕社区服刑人员个体的矫正方案,实施个别化、针对性的日常监管、教育、帮扶等社区矫正工作内容,矫正方案要依据社区服刑人员日常考核管理和现实情况及时调整和完善。矫正方案的完成程度是衡量矫正小组工作质量的唯一标准。

5.2　以动态分析研判为抓手的联系制度

矫正小组主要成员(志愿者可除外)应当参加司法所社区矫正动态分析研判会,检查矫正方案的落实情况,提出对矫正方案的修正或调整意见,因事不能到会的,由矫正小组召集人负责补课。

5.3　以矫正业务培训为抓手的学习制度

矫正小组召集人应当每季度组织矫正小组主要成员(志愿者除外)集中学习 1 次社区矫正业务知识,提高社区矫正业务能力和水平。

5.4　以横向纵向联动为抓手的监督制度

矫正小组成员之间要定期地互相沟通,发现问题及时向召集人报告,区司法局职能部门应定期与司法所沟通联系,指导、督促司法所矫正小组建设和运行情况。

5.5　完善落实矫正小组的相关经费

各区司法局应将矫正小组的工作经费列入社区矫正经费预算编报内容。按照本市社区矫正经费相关规定,将矫正小组的相关经费纳入经费预算,确保矫正小组工作开展平稳有序。在重大活动、重要时期安保期间,视矫正小组的工作难度、工作成效等综合情况,对矫正小组中的志愿者给予相应的误餐、交通补偿,提高志愿者的主动性和积极性。

附录 A(规范性附录)

社区矫正重点、重要对象矫正小组审批表

<table>
<tr><td rowspan="7">社区服刑
人员基本
情况</td><td>姓名</td><td></td><td>性别</td><td></td></tr>
<tr><td>婚姻状况</td><td></td><td>出生年月</td><td></td></tr>
<tr><td>矫正类别</td><td></td><td>矫正期限</td><td></td></tr>
<tr><td>拟宣告日期</td><td></td><td>前科案由</td><td></td></tr>
<tr><td>户籍地</td><td colspan="3"></td></tr>
<tr><td>居住地</td><td colspan="3"></td></tr>
<tr><td colspan="4"></td></tr>
</table>

<table>
<tr><td rowspan="10">矫正小组
成员情况</td><td>成员</td><td>姓名</td><td>性别</td><td>工作单位</td><td>联系方式</td></tr>
<tr><td>专职干部</td><td></td><td></td><td></td><td></td></tr>
<tr><td>矫正民警</td><td></td><td></td><td></td><td></td></tr>
<tr><td>社区民警</td><td></td><td></td><td></td><td></td></tr>
<tr><td>社会工作者</td><td></td><td></td><td></td><td></td></tr>
<tr><td>居村委干部</td><td></td><td></td><td></td><td></td></tr>
<tr><td colspan="5">以下为选填:</td></tr>
<tr><td>工作单位、就读学校联系人</td><td></td><td></td><td></td><td></td></tr>
<tr><td>家属</td><td></td><td></td><td></td><td></td></tr>
<tr><td>邻里、社区保安等身边人员</td><td></td><td></td><td></td><td></td></tr>
</table>

<table>
<tr><td>医生、律师等专业人员</td><td></td><td></td><td></td><td></td></tr>
</table>

组建情况说明:(包括矫正小组成员选择的理由、分工等)

<table>
<tr><td>司法所所长
审批意见</td><td></td></tr>
<tr><td>区矫正中心
审核意见</td><td></td></tr>
</table>

Q/SQJZ

上 海 市 社 区 矫 正 管 理 标 准

Q/SQJZ BZ6.6—2016

党支部管理规范

2016-09-14 发布   2016-10-01 实施

上海市社区矫正管理局   发布

目　次

前　　言

本标准按照 GB/T 1.1-2009 给出的规则起草。

本标准由上海市社区矫正管理局提出，由上海市社区矫正管理局标准化试点小组归口。

本标准由上海市社区矫正管理局标准化办公室负责起草。

本标准主要起草人：田航军、宋军民、乔明强。

本标准为首次发布。

党支部管理规范

1 适用范围

本标准规定了上海市社区管理矫正局和派出机构（以下简称矫正局）的党支部组织生活制度、党支部委员会、党支部党员大会的管理要求。

本规范适用于上海市社区矫正管理局和派出机构的党支部管理操作规范。

2 规范性引用文件

下列文件对于本文件的应用是必不可少的。凡是注日期的引用文件，仅注日期的版本适用于本文件。凡是不注日期的引用文件，其最新版本（包括所有的修改单）适用于本文件。

Q/SQJZ BZ6.7 党员管理规范。

3 部门职责及权限

3.1 社区矫正管理局党总支负责矫正局各党支部建设工作。

3.2 支部书记在党总支领导下开展本支部工作，支部委员按分工开展工作。

4 组织生活

4.1 党日制度

每周安排1次（每月不少于4次）召开支部大会、党小组会、上党课、组织党员学习及开展其他活动。

4.2 会议制度

会议制度要求如下：

a) 支部党员大会每季度召开1次；

b) 支部委员会根据需要召开，但每月不少于1次；

c) 党小组会每月召开1次；

d) 会议应做好时间、参会人员、会议主要内容等记录。

4.3 党课制度

每季度进行1次党课教育；一般由党支部组织授课，也可由党总支组织集中学习、视频教育、警示教育、学习讨论。

4.4 报告工作制度

支部委员会每半年向支部党员大会作工作报告和自身建设情况的报告。

4.5 民主生活制度

民主生活制度要求如下：

a) 党支部每半年召开1次组织生活会或支委民主生活会；

b) 党员应会前认真准备，会上诚恳交换意见，认真地开展批评和自我批评，统一思想，增强团结。

4.6 党员汇报制度

按照 Q/SQJZ BZ6.7 党员管理规范的要求：

a) 预备党员每季度至少向党支部或党小组书面汇报1次思想、工作和落实支部安排的任务情况；

b) 遇有重要问题或外出时应及时向党组织汇报；

c) 发现其他党员思想工作上的重要情况和问题,应随时向党组织汇报。

4.7 民主评议党员制度

每年组织 1 次,由局党总支统一安排进行。

5 党支部委员会

5.1 党支部委员会讨论和决定的事项

党支部委员会讨论和决定的事项包括:

a) 研究、贯彻上级党委的决议、决定和指示;

b) 讨论研究党支部工作计划、总结、重要活动的安排和部署;

c) 讨论研究党的建设和党员管理教育方面的问题;

d) 讨论研究党员发挥先锋模范作用的问题;

e) 讨论研究发展党员、干部选拔、党员奖惩以及自身建设的问题;

f) 讨论研究协调工、青、妇等群众组织工作方面的问题。

5.2 召开党支部委员会程序

5.2.1 确定议题

党支部书记根据上级指示精神和本支部的实际情况确定议题,并认真听取支部委员对议题的意见。

5.2.2 通知

支部书记将会议的议题、时间、地点、要求等电话或书面通知各支部委员。

5.2.3 开会讨论

各委员充分发表意见、决定,通过口头表决的形式,按照少数服从多数的原则决定问题;对意见存在严重分歧,应反复学习、研究、讨论后表决,也可下次会议再议,如仍无法达成一致意见可交支部大会讨论决定或上级党组织裁决;讨论决定问题时,到会支部委员必须超过支部委员的半数。

6 党支部党员大会

6.1 党支部党员大会研究讨论和决定事项

党支部党员大会研究讨论和决定事项包括:

a) 听取和审查党的基层委员会的工作报告,讨论、决定本支部的重大问题,传达贯彻上级党组织的决议、指示;

b) 选举新的支部委员会,增补和撤销支部委员;

c) 接收新党员;

d) 提出对党员的奖励和处分意见。

6.2 党支部党员大会的程序

6.2.1 会前准备工作

提出初步意见和方案,发出会议通知,通知包括会议的时间、地点、内容、议程等。

6.2.2 会议开始

党支部书记宣布会议开始,报告应到人数、实到人数(应超过应到党员数半数以上为有效)、缺席数及缺席原因,并宣布会议议题。

6.2.3 讨论

党支部提出意见和方案,大家围绕议题进行讨论,与会党员充分发表意见。

6.2.4 表决

参加会议的正式党员进行表决,有应到会半数以上有表决权的正式党员赞成,决议方可通过。

6.2.5 形成决议

宣布表决结果,形成决议。主持人总结。

附录 A(规范性附录)

党员民主评议测评表

姓名	内容	遵守党的纪律				履行党员义务				履行岗位职责				发挥先锋模范作用			综合评价			
		优秀	合格	基本不合格	不合格	优秀	合格	基本不合格	不合格	优秀	合格	基本不合格	不合格	优秀	合格	基本不合格	不合格	优秀	合格	基本不合格	不合格

注:请在您认为合适的栏内打"√"。党员民主测评的基本内容包括:

1. 遵守党的纪律:是否切实地执行党的决议,验收党纪、政纪、国法,坚决做到令行禁止;组织观念不强;是否认真履行党员义务,是否积极参加党内政治生活和组织生活。

2. 履行党员义务:是否贯彻执行党的基本路线和各项方针、政策,是否切实开展批评和自我批评;是否密切联系群众;及时向党反映群众的意见和要求,维护群众的正当利益;是否发扬社会主义新风尚,带头实践社会主义荣辱观。

3. 履行岗位职责:是否出色有效地完成岗位所在职责工作和上级交代的各项任务。

Q/SQJZ

上海市社区矫正管理标准

Q/SQJZ BZ6.7—2016

党员管理规范

2016-09-14 发布　　　　　　　　　　　　　　　2016-10-01 实施

上海市社区矫正管理局　发布

目　次

前　言

本标准按照 GB/T 1.1-2009 给出的规则起草。

本标准由上海市社区矫正管理局提出，由上海市社区矫正管理局标准化试点小组归口。

本标准由上海市社区矫正管理局标准化办公室负责起草。

本标准主要起草人：田航军、宋军民、乔明强。

本标准为首次发布。

党员管理规范

1 范围

本标准规定了上海市社区矫正管理局及其派出机构的(以下简称矫正局)党员管理的管理部门及权限、党员管理、离休、退休、退职党员的组织生活等要求。

本标准适用于上海市社区矫正管理局及其派出机构进行党员管理的规范性要求。

2 规范性引用文件

下列文件对于本文件的应用是必不可少的。凡是注日期的引用文件,仅注日期的版本适用于本文件。凡是不注日期的引用文件,其最新版本(包括所有的修改单)适用于本文件。

Q/SQJZ BZ6.6 党支部管理规范。

3 术语和定义

3.1 党籍

政治赋予党员资格的象征。一个申请入党的同志,当他履行了入党手续,从被批准为预备党员之日起,就取得了党员资格,就有了党籍。

3.2 党员鉴定

党组织对党员或党员对自己在一定时期的思想工作学习作风廉政等方面的表现进行书面评定。

4 管理部门及权限

4.1 局党总支负责党员队伍管理的专项教育、警示教育、违法违纪党员调查等重大事项。

4.2 综合处负责党员队伍教育、管理的组织。

4.3 党总支负责违纪党员的处理。

4.4 党支部负责本支部党员的教育、管理。

5 党员管理

5.1 工作任务

党员管理工作任务包括:

a) 教育引导党员严格履行义务,保障党员充分行使权利;

b) 组织党员参加党的活动,参见 Q/SQJZ BZ6.6 党支部管理规范;

c) 严格党员组织关系和党籍管理;

d) 保持党员队伍的纯洁性。

5.2 基本方法

党员管理基本方法包括:

a) 思想教育法:个别访谈,学习党的理论、路线、方针、政策等;

b) 量化考核法:党员民主评议,群众测评;

c) 目标引导法:向先进党员、模范党员学习;

d) 制度规范法:学习党章、党规、党纪。

5.3 组织关系

5.3.1 党员调出、调入本支部时,应在 3 个月内转移组织关系。

5.3.2 党员组织关系转移由本人或党组织派人按规定程序办理手续,不得委托他人特别是非党员代办。

5.3.3 党员应妥善保管介绍信,如无正当理由、6 个月以上不转组织关系的党员,应按《党章》予以处理。

5.4 党籍管理

5.4.1 处理党籍程序

党员预备转正程序如下:

a) 党支部大会讨论提出意见;

b) 党总支大会审议;

c) 报市司法局机关党委批准。

5.4.2 存档材料

相关材料如下:

a) 党支部提供调查报告和重要证据材料(如党员违法违纪),提出处理建议;

b) 党总支下发的处理决定;

c) 需上报上级党组织的,提出处理建议报告。

5.5 党费管理

5.5.1 党费标准

执行本单位所在地党组织要求的党费收缴标准。

注 1:矫正民警所在地党组织应就关于党费收缴标准行文至局。

5.5.2 缴纳要求

党费缴纳管理的要求如下:

a) 党员工资收入发生变化的,以新的工资收入为基数,按规定比例缴纳党费;

b) 党员缴纳党费确有困难的,经党支部研究,报上级党总支批准后,可少缴或免缴党费;

c) 预备党员从支部大会通过其为预备党员之日起缴纳党费;

d) 党员一般应当向其正式组织关系所在的党支部缴纳党费;

e) 党员自愿多缴党费不限;

f) 对无正当理由,连续 6 个月不缴纳党费的党员,按自行脱党处理;

g) 党员应主动按月缴纳党费,党组织应按规定每月收缴党费,不得垫交或扣缴党员党费,不得要求党员交纳规定以外的各种名目的"特殊党费"。

5.5.3 管理要求

党费管理的要求如下:

a) 由矫正局党总支统一管理;

b) 由专人负责党费的收取、上交;

c) 党支部应当每年向党员公布一次党费收缴、使用和管理情况；

d) 对违反党费收缴、使用和管理规定的,依据《中国共产党纪律处分条例》及有关规定严肃查处,触犯刑律的依法处理。

5.5.4 使用范围

党费的使用范围如下：

a) 教育、培训党员费用的补充开支；

b) 党员日常开支、政治理论学习和必要业务学习的资料、订阅党员读物等费用；

c) 表彰先进党组织和优秀共产党员的活动费用的部分开支；

d) 对丧失工作能力和劳动能力以及有特殊困难的党员给予适当救济和补助所需的费用。

5.6 党员责任区管理

5.6.1 采取个人申请和组织讨论确定相结合的办法,确定党员责任区：

a) 基层党组织的思想建设和组织建设；

b) 刑罚执行和教育矫正业务工作；

c) 思想政治工作和群众工作；

d) 精神文明建设；

e) 党组织和行政组织分配的其他工作。

5.6.2 责任区确定后,由党支部同每个党员签订责任书。

5.6.3 党支部按照签订责任书内容要求对党员进行管理。

5.7 民主评议

5.7.1 民主评议内容

民主评议的内容包括：

a) 坚定的党性原则,坚决贯彻执行党的基本路线和各项方针政策,坚持全心全意为人民服务宗旨,政治上同党中央保持一致；

b) 加强自身理论、业务学习,变化、变革、创新,提高工作水平和解决实际问题的能力；

c) 执行党组织的决议,遵守党的纪律、行政纪律和国家法律,坚决做到令行禁止,个人利益服从国家和集体利益,局部利益服从党和人民的整体利益；

d) 密切联系群众,关心群众疾苦,艰苦奋斗,廉洁奉公,自觉维护人民群众的利益。

5.7.2 民主评议程序

民主评议程序包括：

a) 学习教育阶段；

b) 调查研究阶段；

c) 谈心点评阶段；

d) 自我评价阶段；

e) 民主测评阶段；

f) 组织评价阶段；

g) 表彰处理阶段；

h) 总结整改阶段。

5.7.3 处置不合格党员程序

处置不合格党员的程序如下：

a) 组织核实不合格党员的事实依据；

b) 党支部大会研究讨论；

c) 党支部委员会初步处理意见；

d) 党总支研究处理，取得一致意见；

e) 支部书记与被处置对象谈话；

f) 在适当的范围内宣布处分决定。

5.8 党员鉴定

5.8.1 鉴定时间

应根据上级党委的统一部署或在年终总结工作、评议党员以及党员调动工作、职务变动时进行。

5.8.2 自我鉴定

根据党员评议内容实事求是反映自己的情况，既反映成绩和优点，又反映缺点和问题及今后的努力方向，语言要精练。

5.8.3 组织鉴定

组织鉴定的要求如下：

a) 党员评议后（有党小组的，党小组应提出鉴定意见）提交党支部讨论通过；

b) 党支部鉴定完成后要提交党总支审核鉴定，鉴定要客观公正，要充分肯定成绩，也要指出不足和努力方向；

c) 局党总支鉴定负责人签字；

d) 局党总支鉴定完成后，由综合处把鉴定归入本人档案。

5.9 党员汇报

5.9.1 党员应每季度向党组织汇报自己的思想、学习和工作情况。

5.9.2 外出的时间较长时，应向党组织做出书面汇报。

5.10 党员表彰

5.10.1 表彰类别

分为优秀共产党员、优秀党务工作者、优秀党支部书记等。

5.10.2 表彰原则

应坚持先进性、时效性、严肃性、规范性的原则。

5.10.3 党内表彰的基本程序

根据市司法局机关党委的表彰评选要求，推荐对象，上报相关材料。

5.11 违反纪律处分

5.11.1 处分原则

坚持党要管党、从严治党、民主集中制、党纪面前人人平等、"惩前毖后、治病救人"的原则。

5.11.2 党纪处分程序

党纪处分程序如下：

a) 对违反纪律的党员所犯的错误事实进行认真核对调查，党支部写出调查报告，并同党员本人进行谈话，听取其对错误事实的说明和申辩；

b) 除由上级党委和纪律检查委员会直接作出处理决定外，一般都应经过支部党员大会讨论决定，并按照处分党员的批准权限的规定，逐级报上级党组织批准；支部党员大会讨论对党员的处分时，应通知受处分的党员出席会议；允许本人申辩，也允许别人替他申辩；

c) 支部党员大会通过处分决定后,应将处分决定和所依据的事实材料同本人见面,并让受处分的党员在处分决定上签署意见,然后上报矫正局党委;

d) 给予撤销党内职务以上的处分以及本人对处分有意见的,批准处分的党组织在审理过程中应派人或委托下级纪委同受处分的人谈话,听取本人意见同时对他进行必要的教育;

e) 局党总支批准对党员处分决定,应经集体讨论决定,决定后应正式下达批复。处分决定下达后,下级党组织在适当范围内宣布,并通知受处分的党员,对其进行谈话教育。

5.11.3 违纪案件处理的基本要求

党员违纪案件处理应符合:事实清楚、证据确凿、定性准确、处理恰当、手续完备。

6 离休、退休、退职党员的组织生活

6.1 本地居住党员组织生活

居住在本地的仍归原单位管理的离退休人员中的党员,原单位的党组织应将他们编入相应的支部,定期过党的组织生活。

6.2 异地居住党员组织生活

异地居住的离退休、退职党员,其党的组织关系应转到居住地,由居住地党组织安排和组织他们过组织生活。

6.3 行动不便党员组织生活

对于年老多病、行动不便的离退休党员可指定党员负责与他们联系,传达党内文件精神,并反映他们的意见要求。

附录 A(规范性附录)

党费缴纳收据

党费收据存根	党费收据

兹＿＿＿＿＿＿＿＿＿单位上缴＿＿＿＿＿＿年＿＿＿月党费金额,共＿＿＿千＿＿＿佰＿＿＿拾＿＿＿元＿＿＿角＿＿＿分。(小写:　　　元)

兹＿＿＿＿＿＿＿＿＿单位上缴＿＿＿＿＿＿年＿＿＿月党费金额,共＿＿＿千＿＿＿佰＿＿＿拾＿＿＿元＿＿＿角＿＿＿分。(小写:　　　元)

交款人:＿＿＿＿＿＿＿＿
收款人:＿＿＿＿＿＿＿＿
日　期:＿＿年＿月＿日

交款人:＿＿＿＿＿＿＿＿
收款人:＿＿＿＿＿＿＿＿
日　期:＿＿年＿月＿日

Q/SQJZ

上 海 市 社 区 矫 正 管 理 标 准

Q/SQJZ BZ6.8—2016

社区矫正执法人员职业规范

2016-09-14 发布 2016-10-01 实施

上海市社区矫正管理局 发布

目　次

前　言

本标准按照 GB/T 1.1-2009 给出的规则起草。

本标准由上海市社区矫正管理局标准化工作办公室提出并归口。

本标准起草单位：上海市社区矫正管理局标准化工作办公室。

本标准主要起草人：田航军、乔明强、宋军民。

社区矫正执法人员职业规范

1 范围

本标准规定了上海市社区矫正系统内有关社区矫正执法人员职业行为的适用范围、思想规范、政治规范、纪律规范、文明规范以及责任追究等要求。

本标准适用于本市社区矫正执法人员职业行为的规范化管理,从事社区矫正工作的其他人员参照本规范执行。

2 规范性引用文件

下列文件对于本文件的应用是必不可少的。凡是注日期的引用文件,仅注日期的版本适用于本文件。凡是不注日期的引用文件,其最新版本(包括所有的修改单)适用于本文件。

Q/SQJZ TG3.3 舆情管理规范。

Q/SQJZ BZ3.8 保密工作规范。

Q/SQJZ BZ6.4 责任追究规范。

3 社区矫正执法人员范围

主要包括矫正局工作人员;矫正民警;社区矫正专职干部;受政府委托开展社区矫正执法工作的其他人员。

4 工作要求

4.1 思想规范

4.1.1 政治觉悟

忠诚坚定。坚持中国共产党领导,始终与党中央保持高度一致,自觉维护中央权威。

坚持党的事业至上、人民利益至上、宪法法律至上,不得有违背党和国家基本政策以及社会主义司法制度的言行。

4.1.2 法治理念

忠于法律。坚持依法治国基本方略,维护宪法和法律的统一、尊严和权威,维护社会公平正义。

4.1.3 国家意识

忠于祖国。坚持国家利益高于一切,自觉维护国家安全、荣誉和利益,维护国家统一和民族团结,同一切危害国家利益的言行作斗争。

4.1.4 工作理念

忠于事业。把握社区矫正工作的性质和特点,爱岗敬业,甘于奉献,精诚合作,勇于担当,积极向上,开拓进取。

4.2 工作规范

4.2.1 规范执法

坚持规范执法,牢固树立法治观念,严格依法办事,遵守工作原则和工作流程,依法、严格、严谨履职。

4.2.2 公正执法

坚持公正执法,严格按照法定权限、规范和程序开展社区矫正工作,实行日常行为奖惩公开,自觉接受监督,提高执法透明度。

4.2.3 文明执法

坚持文明执法,依法保障和维护社区服刑人员的合法权益,把文明理念与严格执法要求体现在社区矫正工作全过程。

4.2.4 监督管理

坚持以维护社会稳定为首责,严格日常监督管理,坚持惩治与预防相结合,注重分析和研判,预防和遏制重新违法犯罪,妥善应对和处置突发事件。

4.2.5 教育矫正

坚持教育为本,科学规范组织社区服刑人员参加集中教育、个别教育、心理矫治、社区服务,帮助解决实际问题,把社区服刑人员矫正成为守法公民。

4.3 纪律规范

4.3.1 政治纪律

严守政治纪律,不发表、不传播不符合社区矫正执法人员身份的言论,不参加非法组织,不参加非法集会、游行、示威等活动。

4.3.2 组织纪律

严守组织纪律,服从领导,听从指挥,令行禁止。自觉接受市、区县司法行政机关指导和管理。

4.3.3 工作纪律

严守工作纪律,不得利用工作之便侵占和损害社区服刑人员的利益。遵守各项工作规定,提高工作质量和效率。

4.3.4 廉政纪律

严守廉政纪律,认真执行廉洁从政准则和廉洁自律规定,淡泊名利,防腐拒贿,自觉做到不与社区服刑人员以及家属发生非工作关系的往来,不接受可能影响公正执法的宴请、消费、娱乐等活动,不利用社区服刑人员的社会关系为自己或家庭、亲友谋利。

4.3.5 保密纪律

严守保密纪律,强化保密意识,自觉保守国家秘密和工作秘密,妥善保管涉密文件或其他涉密载体,防止失密泄密。对外发布或提供社区矫正工作信息,应当严格按照 Q/SQJZ BZ3.8 保密工作规范的要求和程序报经领导批准。

4.3.6 新闻采访纪律

遵守新闻采访纪律,就社区矫正工作接受采访,应当按照 Q/SQJZ TG3.3 舆情管理规范的要求和程序报经主管部门批准。

4.4 文明规范

4.4.1 仪表规范

注重礼仪,着装大方得体,保持形象严整、庄重。执行公务应出示社区矫正执法证。

4.4.2 语言规范

语言文明规范,提倡说普通话,尊重社区服刑人员的人格。

4.4.3 办公规范

遵守规章制度,团结、关心和帮助同事,爱护工作环境,营造规范有序、互帮互助、和谐共进的工作氛围。

5 责任追究

社区矫正执法人员违反本规范,情节轻微的,予以批评教育;构成违纪的,依据有关规定予以处分;构成犯罪的,提请有关机关依法追究刑事责任,参见 Q/SQJZ BZ6.4 责任追究规范。

Q/SQJZ

上 海 市 社 区 矫 正 管 理 标 准

Q/SQJZ BZ6.9—2016

工作人员职业健康管理规范

2016-09-14 发布   2016-10-01 实施

上海市社区矫正管理局　发布

目　次

前　言

本标准按照 GB/T 1.1-2009 给出的规则起草。

本标准由上海市社区矫正管理局标准化领导小组提出并归口。

本标准起草单位:上海市社区矫正管理局标准化办公室。

本标准主要起草人:田航军、乔明强、宋军民。

本标准为首次发布。

工作人员职业健康管理规范

1 范围

本标准规定了上海市社区矫正管理系统内工作人员职业健康管理的原则、内容及要求、职责与分工。本标准适用于上海市社区矫正管理局对在编工作人员的健康与体格检查的要求。

2 术语与定义

下列术语和定义适用于本文件。

职业健康管理是指对工作人员个人或职工群体的健康危险因素进行全面监测、分析、评估以及预测和预防的全过程。

注:职业健康包括生理健康和心理健康。

3 职业健康管理的原则

3.1 落实责任

工作人员是单位的重要资源和生产力,维护工作人员职业健康是贯彻"以人为本"精神和维护工作人员根本利益的本质要求,必须在单位管理中充分体现维护职业健康的责任。

3.2 预防为主

要保持工作人员的持续健康状态。通过各种预防方式,使工作人员能及时地了解身体健康状况,防患于未然;尽早发现潜在的疾患,有利于早期控制及救治。

3.3 全面管理

健康管理是对个人或人群的健康危险因素进行全面管理的过程,要有效地利用有限的资源来达到最大的健康效果。

4 部门职责与权限

4.1 矫正局主要领导负责研究决定有关工作人员健康的重要事项并督促其施行。

4.2 矫正局综合处负责落实体检日期、人员安排等日常工作,各部门及工会、团组织协助。

5 职业健康管理的内容与要求

5.1 合理安排工作时间和工作量

5.1.1 工作人员作息时间应当符合相关规定,工作量安排应当避免过度紧张与劳累。

5.1.2 遇到特殊情况需要加班时,应当保证有相应的休息时间。

5.2 定期组织安排健康体检

5.2.1 每年安排工作人员免费体检,体检项目应当切合工作人员健康的基本需要并注重质量。

5.2.2 对体检中发现的潜在(或疑似)疾患,应当督促工作人员进行预防与随访。

5.2.3　建立工作人员健康档案。

5.3　健全工作人员的健身场所与器材

根据单位场所安排的可能,建立健全用于工作人员健身的场所与器材并保持其完好。

5.4　持久开展各项工作人员健身活动

组织工作人员参加市司法局开展健身活动或体育竞赛活动。

5.5　广泛宣传健康理念与知识

以健康讲座、版报宣传和发放健康书籍刊物等形式,向工作人员传输保健知识,提高工作人员维护自身健康与防范疾病的能力。

5.6　营造有益工作人员健康的环境与氛围

5.6.1　营造有利于工作人员身心健康的硬环境与软环境。

5.6.2　硬环境要求有适宜的工作场所与设施、良好的空气与采光、清洁环保的工作环境。

5.6.3　软环境要求有团结和谐、宽容开放的氛围。

图书在版编目(CIP)数据

上海市社区矫正管理标准/上海市社区矫正管理局
编.—上海:上海人民出版社,2018
ISBN 978-7-208-15491-9

Ⅰ.①上…　Ⅱ.①上…　Ⅲ.①社区-监督改造-标准
-上海　Ⅳ.①D927.510.67-65

中国版本图书馆 CIP 数据核字(2018)第 236191 号

责任编辑　夏红梅
封面设计　零创意文化

上海市社区矫正管理标准
上海市社区矫正管理局 编

出　　版　上海人民出版社
　　　　　(200001　上海福建中路 193 号)
发　　行　上海人民出版社发行中心
印　　刷　常熟市新骅印刷有限公司
开　　本　787×1092　1/16
印　　张　37.5
插　　页　4
字　　数　1,018,000
版　　次　2018 年 10 月第 1 版
印　　次　2018 年 10 月第 1 次印刷
ISBN 978-7-208-15491-9/D·3296
定　　价　128.00 元